사례로
이해하는
실전
법인세

사례로 이해하는 실전 법인세

2020년 2월 12일 초판 인쇄
2020년 2월 17일 초판 발행

지 은 이 | 김승걸
발 행 인 | 송상근
발 행 처 | 삼일인포마인
등록번호 | 1995.6.26.제3-633호
주 소 | 서울특별시 용산구 한강대로 273 용산빌딩 4층
전 화 | 02)3489-3100
팩 스 | 02)3489-3141
가 격 | 18,000원

ISBN 978-89-5942-824-3 93320

사례로 이해하는 실전 법인세

SAMIL | 삼일인포마인

머리말

이 책을 쓰게 된 동기

이 책은 중소기업에서 회계와 세무를 담당하는 소위 '실무담당자'들을 위해서 썼다. 또한 재무, 세무 부문의 임원, 대표이사, 법인 컨설턴트가 참고해도 좋을 사례들을 엄선하여 소개하였다.

법인세 이슈를 다루면서 제일 처음 검토하는 것은 법인세법이다. 그리고 가끔 소득세, 조세특례제한법, 국세기본법도 연관되기 때문에 필요하다. 그 다음으로 참고하는 것이 유권해석과 심사, 심판 결정례 및 판례다. 유권해석은 국세청의 사전답변과 예규질의로 질의내용과 답변이 간단하다. 그러나 일반적인 해석을 내놓는 편이 많아서 회사가 당면한 구체적인 사례의 답을 찾기 힘든 경우가 많다. 그때 법원 판례나 심사, 심판 결정례(이 책에서는 결정례와 법원 판례를 구분하지 않고 사용하였다. 실무에서도 편의상 '판례'로 통칭하는 경우가 많다)를 찾는다. 실무자는 납세자와 처분청 사이에 치열한 논리 싸움 안에서 회사에 필요한 해결방법의 실마리를 찾을 수 있다. 이러한 접근 방식은 세무대리인인 세무사나 회계사라고 다르지 않다.

판례를 꾸준히 접한다면 법조문에 대한 이해가 깊어진다. 하지만 판례 전문을 처음부터 끝까지 읽어내기는 어지간한 인내심으로 힘들다. 딱딱한 문체로 가득한 긴 문장을 읽다보면 금세 딴생각이 들기 마련이다.

그럼에도 불구하고, 판례를 찾아보는 습관을 기르는 것은 실무자에게 대단히 중요하다!

실무자가 판례에 대한 접근을 보다 쉽게 할 수 있도록 중간다리 역할을 한번 해보자!

이런 생각으로 책을 썼다.

기존 실무서적과의 주요한 차이점

첫째, 필자가 10년 가까이 회계법인 생활을 하면서 접한 세무조사 대응업무, 세무진단업무 및 각종 세무자문 업무 경험을 토대로 방대한 법인세법에서 중요한 토픽만을 선정하였다.

둘째, 5장~20장 분량의 판례를 A4 1장~3장 전후로 요약하고, 스토리텔링방식으로 풀어나감으로써 쟁점과 결론, 주의할 부분을 독자께서 쉽게 이해할 수 있도록 구성하였다.

셋째, 2013년 이후부터 2019년까지 5년 이내의 최근 사례만을 대상으로 선정하여 최근의 과세 동향을 짐작할 수 있도록 하였다.

구성

이 책은 다음과 같이 구성되어 있다.

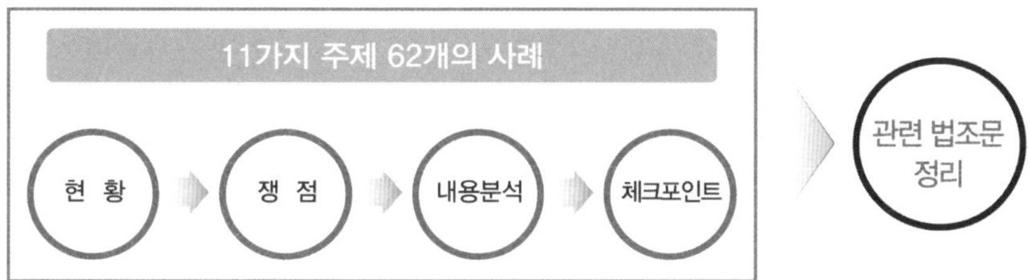

드리는 말씀

이 책은 법인세와 관련된 모든 이슈를 다루지 않았다.
이 책을 정독해서 읽는다고 갑자기 세무의 고수가 되는 일은 없다.
이 책은 궁극적으로 태도에 대해 생각해 볼 수 있는 환경을 제시한다.

법인세법을 어떻게 접근할 것인가?
법조문의 한 문장, 그 문장 안에 특정 단어의 해석을 어떻게 해야 되는가?
그리고 그것을 실무에 어떻게 적용할 것인가?

필자는 이런 고민들이 실무자에게 얼마나 중요한지를 독자께 알리고 싶다. 이 책을 정독하기 전과 후, 법인세법을 대하는 독자들의 태도와 깊이가 어떻게 달라졌는지 느껴봤으면 하는 바람이다.

CONTENTS

Part 1 익손금 조정

Chapter 3. 회사의 업무와 관련 없이 지출되는 비용은 독 063

Chapter 4. 특수관계자와의 거래를 통해 시장질서를 교란하는 행위는 제제를 받는다 082

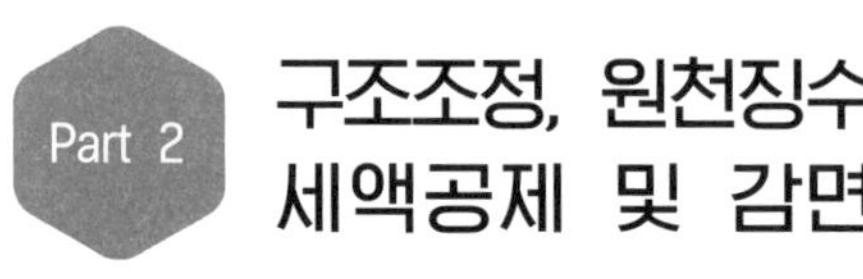

구조조정, 원천징수, 세액공제 및 감면

Chapter 11. **(세액감면 및 공제)** 조세절감에 필수, 그러나 접근은 최대한 신중하게 219

Part 1

익손금 조정

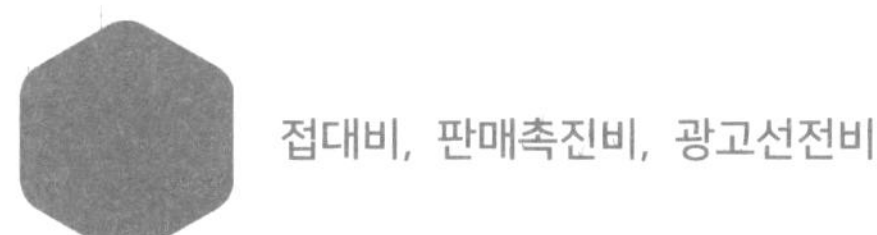

Chapter 1. 이것이 접대비냐 판매촉진비냐 광고선전비냐

전표를 입력하는 부서의 담당자는 고민에 빠진다. 결재를 올리기 위해서는 전표를 만들어야 한다. 지출한 항목의 성격이 명확한 비용은 전표를 만들기 쉽다. 예를 들면 전력비, 사무실 임차료, 수도세 같은 공과금은 성격이 명확하다. 하지만 지출성격이 불분명한 것들이 있다. 이 장에서는 그 중에서도 대표적인 접대비, 판매촉진비, 광고선전비의 구분에 대해 이야기하려고 한다.

"어차피 다 비용인데 계정의 구분이 왜 중요하지?"

그렇다. 회사가 지출한 비용은 돈을 쓴다는 측면에서는 어차피 다 똑같다. 그런데 굳이 왜 시간을 써서 이것이 접대비냐 아니냐 고민하고 심지어 공부까지 해야 하는가? 그 이유는 법인세법에서는 회계 처리한 비용을 전부 인정하지는 않기 때문이다. 법인세의 아주 단순한 계산구조는 다음과 같다.

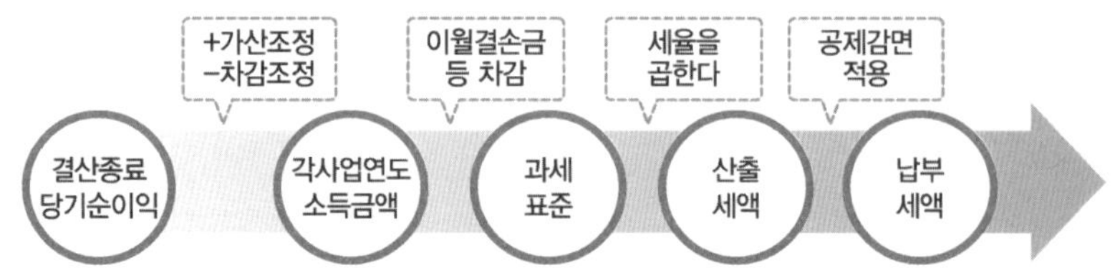

최초 시작은 회계상 당기순이익이지만 익금/손금 조정을 통해 과세표준으로 바뀐다. 우리가 내는 세금은 바로 이 과세표준에 세율을 곱해서 계산한다.

접대비나 판매촉진비, 광고선전비를 큰 틀에서 볼 때 최종 목적은 하나, 매출의 증대에 있다. 다만 접근방식이 조금씩 다를 뿐이다. 그 중에서 접대비는 일정 금액 이상 지출하면 법인세법에서 손금으로 인정해주지 않는다. 반면 판매촉진비와 광고선전비는 지출한 만큼 100% 비용으로 인정된다. 계정 구분이 중요한 이유가 여기에 있다.

많은 회사들은 접대비 때문에 난관에 봉착한다

법인에 있으면서 세무조사 대응을 여러 차례 경험해봤지만, 접대비 관련 추징항목은 세무조사 단골메뉴와도 같다. 우리가 먹는 음식에 비유하면 반찬 뭐 이런 것도 아니다. 그냥 밥이다. 그만큼 접대비는 모든 회사의 골칫거리다. 인맥과 학연, 지연의 중요성이 높은 한국의 비즈니스 환경에서 접대비는 필수다. 접대비가 없는 회사가 있을까? 법인세 세무조정을 하다보면 접대비가 없는 회사가 더러 있다. 그러나 인터뷰를 해보면 접대비가 없는 것이 아니라 실제로 있지만 접대비

계정을 사용하지 않고 다른 계정을 사용한 경우가 대부분이다. 이렇게 숨겨두면 괜찮을까? 향후 세무조사에서 문제만 더 커질 뿐이다. 접대비가 발생했다면 접대비 계정을 사용해야만 그나마 세무조정이라도 잘 할 수 있다.

접대비의 선입견을 버리자

접대비에는 부정적인 뉘앙스의 이미지가 떠오른다. 필자가 글을 쓰기 시작한 요즘에는 연일 버닝썬 성접대 의혹이 TV나 인터넷에 오르내린다. 여기서도 '접대'라는 표현이 사용된다. 하지만 법인에서 지출하는 접대비는 불법적인 것들과는 관련이 없다.

최근에는 접대비의 명칭을 바꾸려는 노력이 이어지고 있다. 대외업무협력비(이종구 의원), 거래증진비(김병욱 의원), 대외업무활동비(박경미 의원) 등으로 바꾸자는 제안이 그것이다. 이런 모습을 볼 때마다 나는 생각한다. 그동안 우리나라 정당의 이름이 셀 수 없을 만큼 바뀌었지만, 그렇다고 정치가 바뀌었는가? 소속 정당의 정치인이 바뀐 이름만큼 변화된 모습을 보였는가?

접대비의 명칭이 중요한 것은 아니라는 말이다. 세법에서 중요한 것은 접대비를 정확하게 인식하고, 다른 계정에 섞여 표시되지 않도록 주의를 기울이는 것이다.

내가 전표 담당자라면, 영업부서 직원이라면, 회계부서의 승인권자라면, 회사의 임원이라면 접대비와 관련된 어떤 주의를 기울여야 하는가? 다음의 사례를 통해 살펴보기로 하자.

사례1 대표이사가 운영하는 대리점에만 설치해준 옥외광고물, 접대비일까?

(서울행법2015구합53046, 2016.04.01)

(현황)

A법인은 전국에 약 200여개의 대리점이 있는 의류제조판매회사다. 보통 대리점 운영은 중요한 지역이라면 회사가 직접 설립하여 운영하고, 그 외 지역은 입점을 희망하는 제3자와의 대리점 입점 계약을 통해 운영되는 것이 일반적이다. 실제로 회사의 대리점은 대부분 특수관계가 없는 제3자와 계약이 체결되어 있었다. 하지만 그 중 10개 대리점은 달랐다. A업체의 대표이사인 B씨가 운영하거나 B씨가 설립한 또 다른 법인을 통해 운영하고 있었다.

(발단) 특정 대리점 옥상에만 설치해준 옥외광고물

대리점의 운영을 대표이사인 B가 하거나, B가 만든 다른 회사를 통해 운영하거나 사실 별 문제가 되지 않는다. 자기 돈으로 합법적인 절차를 밟아서 대리점 운영하겠다는데 문제 삼을게 있겠냐. 문제는 <u>A업체가 전국 200여개의 대리점 중 유독 대표이사인 B씨가 관련되어 있는 대리점 10곳의 옥상에만 옥외간판을 설치해준 점</u>이다. 거기에 더해 실내 인테리어 시설물 설치비까지 무상으로 지원해주었다. 다른 대리점이라면 대리점주가 직접 부담했어야 할 비용이다. 처분청은 바로 이점을 문제 삼아 해당 비용이 접대비에 해당한다고 보고 세금을 추징하였다.

(쟁점1) 접대비인가 광고 선전비인가?

옥외광고물은 광고 선전을 위한 비용이다. 광고물 설치를 위한 돈은 A법인이 썼다. 그런데 옥외광고물이 위치한 대리점은 A법인의 대표이사가 운영하는 10곳이다. 대리점은 쉽게 말해 A법인의 물건을 사주는 주요 도매상이나 마찬가지다. 그들이 물건을 더 잘 팔 수 있도록 제조회사는 여러 가지 프로모션이나 인센티브를 실제로 제공한다. 그런데 이런 인센티브가 특정 업체에만 제공된다면 접대비가 된다. <u>앞서 언급했지만 접대비냐 아니냐를 구분하는 것이 중</u>

요한 이유는 접대비는 법인세 계산할 때 비용으로 인정받는 한도가 정해져 있고, 이를 넘어서면 그만큼은 부인되기 때문이다. 반면 광고 선전비는 아무리 많이 지출해도 전액 회사의 비용으로 인정된다. A업체는 해당 비용이 광고 선전비라고 주장했고, 법원에서도 다행히 이 부분은 광고 선전비로 인정해주었다. 그 이유는 다음과 같았다.

1) 옥외광고물의 최종 타깃(목표)은 해당 대리점이 아니라 일반 대중인 점(불특정다수)
2) 최종 상대방이 대중이 아니라면, 대리점을 운영하고 싶어 하는 사람들일 수도 있다(역시 불특정 다수)

핵심: 접대비와 광고선전비를 구분하는 기준
돈을 쓴 거래상대방이 특정 업체라면 접대비, 불특정다수라면 광고선전비다.

(쟁점2) 광고선전비는 맞지만 이건 부당한 행위다.

그러나 부당한 행위는 부당한 행위다. 대표이사는 실질적으로 회사를 운영하는 데 있어 최종적인 의사결정권자다. 이러한 권한을 가지고 회사의 옥외광고물을 본인이 운영하는 대리점 10곳에만 설치했다. A업체의 임원인 대표이사 B는 법인세법에서 특수관계자로 본다. 특수관계자끼리의 거래는 공정해야한다. 사실 공정성의 기준은 그렇게 엄격한 것이 아니다. 법인세법에서는 특수관계자가 아닌 제3자 끼리의 거래라고 봤을 때 이상하지 않은 수준만 되면 된다고 본다. 그러나 법원에서는 이 거래는 공정하다고 판단하지 않았다.

(설계가 잘못됐다)

이렇게 한번 생각해본다. A법인이 회사 돈으로 설치한 옥외시설물 10곳 중 한 두 곳만이라도 특수관계가 없는 제3자가 운영하는 대리점이었다면? 그러면 법원에서는 부당한 거래라고 보지 않았을 것이다. A법인은 옥외시설물의 설치를 지원하기 위한 기준이 있어야 했다. 회사가 당시 제출한 자료에 의하면 전국 200여개의 대리점 중 매출액이나 기타 기준에 따라 분류한 대리점 등급표가 있었다. 그리고 그 자료에 의하면 대표이사 B가 연관된 업체는 모두 최상위 등급인 A+ 등급이었다. 그만큼 매출 실적이 좋았다는 이야기다.

대리점 등급표에 의하면 A+등급인 대리점은 전체 18개였다. 만약, A업체가 사전에 옥외시설물 설치 지원에 대한 기준을 세우고 A+등급에 해당할 경우 설치비용을 지원해주는 판매촉진 정책을 시행했더라면 비용은 정상적인 광고 선전비로 인정되었을 것이다.

돈을 쓸 때 그것이 특정 업체만을 위한 것인지를 다시 한 번 확인하는 습관이 필요하다.

사례2

2개의 커미션 중 하나는 접대비로 보고 하나는 판매부대비용으로 본 사례

(서울행법2016구합77407, 2017.09.29)

1. 판매부대비용으로 본 사례

(현황)

A법인은 국내의 자동차제조회사로부터 차량을 구매해서 러시아, 알제리에 판매하는 회사다. B사는 러시아 현지에서 A한테 자동차를 구매하여 판매하는 2차 판매회사다. 그리고 현지 수요자의 모집은 에이전트회사 C사를 통해서 이루어진다. 거래의 순서는 C사가 현지 수요자를 물색하고, 구매할 차량과 대수가 확정되면 이를 B사 알리고 B사는 A사에게 발주하는 방식이다.

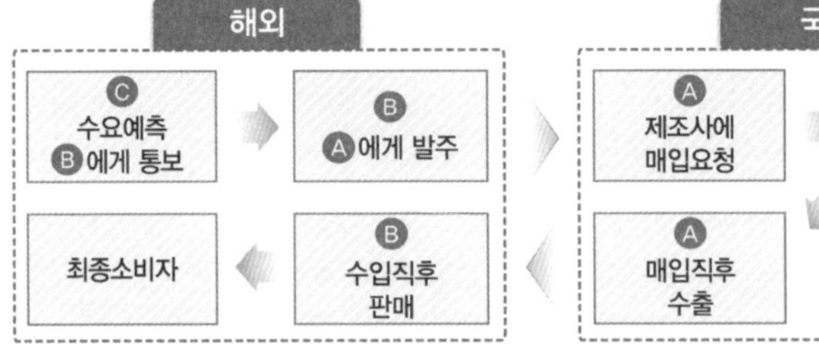

B사는 A사와 차량구매계약을 체결하면서 C사에게 자동차 구매 금액의 일정 비율을 커미션으로 직접 주라고 요청했다. A사는 C사와 커미션 지급약정서를 체결하고 거래가 있을 때마다 돈을 송금해왔다.
처분청은 B사가 C사에게 줘야하는 커미션을 A사가 지급했다고 봤다. 그러므로 해당 비용은 A사가 B사를 위해 지급했으니 접대비라는 주장이다.

(쟁점1)

A사가 C사에게 직접 지급한 커미션을 B에 대한 접대비로 봐야 하는가?

(거래구조에서 C사의 역할은 절대적)

거래가 발생하는 순서를 보면 C사가 수요처를 먼저 확보하고, B사에 관련 정보가 넘어가서 B사가 A사에게 구매주문을 하는 식이다. 만약 C사의 역할이 없다면 거래는 발생하지 않았다. 법원은 이런 거래 구조가 제품 판매와 직접 관련이 있다고 판단하였다.
다른 측면에서 A사가 이렇게 발생한 커미션은 B사와의 거래대금 산정과정에 추가로 고려되었다. 즉, A사만 온전히 부담한 것이 아니고 B사에도 부담을 어느 정도 전가시켰다는 것이다. 법원에서는 이런 거래방식에 대해 '사무처리의 간편화를 도모한 것이고 A사의 입장에서도 손해가 되지 않으므로 합리성을 갖추고 있는 것'으로 보았다. 결론은 접대비가 아니라는 판단이다.

2. 접대비로 본 사례

(현황)

A사는 해외에서 철강을 사서 국내에서 판매하는 업종도 같이하고 있다. 회사는 러시아 소속의 D철강판매회사로부터 철강을 사기 위해 알아보던 중 업체 담당자 E를 알게 되었고, 그에게 입찰과 관련한 경쟁사의 현황, 입찰가격 정보를 제공받았다. 그리고 그 대가로 1톤당 2달러의 커미션을 지불하기로 했다. 거래가 종료된 후 수수료는 E가 해외에 설립한 페이퍼컴퍼니 EE로 송금하였다.
처분청은 회사가 이렇게 송금하고 지급수수료로 처리한 커미션을 접대비로 간주하였다.

(쟁점2)

입찰정보를 얻기 위해 업체담당자에게 지급한 커미션이 접대비인가?

(사회통념상 인정되지 않는다)

A사는 D철강 판매회사에서 일하는 E를 통해 내부정보를 제공받았고, 경쟁사의 입찰가격보다 약간 높게 입찰가격을 써서 물건을 구매할 수 있었다. 톤당 2달러의 커미션을 고려하더라도 충분히 A사에게 이득인 거래였다. 기업의 존재 이유는 이윤을 내는 것이다. 현행법을 위반하지만 않는다면 A사는 어떤 선택지에서도 마진을 내는 것이 정답이다. 그런 면에서 커미션의 지출은 불가피하게 발생한 매입부대비용이라는 것이 A사의 주장이다.

그러나 법원에서는 그렇게 보지 않았다. D사의 임직원인 E는 D사의 이익을 위하여 행동했어야 하지만 자신의 이익을 위해 회사에 손해를 끼쳤다. 이는 사회통념에 반하는 행동이고 상관행에도 맞지 않다고 보았다. 따라서 해당비용은 철강의 판매와 직접 관련된 부대비용이 아니라 E와의 친목을 두텁게 하고 거래를 원활히 하기 위한 접대비로 판단하였다. 커미션은 톤당 2달러에 불과하지만 전체 비용은 수십억 원에 달했으므로 접대비 한도를 초과하는 부분은 비용으로 인정받지 못했다.

(불가피성이 존재하는가)

판매부대비용과 접대비를 구분하는 핵심은 해당거래와 직접 관련이 있는지 여부다. 직접 관련된다는 말은 거래를 위해 필수적으로 필요한 비용이라는 의미다. A사가 C에게 준 커미션은 거래구조상 필수적으로 발생한 비용이라는 것이 명확하다. C가 없으면 매출도 발생하지 않는다. 그래서 이런 비용은 판매부대비용이다. 반면, A사가 E에게 준 커미션은 해당거래와 직접관련성이 낮다. 회사는 E에게 커미션을 주지 않고도 정상적으로 입찰을 할 수 있었다. 그 결과는 법인세의 추징으로 이어졌다.

(대안) 사회통념상 인정되는 커미션이란

만약 A사가 러시아 철강 구매를 위해 현지 입찰대행업체를 선정해서 거래를 진행했다면 어땠을까. 입찰대행보수는 톤당 2달러다. 대행업체를 찾던 중 E가 설립한 D사가 물색되었고 A사는 D사의 도움을 받아 입찰가격 산정에 도움을 받았다고 하자. A사는 E가 D사의 임직원인 사실을 몰랐다고 하면? 이때는 법원의 판단 결과가 달라졌을 수 있다.
대행수수료는 입찰을 위한 필수적인 비용이라는 것이 인정된다. 또, 사회통념상 어느 정도 발생할 수 있다고 인정된다. A사가 흥신소가 아닌 이상 거래하는 회사가 어떤 방식으로 정보를 취합하고 제공하는지까지 확인할 의무는 없다. 물론 D사가 정상적인 컨설팅회사인지 정도는 확인해야겠지만 말이다.

체크 포인트

판매부대비용이 접대비와 다른 점은 거래와 직접 관련 있는 비용이라는 것이다.

단체관광객 등의 숙박료 할인액을 매출에누리가 아닌 접대비로 본 사례

(조심2014중5735, 2015.09.22)

(현황)

A법인은 호텔을 운영한다. 숙박료는 정해진 가격표에 따라 받는다. 단체관광객이나 주변의 유흥업소의 소개로 숙박할 때는 숙박비의 일정 비율만큼을 관광가이드 또는 유흥업소에 사례비로 지급한다. 호텔의 경리직원은 사례비에 대해서 숙박료를 할인해준 것으로 보고 매출액에서 직접 차감하여 법인세를 신고하였다. 처분청은 해당 금액을 접대비 성격의 비용이라고 간주하고 접대비 비용 인정 한도 초과분만큼 세금을 추징하였다.

(쟁점)

회사의 주장은 실질적으로 숙박비의 일정부분만큼 깎아준 거나 마찬가지니 매출할인이라는 것이다. 국세청의 주장은 매출액을 직접 할인해준 것이 아니므로 접대비라는 주장이다. 법인세법에서 매출할인은 제한없이 비용으로 인정되지만 접대비는 일정 한도금액을 넘어서는 부분부터 비용으로 인정되지 않는다. 접대비인가? 아니면 매출할인인가?

(이 거래는 근본적으로 매출할인이 될 수 없다)

매출할인은 용어 그대로 판매금액에서 일정 금액을 직접 깎아주는 것을 의미한다. 회사주장대로 깎아준 비용이 매출할인이 되려면 그만큼의 혜택은 누구에게 가야할까? 당연히 숙박시설을 이용한 숙박객이다. 그런데 A사가 매출할인이라고 주장하는 금액은 숙박객에게 혜택이 돌아간 것이 아니고 숙박객을 모집한 관광가이드, 인근 유흥업소 사장님에게 돌아갔다. 국세청은 이 부분에서 '비용부담자와 수익자가 다르다'는 멋있는(?) 표현을 사용해서 매출할인이 될 수 없다고 주장했다.

(입증자료도 부족하다)

A회사는 해당 비용이 매출할인이라고 주장하면서 근거자료를 제출했다. 그런데 근거자료가 회사의 주장을 뒷받침하기에는 턱없이 부족했다. 회사의 경리직원이 장부 작성 때 매출할인이라고 표시한 서류와 일자별 에누리 금액 자료뿐이었다. 그 돈을 누구에게 줬는지, 무슨 사유로 줬는지에 대한 자료는 없었다. 사업을 하다보면 시간과 노력이 필요하지만 당장은 급하지 않은 서류작업은 후순위가 되기 마련이다. 하지만 매출과 관련된 가격정책, 할인정책에 대해서는 사전에 명확하고 일관된 기준을 세워야 한다. 법원이 아무리 회사의 입장을 들어주고 싶어도 어디까지나 회사의 주장과 이를 뒷받침하는 증거서류가 같은 방향을 가리키고 있을 때에 가능한 이야기다.

(대안) 처음부터 이 비용은 매출할인이 될 수 없다

쟁점 비용은 처음부터 매출할인이 될 수 없었음에도 매출할인으로 주장함으로써 오히려 불리하게 작용했다. 비용의 성격을 보면 접대비이거나 아니면 판매촉진비 또는 광고선전비에 가깝다. 판매촉진비나 광고선전비로 분류되면 전액이 비용으로 인정된다. 물론 요건이 필요하다. 사전에 숙박객을 모아온 가이드, 유흥업소 업주에게 매출액 기여도에 따라 얼마의 인센티브를 제공한다는 일관된 규정을 만들어야 한다. 그리고 만들어진 규정을 준수해야 한다. 호텔의 경우라면 다음과 같은 인센티브 지급안을 마련할 수 있을 것이다.

[단체 숙박객 모객업자 인센티브 제공안]

구분(월 누계)	제공 금액
50객실 이하	매출합계 2% 인센티브 지급
50~100 객실 이하	매출합계 3% 인센티브 지급
100~200 객실 이하	매출합계 5% 인센티브 지급

지급시점: 익월 20일내에 대금 지급(채권회수가 종료된 전월 매출실적을 기준으로 함)
지급시: 개인사업자는 원천징수세액 차감 후 지급. 법인사업자는 세금계산서 발행 요청

판매촉진비(인센티브)는 사전에 일관된 지급기준을 마련하고, 그 기준에 위배됨 없이 지급되어야 비용으로 인정된다.

사례4 채권의 임의 포기로 법인세를 추징당했지만 법원에서 취소된 사례

(조심2017부2500, 2017.12.19)

(현황)

A법인은 주문자상표부착(OEM)방식으로 타 업체에서 생산한 신발을 매입하여 해외 등으로 판매하는 법인이다. 거래처에서 완성된 신발을 매입하여 라벨을 부착한 뒤 미국 등으로 수출한다. 라벨은 사이즈, 원산지의 정보를 표시한 기본 라벨이 있고, 현지 수입업자가 추가로 요청하여 주문제작하는 추가 라벨의 2가지 형태가 있다. 기본 라벨 부착에 대한 가격은 신발가격에 포함하여 산정되나, 추가 라벨은 별도의 견적서를 수입업자에게 보내서 구분하여 표시한다. 처분청은 추가 라벨비용을 청구하지 않은 거래처에 대해서, A회사가 거래처들과의 관계유지를 위해 추가 라벨비용을 받지 않았다고 하여 해당 금액 상당액을 접대비로 간주하고 과세하였다.

(쟁점)

A회사의 거래처별 매출 세부내역을 보면 어떤 업체는 추가 라벨비용이 청구된 반면 어떤 업체는 청구되지 않았을 것이다. 처음에 이런 상황을 보면 과세관청 입장에서는 얼마든지 의구심을 가질 수밖에 없다. 그 다음에는 사실관계를 확인해야 한다.
추가 라벨비를 청구하지 않은 이유가 무엇인가? 정말 접대비가 맞을까?

(사실관계는 중요하다)

이 사례는 처분청이 사실관계만 충분히 확인하고 실제 상품과 대사까지 해봤다면 문제없이 넘어갈 수 있었다. A회사가 추가 라벨비를 청구하지 않은 것은 고객이 추가 라벨 부착을 요청하지 않았기 때문이었다. 다시 말하면 A사가 추가 라벨을 공짜로 부착해준 게 아니라는 것이다. 일을 해준 게 없으니 청구할 금액이 없는 건 당연하다. 회사가 처분청에 사실관계를 설명했지만 처분청은 A회사가 거래처와의 관계 개선을 목적으로 추가 라벨 비용을 받지 않았으니 그만큼은 접대비라고 판단했다.

(의견 진술의 중요성)

세무조사는 무섭다. 회사 담당자 입장에서는 그 부담이 이루 말할 수 없다. 조사관 앞에서는 한없이 작아만 진다. 그런 분위기 안에서 제 목소리를 내는 것은 물론 어렵다. 하지만 제대로 된 사실관계가 있음에도 이를 세무조사 당시에 명확하게 전달하지 못해 소송까지 이어지게 된 사례를 접하니 매우 안타까웠다. 그 과정에서 얼마나 많은 사람들의 시간과 노력이 소비되었을까.
세무조사를 나오는 조사관은 당연히 모든 거래내용에 의구심을 가질 수밖에 없다. 그래야 회사의 잘못을 잡아낼 수 있다. '회사가 어련히 알아서 잘 하고 있겠지'라고 생각하고 조사에 임하는 조사관은 없다. 조사관을 설득하기는 물론 쉽지 않다. 조사관하고 싸우라는 이야기가 아니다. 명확한 사실관계가 있다면 그것을 성실하고 일관되게 주장하라는 이야기다.

체크 포인트

실제 비용이 나가는 것만 접대비가 아니다. 특정거래처로부터 받아야 할 채권을 면제해 주는 것도 접대비로 간주된다.

특정 협력업체 직원들에게만 지급한 격려금은 접대비인가?

(조심2014서1119, 2017.07.24)

(현황)

A법인은 상품 수출입 및 대행, 전자부품 제작 판매 등을 영위하는 회사다. 회사 공장에는 회사가 직접 채용한 근로자와 함께 일부 생산라인에 협력업체 직원이 상주하면서 근무를 같이 한다. 월급은 A회사의 임직원은 정해진 날에 회사가 직접 지급하나, 협력업체 직원은 각 협력업체와의 용역도급계약을 통해 매월 세금계산서를 수취하고 협력업체에 대금을 지불한다. 협력업체는 수취한 대금을 소속 직원들에게 급여로 지급한다.

회사에는 매년 노조와의 임금 협의를 통해 성과급을 얼마나 줄지 정하는 과정이 있다. 회사 직원 대부분은 노조에 가입되어 있고, 협력업체 중에는 노조에 가입된 회사와 그렇지 않은 회사가 있다.

회사는 매년 노사합의에 의해 결정된 근로자별 격려금과 동일한 금액을 노조에 가입되어 있는 협력업체 직원에게도 지급하였다. 처분청은 일부 노조에 가입한 협력업체 직원에게만 지급된 쟁점 격려금은 노조 근로자들과의 친목을 두텁게 할 목적으로 지출되었다고 보아 접대비로 간주하고 세금을 추징하였다.

(쟁점)

A회사가 협력업체 근로자에게 격려금 명목으로 지급한 금액이 접대비에 해당하는가?

협력업체 근로자에게까지 격려금을 주다니 요즘에 보기 드문 좋은 회사다. 그러나 문제는 모든 협력업체 직원이 아닌 노조에 가입한 일부 협력업체 직원에게만 격려금을 줬다는 사실이다. 특정업체에게만 지출된 비용이라는 사실을 보면 접대비로 간주될 여지도 충분히 있다. 접대비로 분류되면 한도를 넘어서는 비용이 인정되지 않으므로 세금이 늘어난다.

(지급의무가 있는가?)

이 문제를 다루면서 우선적으로 확인할 부분은 A회사가 노조가 있는 협력업체와의 특수한 계약관계로 인해 격려금을 지급해야할 의무가 존재하는지 여부다. 만약 용역계약에 A사 근로자와 동일한 성과급을 준다는 규정이 있다면 해당 성과급은 단지 용역료의 일부를 구성할 뿐이다. 이렇게 되면 처분청에서도 별 문제 삼지 않았을 것이다. A회사가 제출한 계약서의 일부에는 다음과 같은 문구가 있었다.

'품질, 생산성 등에 개선이 있을 경우 별도의 포상 혹은 인센티브를 지급'

구체적이지는 않아도 격려금 지급할 수 있는 최소한의 명분이 존재했다. 심판원에서는 이를 매우 중요한 근거로 보았다. 이와 함께 A회사의 정직원과 동일한 수준의 근로를 수행하였으므로 위화감 해소 차원에서 처분청의 과세는 잘못이 있다고 판단했다. 이러한 판단으로 정직원과 협력업체간의 위화감이 많이 해소 될 수 있을 것이다. 다만, 그러면 노조에 가입하지 않은 협력업체 직원의 위화감은 어떻게 해소해줄 것인가?

(그 어떤 결정으로도 위화감은 해소되지 않는다)

이 사례는 사실관계 자체에 논란의 요소를 내포하고 있다. A회사는 좋은 목적과 의도로 협력업체 노동자에게도 격려금을 줬다. 여기까지는 타 업체에 귀감이 되는 모범기업의 모습을 보여주었다. 하지만 협력업체 중에서 노조에 가입된 협력업체 직원에게만 격려금을 줬다. 결국 회사는 근로자에게 더 많은 인건비를 지출하고도 큰 목소리를 낸 노조의 영향력을 받았을 것이라는 의혹을 받게 되었다. 심지어 처분청은 이러한 비용을 접대비로 간주했다. 결과적으로 그러한 오명은 법원에서 벗을 수 있었다. 하지만 아무런 격려금도 받지 못했던 노조에 미가입한 협력업체 직원들의 위화감은 여전히 해소되지 못했을 것이다.

(협력업체에게 주는 성과급은 어떻게 처리해야 할까)

회사가 제조업 또는 서비스업을 영위하면서 규모가 점점 커지면 협력업체의 수가 많아질 수 있다. 이때 용역료의 산정기준과 인센티브 지급기준은 가급적 상세하고 명확하게 문서화해서 계약을 체결해야 이러한 접대비 의혹을 받지 않는다. 지급기준 등 근거가 없는 채로 특정 협력업체에게 과도한 성과급이 지급되면 지금 사례와 같이 그 업체와 다른 관계가 있지 않을까 의심할 수밖에 없다. 또한 노조에 가입했는지를 불문하고 평등하게 지급되어야 한다. 노조에 가입한다고 갑자기 노동자의 생산성이 몇 배 증가하는 것은 아니잖은가. 이 사례는 협력업체에 차등을 둬서 노조에 가입한 협력업체에게만 격려금을 지급했고, 처분청에서는 접대비로 보아 세금을 부과했지만, 다행이 심판원에서 세금 부과가 취소되었다. 법원의 판단 이유는 앞서 언급한 부분도 있지만, 최종적으로는 조금이라도 더 많은 수의 근로자가 성과의 결실을 공유했다고 본 점에서 악의는 없었다는게 근간에 있다고 본다. 만약, 격려금 명목으로 전달된 돈이 협력업체 직원들에게 돌아가지 않고 협력업체 사장 주머니로 들어갔다면, 법원에서도 처분청의 손을 들어주었을 것이다. 법인세법에 여기까지 언급되지는 않았지만 접대비에는 그 사용 의도와 최종 사용처도 상당히 중요하다는 점을 상기시키는 사례라고 볼 수 있다.

체크 포인트

협력업체에게 성과급을 줄때에도 사전에 지급기준을 마련해야 한다. 일부 협력업체에게만 성과급이 지급된다면 납득할만한 사유가 있어야 한다.

제약회사의 신제품 설명회 관련 비용을 접대비로 간주한 사례

(조심2017서3071, 2018.10.29)

(현황)

A회사는 전문의약품 도소매업을 영위하는 법인이다. 주요 판매처는 병원, 의원 및 약국으로 의사, 약사가 고객이다. 새로운 제품이 나오면 회사의 영업조직은 이를 홍보하기 위한 제품설명회를 개최한다. 그러나 시공간에 제약을 받는 고객의 업무 특성 때문에 정해진 시간에 강당 같은 넓은 공간에서 제품설명회를 개최하는 것은 불가능하다. 회사는 이러한 현실에 맞춰 영업조직을 세분화하고 영업사원별로 담당 병원, 의원, 약국을 특정하여 소규모의 제품설명회를 주기적으로 열었다. 설명회 장소는 주로 음식점, 주점이었다. 회사는 설

명회 개최 및 운영에 소요된 경비를 의약품 판매를 위한 부대비용으로 보았다. 그러나 처분청에서는 관련 비용은 판매부대비용이 아닌 접대비로 보고 비용 인정 한도가 초과된 금액을 세금에 가산하여 부과하였다.
회사는 여기에 반발하면서 관련 증빙자료를 다음과 같이 제출하였다.

- 설명회 관련 샘플증빙 몇 건
  (실제 설명회는 3년간 수십 차례 열렸던 것으로 보임)
- 제품정보를 제공하는 용도로 활용하는 빔프로젝트가 지점당 1대씩 비치되어 있는 사실
- 때때로 부족한 빔프로젝트를 타 지점에서 빌리기 위해 퀵서비스 업체를 이용한 영수증(한 지점에서 설명회가 동시에 이루어지는 경우 발생)
- 설명회를 열기 위한 설명자료를 의사에게 보낸 이메일 화면 캡쳐 사본
- 설명회에 참석한 의사 등의 확인서

(쟁점)

회사는 설명회관련 비용이 판매부대비용이라고 주장하고 있고, 처분청은 접대비라고 간주했다. 판매부대비용의 핵심은 매출과 직접관련이 있는지 여부다. 결국 <u>설명회 개최 및 운영비용이 제품판매에 직접적인 관련이 있는지</u>를 살펴봐야 한다.

(비용이 쓰인 시간대, 장소를 면밀히 살펴보자)

의료업계 종사자의 일상은 매우 바쁘다. 이 분들에게 정해진 출퇴근시간이라는 게 있을까 싶다. 그런 그들에게 새로 나온 의약품을 홍보하고 판매하는 일은 대단히 힘들다. 단순히 지라시 몇 장, 스팸메일 몇 개 날린다고 피로에 찌든 의사들이 거들떠나 볼까? 결국 그들이 잠깐잠깐 쉬는 퇴근 이후 시간에 방문해서 신제품을 설명하고 써보라고 권하는 방식을 반복하는 방법이 최선일 것이다. 제품설명회를 열고 싶어도 대규모로 한 번에 행사를 개최하는 방식 자체가 불가능하니 영업사원별로 거래처를 할당해서 소규모로 시행하는 방식밖에는 없다.
그러다 보니 설명회를 개최한 장소, 시간, 내역이 이상해졌다. <u>주로 설명회를 개최한 장소는 식당, 주점이었고 시간대는 주로 밤이어서 제품설명을 효과적</u>

으로 할 수 있을지 의문이 생긴다. 물론 시공간의 제약이 있다는 점이 충분히 인정되지만, 조사관은 자신의 기준과 잣대를 가지고 판단하기 마련이다.

한편 정상적인 비용은 있다. 예를 들면 회사가 판매부대비용이라고 주장하면서 제출한 빔프로젝터 임차비용, 운반비용 등은 명백한 설명회관련 실제 비용이다. 처분청은 이러한 비용은 회사 주장을 받아들였다. 그러나 주점 등에서 지출한 비용은 여전히 접대비로 보았다.

(직접 관련성을 판단할 때)

회사가 주장하는 대로 쟁점 비용이 판매부대비용이려면 제품 매출과 직접 관련성이 있어야 한다. 직접 관련성이 도대체 뭘 의미하는 걸까? 쉽게 생각하면 그 비용이 없었다면 매출이 발생하지 않을 정도의 관련성을 이야기한다. 빔프로젝터를 예로 들자. 신제품이 나왔다면 프리젠테이션이 필요하다. 이 제품이 어떤 제품이고, 어떤 효과가 있는지 효과적으로 구매자에게 전달되고, 구매자가 필요성을 느끼면 비로소 매출이 일어난다. 이러한 관점에서 빔프로젝터의 임차비용은 매출과 직접관련성이 높다. 반면 식사대, 호프집에서 마시는 술값은 직접관련성이 있을까? 물론 식사도 하고 술 한잔 하는 자리에서 새로 나온 제품에 대한 설명을 잠깐잠깐 할 수는 있다. 하지만 여전히 직접 관련성이 있다고는 볼 수 없다. 잘 해야 매출에 간접적으로 도움을 주는 정도다.

심판원도 결과적으로 식대, 주류대는 판매부대비용이 아니라는 판단을 했다.

(간접 관련성의 대명사 광고선전비)

회사에게 남은 마지막 카드가 있다. 그것은 광고선전비다. 전문의약품은 제품 특성상 일반적인 광고선전 활동이 어렵다. 가장 대중적인 TV광고나 인터넷, 소셜미디어 광고를 내보내봐야 일반인들은 관심이 없다. 만약 회사가 이러한 업계의 현실을 배경삼아 쟁점 비용이 판매부대비용이 아니라 시간, 공간에 제약을 받는 수요자의 환경에 맞춘 불가피한 형태의 신제품 광고선전비였다고 주장했다면 어땠을까?

광고선전비와 접대비를 가르는 주요한 차이는 불특정다수를 상대로 하는지 여부다. 대중매체나 소셜미디어 등을 통해 누구에게나 노출되는 방식의 비용은 광고선전비지만, 특정 업체만을 대상으로 한 비용은 접대비다. 그런 면에서 심판원은 회사의 영업방식이 영업사원별로 담당 병원이 특정되어있는 사실을 지적했다. 이렇게 업체가 특정되면 접대비에 가까워진다.

그러나 이렇게 접근하면 조금 다른 시각에서 볼 수 있다. 예를 들어 서울의 모든 병·의원을 모집단으로 두고, 각 영업담당자에게 관할을 배분한 후 모든 의원에 설명회 관련 자료를 보낸다. 그중에 설명회 참여의사가 있는 자만 접촉을 해서 소규모의 설명회를 여러 차례 가진다면, 이런 경우 지출한 비용은 특정인만을 대상으로 한 것인가? 아니면 불특정 다수를 대상으로 한 것인가?

체크 포인트

어떤 비용이 반드시 써야만 매출이 일어날 때 그 비용은 판매부대비용이다. 그 외에는 접대비가 아닌지 의심해야 한다.

■ 정리

접대비 관련 법조문*

법인세법 제25조【접대비의 손금불산입】 ALL

① 이 조에서 "접대비"란 접대, 교제, 사례 또는 그 밖에 어떠한 명목이든 상관없이 이와 유사한 목적으로 지출한 비용으로서 내국법인이 직접 또는 간접적으로 업무와 관련이 있는 자와 업무를 원활하게 진행하기 위하여 지출한 금액을 말한다.

④ 내국법인이 각 사업연도에 지출한 접대비로서 기본한도와 수입금액별 한도의 합계액을 초과하는 금액은 해당 사업연도의 소득금액을 계산할 때 손금에 산입하지 아니한다.

법인세법 집행기준 25-0-4【접대비의 구분】

① 법인이 사업을 위하여 지출한 비용으로서 접대비, 광고선전비 또는 판매부대비용은 다음과 같이 구분한다.

1. 지출의 상대방이 사업에 관련 있는 자들이고 지출의 목적이 접대 등의 행위에 의해 사업관계자들과의 사이에 친목을 두텁게 하여 거래관계의 원활한 진행을 도모하는데 있는 것이라면 접대비
2. 지출의 상대방이 불특정 다수인이고 지출의 목적이 구매의욕을 자극하는데 있는 것이라면 광고선전비 사례1
3. 지출의 성질, 액수 등이 건전한 사회통념이나 상관행에 비추어 볼 때 상품 또는 제품의 판매에 직접 관련하여 정상적으로 소요되는 비용으로 인정되는 것이라면 판매부대비용 사례2

⑥ 인력공급업체로부터 파견된 직원에게 지급하는 복리후생비 등이 계약에 의한 것일 경우에는 용역의 대가이나, 별도 약정이나 지급의무가 없다면 접대비로 본다. 사례5

* 2019년 12월 31일 시점에 적용중인 법조문임

법인세법 시행령 제19조【손비의 범위】 사례3

법 제19조 제1항에 따른 손실 또는 비용[이하 "손비"(損費)라 한다]은 법 및 이 영에서 달리 정하는 것을 제외하고는 다음 각 호의 것을 포함한다.

1. 판매한 상품 또는 제품에 대한 원료의 매입가액(기업회계기준에 따른 매입에누리금액 및 매입할인금액을 제외한다)과 그 부대비용

부가가치세법 제29조【과세표준】 사례3

① 재화 또는 용역의 공급에 대한 부가가치세의 과세표준은 해당 과세기간에 공급한 재화 또는 용역의 공급가액을 합한 금액으로 한다.

⑤ 다음 각 호의 금액은 공급가액에 포함하지 아니한다.

1. 재화나 용역을 공급할 때 그 품질이나 수량, 인도조건 또는 공급대가의 결제방법이나 그 밖의 공급조건에 따라 통상의 대가에서 일정액을 직접 깎아 주는 금액

법인세법 기본통칙 19의 2-19의 2…5【약정에 의한 채권포기액의 대손금 처리】 사례4

약정에 의하여 채권의 전부 또는 일부를 포기하는 경우에도 이를 대손금으로 보지 아니하며 기부금 또는 접대비로 본다. 다만, 특수관계자 외의 자와의 거래에서 발생한 채권으로서 채무자의 부도발생 등으로 장래에 회수가 불확실한 어음·수표상의 채권 등을 조기에 회수하기 위하여 당해 채권의 일부를 불가피하게 포기한 경우 동 채권의 일부를 포기하거나 면제한 행위에 객관적으로 정당한 사유가 있는 때에는 동 채권포기액을 손금에 산입한다.

법인세법 기본통칙 25-0…4【회의비와 접대비 등의 구분】 사례6

① 정상적인 업무를 수행하기 위하여 지출하는 회의비로서 사내 또는 통상회의가 개최되는 장소에서 제공하는 다과 및 음식물 등의 가액 중 사회통념상 인정될 수 있는 범위내의 금액("통상회의비"라 한다. 이하 같다)은 이를 각 사업연도의 소득금액 계산상 손금에 산입한다.

② 제1항에 규정하는 통상회의비를 초과하는 금액과 유흥을 위하여 지출하는 금액은 이를 접대비로 본다.

Chapter 2. 비용을 나눠서 인식한다

사업을 시작하려는 법인이 있다. 회사는 3D프린터를 이용한 제조업을 영위하려고 한다. 그러기 위해 아파트형공장 100평 사무실을 5억 원에 매입했다. 그리고 3D프린터를 1억 원어치 구매했다. 사무실 내부에는 제조공간과 사무공간을 분리하는 인테리어공사를 했다. 업무용으로 사용할 화물차 2대도 마련했다.

사업을 개시한 직후에는 설비투자, 인테리어비용 등 막대한 비용이 지출된다. 사무실을 매입할 때, 3D프린터를 구매할 때, 인테리어 공사가 끝났을 때 거래처로부터 세금계산서를 수취한다. 매입세금계산서에는 거래금액 총액이 기재되어 있다. 세금계산서를 수취해서 지출증빙을 갖췄으니 전체를 비용으로 잡으면 될까?

만약 세금계산서 금액에 맞춰서 비용을 한 번에 다 잡으면 회사는 첫 해에 엄청난 손실을 보고 출발할 것이다. 그리고 그 다음해부터는 규모가 큰 지출이 당분간 없을 테니 상대적으로 이익이 급증할 것이다. 건물, 인테리어공사, 3D프린터 등 설비는 여전히 다음 사업연도에도, 그 다음사업연도에도 계속해서 사업에 사용된다. 화물차도 1년만 쓰고 폐차하는 회사는 없다. 이렇게 사용기한이 1년이 넘어가는 경우에는 매입세금계산서는 총액으로 수취하였다고 하더라도 실제 비용은 사용기한에 따라 나눠서 인식한다. 회계에서는 이렇게 나눠서 처리하는 근거로 수익비용 대응의 원칙을 든다. 법인세법에서도 유형자산이나 무형자산과 같이 초기 비용 지출이 크고 1년 이상 사용하면서 수익에 기여를 하면 비용도 나눠서 인식하도록 자산별 내용연수와 상각률을 세세하게 규정하고 있다. 여기까지는 회계와 세무가 큰 틀에서는 차이점이 없다.

건물, 차량, 대규모 공사, 시설설비 등은 사실 한 번에 모든 비용을 인식하는 것에 문제가 있다고 알아차리기 쉽다. 하지만 진짜 어려운 건 따로 있다. 사업을 하다가 어쩌다 발생한 보수공사인데 금액이 작지도 않고 크지 않은 애매한 경우, 무형의 시스템을 개발하면서 막대한 비용이 지출된 것은 알겠는데 취득원가를 얼마로 할지 난감한 상황이 닥쳤을 때다.

만약 이런 애매한 지출을 잘 모르겠다는 이유로 매입세금계산서 수취금액 전액을 한 번에 비용으로 계상하면 어떻게 될까? 그 해의 비용이 늘어나니 법인세 납부세액이 작아질 것이다. 국세청 입장에서는 세수가 줄어든다. 그냥 방치할 리 없다. 처분청은 회사가 자산으로 잡아서 기준에 따라 매년 나눠서 인식해야 할 비용을 한 번에 인식해버린 것으로 간주한다. 즉, 감가상각자산인데 회사가 감가상각비를 한 번에 전액 계상한 것으로 간주한다. 이것을 즉시상각의제라는 용어로 표현한다.

즉시상각의제는 기간귀속의 문제다. 즉 회사가 한 번에 전액 비용으로 인식한 것을 처분청이 와서 일부만 올해 인식하고 나머지는 다음연도부터 나눠서 인식하라고 수정해주는 것이다. 어떻게 보면 도긴

개긴 조삼모사라고 볼 수 있다. 큰 문제가 아니라고 생각한다. 하지만 여기에는 가산세라는 혹이 붙는다. 세금을 적게 낸 사업연도에는 과소신고가산세와 납부불성실가산세가 기본으로 붙는다.

이번에 소개하는 사례는 언제 즉시상각의제 이슈가 생기는지, 간단하고 쉬운 개념인데도 왜 파면 팔수록 어렵고 조심해야 하는 주제인지를 보여준다.

기존상가를 원룸으로 용도변경하면서 발생한 비용의 처리문제

(조심2014부2346, 2014.06.30)

(현황)

A법인은 소형빌딩을 건축하여 종합스포츠센터를 운영하고 있었다. 그러나 불경기가 계속되면서 수익성이 악화되었고, 결국 리모델링 공사를 통해 원룸 50여 실을 만들어 주택임대사업으로 업종을 전환하였다. 회사는 당시에 발생한 체육시설 철거비, 리모델링 공사비용을 지출하고 수선비로 계상하였으며, 부가가치세 매입세액을 공제받았다.(이 부분은 주제에서 다소 벗어나지만 면세사업을 위한 비용은 부가가치세 매입세액을 공제받을 수 없다. 주택임대사업은 면세사업이다. 따라서 이 부분도 추징되었다) 기존 건물의 장부가액도 모두 폐기 손실로 계상하였다.
처분청은 이 모든 비용은 철거비가 아니라 기존 건물의 내용연수를 증가시키는 자본적지출이라고 보고 세금을 추징하였다.

(쟁점)

회사 입장은 다음과 같다.

"기존 건축물이 스포츠센터에서 주거용 원룸으로 완전히 새로운 용도로 변경되었다. 신축에 가까운 공사이기 때문에 발생한 철거비용은 전액 해당 사업연도의 비용이 맞다. 또한 기존 건물의 장부가액도 더 이상은 스포츠센터가 아니므로 당기에 모두 비용 처리하는 것이 맞다."
반면 처분청의 입장은 이렇다.
"신축은 건물을 완전히 부셔버리고 새로 짓는 것을 의미한다. 증축, 개축, 재축에도 해당하지 않는다. 이중 하나에 해당했다면 회사는 건축법에 따라 용도변경에 대한 신고(허가?)를 받아야 했는데 그런 사실도 없다. 결과적으로 회사가 수행한 것은 건물 리모델링 공사에 불과하므로 기존 건물의 장부가액도 일시 폐기된 것이 아니고, 철거비 또한 당기 비용이 아니며 자산 가액에 더해줘서 내용연수에 따라 비용 처리해야 한다."

철거비용은 당기의 비용인가? 아니면 기존건물의 취득가액에 합산하여야 하는 자본적 지출인가?

(리모델링인지 아닌지를 판단하는 주요 기준)

우리는 규모가 큰 공사는 보통 통틀어서 리모델링이라는 표현을 많이 쓴다. 하지만 법인세법에서는 리모델링이라는 용어는 없다. 대신에 수선비라는 용어가 있다. 수선비는 어떤 경우에는 한 번에 비용처리가 가능하지만 어떤 경우에는 자산의 취득원가를 구성하므로 내용연수에 따라 감가상각해야 한다.
이번 사례에서는 A법인이 지출한 수선비가 법인세법 기본통칙 23-26…7【개축하는 건축물 등에 대한 감가상각】에 따른 건물의 신축, 개축, 재축 중 하나에 해당하는지가 핵심 쟁점이었다. 만약 수선비가 건물의 신축, 개축, 재축 중 하나라면, 기존건물의 장부가액, 철거비는 모두 비용처리 할 수 있다.
그렇다면 건물의 신축, 개축, 재축은 무엇인가? 단어의 정의는 엄격하게 해석해야 한다. 단순히 건물이 완전히 새로운 용도로 탈바꿈하니 이것은 신축이나 마찬가지다, 라고 해석한다면 사례와 같이 처분청과 다툼이 생겼을 때 백전백패다.
법인세법에서는 건물의 신축, 개축, 재축에 대한 정의는 따로 없다. 이 용어에 대한 정의는 건축법 시행령 제2조에서 정하고 있다. 간략하게 정의를 한번 읽어보자.

건축법 시행령 2조 [정의]
1. "신축"이란 건축물이 없는 대지(기존 건축물이 철거되거나 멸실된 대지를 포함한다)에 새로 건축물을 축조(築造)하는 것을 말한다.
2. 생략
3. "개축"이란 기존 건축물의 전부 또는 일부[내력벽·기둥·보·지붕틀 중 셋 이상이 포함되는 경우를 말한다]를 철거하고 그 대지에 종전과 같은 규모의 범위에서 건축물을 다시 축조하는 것을 말한다.
4. "재축"이란 건축물이 천재지변이나 그 밖의 재해(災害)로 멸실된 경우 그 대지에 다음 각 목의 요건을 모두 갖추어 다시 축조하는 것을 말한다.

회사는 이중 어디에도 해당하지 않았다. 그러므로 소송에서 이길 수 없었다. 거기에 더해 가장 결정적인 것은 이런 신축, 개축, 재축에 해당하는 경우 건축법에 따라 관할관청에 신고하고 허가를 받아야 했는데 그러지도 않았다. 법인 스스로 여기에 해당하지 않는다는 것을 인정한 셈이다.

(반전)

결과적으로 위와 같은 사실관계로 인해서 회사는 소송에서 패소했다. 하지만 나는 한 번 더 생각해볼 부분이 있다고 본다. 언급한대로 회사는 건축법에 따른 용도변경신고를 하지 않았다. 그래서 관할 구청에서 고발을 당했다. 대표이사 및 청구법인에게 벌금이 부과되었다. 사유는 건축법 시행령의 '재축'에 해당하므로 신고 대상인데 회사가 신고하지 않았다는 점이다. 회사는 대단히 억울하다. 건축법에서는 재축에 해당한다고 하고 벌금을 맞았는데 법인세법에서는 재축이 아니라서 다시 세금이 부과되었다. 내가 담당자라고 해도 어떻게 해야 되나 막막할 것 같다.

과세관청, 구청도 결국 사람이 하는 일이다. 절대로 완벽하지 않다. 사례와 같이 동일한 사안에 대해 서로 상반된 결과가 나왔다면 어느 한쪽은 틀렸을 가능성이 있다. 회사는 면밀하게 사실관계와 양쪽 처분청의 입장을 따져서 한쪽에는 이의를 제기해야 한다. 최소한 이정도 반응은 해야 덜 억울하다.

지금 같은 경우라면 국세청이 맞았을 수 있다. 건축법에서 재축은 앞에서 언급한대로 천재지변 등의 사유로 인하여 건축물을 멸실한 경우에 발생한 비용인데 사례는 그것과 완전히 다르다. 따라서 구청에서 벌금이 나왔다고 해서 그냥 낼 것이 아니라 정말 벌금을 내는 사유에 해당하는지 법조문을 가지고 꼼꼼히 따져봐야 한다.

체크 포인트

대규모 수선비가 발생한 경우 법인세법과 건축법을 연계하여 법조문에 따라 보수적으로 판단해야 문제가 없다. 정말 진짜 헛갈리는 경우에는 고민 없이 자산의 취득원가에 살포시 얹어주자.(그런데 회사가 외감대상이라면 이러한 처리도 문제될 수 있다. 그래서 실무 담당자가 힘들다.)

자산의 폐기는 함부로 하는 것이 아니다

(국심2004서3679, 2006.01.10)

(현황)

A법인은 한국전력공사가 소유한 전주(전봇대)에 케이블을 설치하여 임대하는 전기통신회선설비임대업, 유선방송분배망 및 전송망사업을 영위하는 사업자다. 회사의 주요 사업용 자산은 케이블이다. 사업을 하기 위해서는 첫 번째로 케이블이 있어야 하고, 그리고 그것을 전주에 설치해야 한다. 유형자산의 취득원가는 크게 케이블 매입비용과 설치비용으로 구분된다. 설치가 완료된 유형자산은 사용개시시점부터 감가상각이 시작된다.

이렇게 사용이 개시된 자산은 내용연수만큼 쭉 사용되면 문제가 없겠지만, 고객은 영원하지 않다. 통신사를 바꿀 수도 있고, 이사를 갈 수도 있다. 중도에 계약이 해지되면 케이블을 철거해야 한다. 뜯어낸 케이블은 재사용이 가능하니 다시 창고에 보관한다. 이때 장부의 유형자산에 있던 케이블을 재고자산으로 재분류한다.

재고자산의 원가는 신도율에 의한 측정방법으로 재평가한 가액을 사용한다. 따라서 유형자산으로 감가상각 해오던 자산의 장부금액과 차이가 발생하게 되는데 이를 유형자산폐기손실로 보고 영업외비용으로 처리한다. 이후 법인세 세무조정시에는 해당 폐기손실은 실제 폐기손실이 아니므로 다시 손금불산입 처리하여 매년 감가상각 범위액만큼 추인한다. 이러한 과정으로 표로 정리하면 다음과 같다.

가정	회계처리
취득원가 100 장부금액 50 신도율 재평가금액 30	차변) 감가상각누계액 50 대변)유형자산(케이블) 100 유형자산폐기손실 20 재고자산(케이블) 30
	법인세 세무조정
	손금불산입) 유형자산폐기손실 20(유보)

회사는 어느 날 국세청 유권해석 1건을 접하게 된다.(회사가 경정청구를 위해서 유권해석을 직접 받아내는 경우도 있다) 내용은 이렇다.

서면인터넷방문상담2팀-889, 2004.04.26.
법인이 시설의 개체 또는 기술의 낙후 등으로 인하여 사업용 설비의 전부 또는 일부를 폐기한 경우에는 법인세법시행령 제31조 제7항의 규정에 의하여 당해 자산의 장부가액에서 1,000원을 공제한 금액을 폐기일이 속하는 사업연도의 손금에 산입할 수 있는 것이나,
폐기한 자산 중 일부 또는 전부가 재사용이 가능하여 이를 저장품 등으로 재분류하여 관리하는 경우에는 저장품 등으로 계상한 자산의 적정가액과 장부가액과의 차액을 폐기일이 속하는 사업연도의 손금에 산입할 수 있는 것임.

즉, 그동안 회사가 유형자산폐기손실로 계상한 금액은 그대로 그 해의 손금으로 볼 수 있다는 취지의 해석이다. 그렇다면 더 이상 폐기손실을 내용연수에 나눠서 손금처리하지 않아도 된다! 회사는 경정청구를 했다. 우리 회사가 그동안 법인세 조정에 실수가 있었으니 바로잡고 많이 낸(정확이 이야기하면 먼저 낸) 세금 70억 원을 환급해달라는 내용이다. 하지만 국세청은 환급을 거부했다.

(쟁점)

고객의 이용해지, 전봇대 위치 변경 등의 사유로 철거되는 케이블은 실제 현장에 있다가 창고로 들어간다. 이때 회계장부에서는 유형자산에 있는 케이블을 재고자산으로 재분류한다. 재고자산으로 바뀔 때 케이블의 가치를 다시 평가하니 유형자산의 장부금액과의 차이가 발생한다. 이 차이는 과연 폐기손실인가? 아니면 자산의 평가손실인가?

(폐기손실 vs 평가손실)

폐기손실과 평가손실. 단어의 차이만큼이나 명확해 보이면서도 실제 다양한 실무를 접해보면 그 경계가 모호한 경우가 많다. 자동차와 비유해서 단순하게 생각해보자. 자동차를 처음에 3천만 원을 주고 사서 4년을 타고나니, 감가상각을 해서 장부금액은 18백만 원이 되었는데, 중고차 시세가 15백만 원이 되

어있었다. 차를 팔지는 않은 상태지만 차의 시세가 장부가보다 낮다는 것을 알았으니 평가손실은 3백만 원이다. 아직 실현되지는 않았지만 실현 가능성이 높다. 1년을 더 타니 장부금액이 15백만 원이 되었는데 차가 침수가 돼서 폐차를 시켜야만 하는 상황이 되었다. 이때는 15백만 원이 그대로 폐기손실이다.
회계기준의 기본 원칙은 발생주의다. 발생주의에서는 어떤 거래나 사건이 발생할 가능성이 매우 높다면 장부에 반영한다. 발생주의 회계처리는 재무제표의 예측가능성을 높여준다. 만약에 평가손실을 회계처리해서 재무제표에 표시하였다면 그 재무제표에는 차량운반구의 시세가 결산 시점에서 적정하게 평가하여 반영되어 있는 것이다.
반면 법인세법은 권리의무확정주의가 기본이다. 돈을 지불할 의무, 돈이 들어올 권리가 확정된 시점에 손익으로 인정한다. 발생주의도 장점은 분명 있지만 주관성이 개입될 여지가 크다는 문제가 있다. 세법은 그 무엇보다도 공정, 공평해야 한다. 그러다보니 발생주의는 아주 제한적인 경우에만 인정해준다. 결과적으로 법인세법은 이러한 자산의 평가 손실은 인정해주지 않는다. 반면, 폐기손실은 거의 손실이 확정된 걸로 보므로 인정이 된다.

(케이블의 취득원가 세부)

회사의 주 업종이 케이블 설치 및 임대업이다 보니 자산의 상당부분이 케이블로 이루어져 있고 금액도 매우 크다. 따라서 쟁점과 같이 폐기손실인지, 처분손실인지에 따라 금액효과도 엄청나다. 70억이라는 금액을 1년만 은행에 예치하면 금리 2%를 가정하더라도 연 1.4억 원이다.
심판원의 판단은 어떻게 보면 절충안이라고도 느껴진다. 우선 회사가 폐기손실이라고 주장하는 금액을 성격에 따라 설치비와 재평가차이로 구분하였다.
이중에서 설치비(법인세법 제41조 제1항에 따라 취득부대비용도 자산의 취득원가를 구성한다)는 어떻게 보면 완전한 매몰비용과도 같다. 철거하는 순간 이미 자산성이 상실된 부분이다. 반면 신도율 측정에 의하여 재평가한 금액과 장부금액과의 차이는 자산의 평가손실이다. 케이블을 철거는 하였지만 언젠가 다시 설치해서 몇 년을 쓸 수 있는지는 아무도 모른다. 심판원은 설치비는 폐기손실로, 재평가차이는 평가손실이라고 판단하였다. 회사도 국세청도 모두 절반의 승리로 마무리된 케이스다.

(생각해 볼 부분)

심판원의 판단은 앞서도 언급한대로 절충안이라고 생각한다. 필자는 법조문을 엄격히 해석할 경우에는 국세청의 판단이 맞다고 생각하는 이유를 앞에서 설명한 자동차를 예로 들어보겠다.

우리가 자동차를 살 때 차 값만 주고 사지 않는다. 취득세도 같이 내고, 국공채도 의무로 매입하는 부분이 있다. 따라서 자동차의 취득원가는 차량가격 및 취등록세 그리고 국공채매입비용으로 볼 수 있다. 국공채의 경우에는 채권이지만 일반적으로 사는 시점에 바로 현금화를 해서 매각하는데 이때 100% 손실이 발생한다. 그 손실도 차량원가에 반영한다. 왜냐면 취득부대비용이니깐. 우리가 차량가격을 구분한 데이터를 가지고 있고, 한 4년 정도 타서 중고차시세를 확인해보니 장부가격보다도 많이 떨어져 있는 상태여서 차액을 모두 손실로 계상했다고 하자. 심판원의 판단대로라면 손실로 계상한 금액 중 취득세와 국공채 매입과 관련된 부분은 폐기손실이 되고, 자동차시세 하락분은 평가손실로 인정되어야 한다. 이미 하나의 취득원가를 구성한 항목을 쪼개서 일부만 손금으로 인정해줄 경우에는 이런 또 다른 고민거리를 만들어내게 된다. 이런 이유로 업무를 계속 하다보면 세법은 답이 명확한 듯 하면서도 그렇지 못하다는 생각이 들 때가 많다. 사례의 경우 고객과의 계약 중도해지라는 사건, 그리고 그로 인해 자산분류가 유형자산에서 재고자산으로 바뀌는 사건이 존재하기 때문에 다르게 봐야한다는 생각도 맞다. 또한 기존에 이미 존재하는 유권해석에 따르면 회사가 계상한 폐기손실은 전액 손금으로 인정해야 한다.

체크 포인트

폐기손실은 자산이 회복 불가능한 시점에 인식한다. 평가손실은 어느 정도 합리적인 시세가 파악될 때 인식한다. 회계기준에 따라 폐기손실과 평가손실을 모두 인식하더라도, 법인세법에서는 폐기손실만 인정된다는 기본 원칙을 잊지 말자.

반복해서 대량으로 구매하는 자산, 소모품일까 아니면 감가상각자산일까

(조심2014전2959, 2016.11.10)

(현황)

A법인은 담배 제조 및 판매업에 종사한다. 담배 포장지는 피우지 않은 담배가 쉽게 손상되지 않도록 일반 종이보다 두꺼운 재질의 종이를 사용한다. 케이스에는 제품의 특성에 맞춘 다양한 폰트의 문구를 넣고 사진을 삽입한다. 이때 그라비어 인쇄방식을 사용한다. 그라비어 인쇄란 철실린더 위에 동도금으로 인쇄 상을 새기고, 동판의 내구성을 높이기 위해 크롬 도금한 후, 그라비어 인쇄기에 장착하여 인쇄하는 방식을 말한다. 여기에 중요한 부품은 철실린더인데, 이 철실린더에 잉크가 묻은 상태로 회전하면서 필름의 표면에 잉크를 묻히게 된다.

철실린더의 수명은 보통 200만 회전을 기준으로 보고, 수명이 다한 실린더는 다시 제판공정을 거쳐서 인쇄공정에 투입하여 통상적으로 1년~7년간 사용한다. 회사는 매년 약200개의 철실린더를 구매하고 있으며 개당 가격은 백만 원이 넘는다. 그리고 이를 금형 또는 소모품으로 보고 구매하는 시점에 전액 비용 처리하였다.

처분청에서는 철실린더를 감가상각자산으로 보고 취득한 사업연도의 손금을 부인하는 처분을 했다.

(쟁점)

회사가 구매한 철실린더가 금형 또는 소모품인지, 아니면 감가상각자산인지 여부

(회사가 금형이라고 주장하는 이유)

회사가 철실린더를 금형이라고 주장하는 이유가 있다. 한번 만들어진 금형은 매몰비용이 되어버리므로 지출한 사업연도에 회계상 비용 처리만 하면 법인세법에서도 손금으로 인정해주기 때문이다.

하지만 안타깝게도 철실린더는 금형이 될 수 없다. 금형의 정의는 다음과 같다.

금형의 정의(표준국어대사전)
만들려는 물건의 모양대로 속이 비어 있어 거기에 쇠붙이를 녹여 붓도록 되어 있는 금속틀

추측컨대 회사가 금형의 정의를 몰랐을 리는 없다. 그냥 한번 주장해봤을 거라고 생각한다. 당연히 금형이라는 주장은 받아들여지지 않았다.

(철실린더는 소모품일까? 아니면 감가상각자산일까)

법인세법에는 어떤 것이 소모품비다, 라는 식으로 정의하고 있지 않다. 그것이 감가상각자산이냐 아니냐를 판단할 수 있는 법 조항만 존재한다. 다시 말하면 감가상각자산인데 회사가 일시에 상각한 것이냐(즉시상각의제) 아니냐를 가지고 판단하여야 한다.
철실린더는 법인세법 시행령 제31조에서 감가상각자산임에도 감가상각하지 않았을 때 허용해주는 예외 항목에 해당사항이 없었다. 따라서 감가상각자산이 맞다는 것이 심판원의 판단이다.

참고(2019년 세법 시행령 개정안, 기획재정부)

본 서적의 출간을 앞둔 시점에 발표된 2019년 세법 시행령 개정안에 따르면 앞으로는 금형을 취득하더라도 즉시상각으로 인정되지 않을 전망이다. 따라서 금형은 법인세법상으로는 반드시 자산으로 계상하여 감가상각을 해야 할 것이다.

체크 포인트

제조업을 영위하는 회사에서 제품을 만들려면 다양한 부품이 필요하다. 그런데 모든 부품 하나하나를 이렇게 법인세법을 들춰보며 판단하는 것이 실무에서는 대단히 힘든 일이다. 하지만 세금을 추징당하지 않으려면 어쩔 수 없다. 최소한 반복적으로 구매하면서 거래규모가 큰 부품에 대해서는 즉시상각의제대상이 아닌지를 검토하는 절차가 필요하다.

개발비의 취득원가에 직접비용만 고려하면 반드시 낭패

(조심2014서1288, 2016.10.31)

(현황)

A법인은 처음에 금융업과 농축산물 유통사업을 함께 영위하던 비영리조합으로 시작했다가 2012년 금융업(신용사업)은 금융지주로, 나머지 사업(경제사업이라고 칭함)은 경제지주로 분할한 회사다.

2010년 전후는 우리나라 회계업계에 큰 변화가 있었다. 국제회계기준(IFRS)을 거의 대부분 수용한 한국채택국제회계기준(K-IFRS)의 도입을 목전에 두고 있었다. 2011년부터 상장사 및 금융회사는 일반기업회계기준이 아닌 한국채택국제회계기준에 따라 회계처리를 해야 했다. 둘의 회계기준은 대부분은 유사하지만 중요한 차이도 존재하기 때문에 의무 도입 대상이 되는 기업은 회계시스템을 뜯어고쳐야 했다. A법인도 예외는 아니었다.

대기업에서 회계시스템을 고치는 일은 상당한 시간과 노력이 투입되는 장기 프로젝트다. 당연히 외부의 회계법인에 용역을 맡겨야 했고, 내부 인력도 차출하여 전담팀이 꾸려졌다. 프로젝트는 2010년부터 2011년 까지 2년에 걸쳐 진행되었고 회계법인과 내부 전담팀(테스트 및 상주직원 100여 명)이 구성되어 프로젝트가 진행되었다.

A법인은 회계법인에 지급한 외주용역비에 대해 IFRS시스템 도입용역의 명목으로 건설중인자산을 계상한 후, 개발이 종료된 시점에 개발비로 대체하여 5년의 내용연수를 적용하고 정액법 상각하였다. 내부 전담팀의 인건비는 당기 중의 급여로 처리하였다.

처분청은 내부 전담팀의 인건비도 개발비의 취득원가로 계상한 후 내용연수에 따라 손금 처리하였어야 하지만 회사가 즉시상각한 것으로 간주하여 법인세를 부과하는 처분을 하였다.

(쟁점)

프로젝트의 완성을 위해 별도의 사무공간을 꾸려서 업무를 진행한 내부 전담 인력의 인건비는 개발비의 취득원가를 구성하는가? 아니면 평상시와 다름없이 그해의 인건비로 보아야 할까?

(자산의 취득원가)

법인세법에서는 개발비의 취득원가를 어떻게 책정하면 되는지 언급하고 있지 않다. 자산의 종류에 따라 각각 정의를 내린다면 지금도 방대한 법인세법이 어마어마한 분량이 될 것이다. 대신에 자산의 취득원가에 대한 정의는 다음과 같이 하고 있다.

타인으로부터 매입한 자산의 취득원가: 매입가액 + 취득부대비용

고가의 장비 또는 취득에 어느 정도의 기간이 필요한 자산(개발하는 무형자산 대부분이 여기에 해당)은 취득원가를 산정할 때 직접원가만을 고려해서는 낭패 보기 쉽다. 법조문에 명시되어있는 취득부대비용 때문에 그렇다. 법인세법에서 취득부대비용의 정의까지는 상세하게 설명하고 있지 않지만 직관적으로 이해한다면 자산의 취득에 필수적, 부수적으로 소요된 비용으로 받아들이면 될 것이다. 쟁점 프로젝트에 투입한 전담인력의 인건비가 취득부대비용이 맞을까 생각해보면 답은 간단하다. 다만, 쟁점 프로젝트가 개발비에 해당하므로 이때는 추가로 검토할 부분이 생긴다.

(개발비에 대한 회계와 세법의 관점)

또다시 언급하지만 회계와 세법은 서로 뗄 수 없는 공존의 관계다. 그러나 양측에 얽혀있는 이해관계자의 입장은 반대인 경우가 많다. 재무제표를 감사하는 감사인(주로 회계법인이 될 것이다)의 입장에서는 재무상태표에 자산으로 계상한 개발비가 과연 자산성이 존재하는지에 언제나 의문을 가진다. 감사인 입장에서 이것은 중요하다. 자산으로 계상했다는 것은 회사가 그 개발비를 통하여 미래에 경제적 효익을 가져온다는 것을 의미한다. 그러므로 한 번에 비용처리하지 않고 미래 수익이 발생하는 기간 동안 나눠서 비용을 인식하도록 하겠다는 표시다. 이렇게 해야 수익비용대응의 원칙을 충족시켜줄 수 있다.
반면, 과세관청의 입장은 반대다. 법인세법에서 분명히 자산으로 정의하고 있음에도 일시에 비용처리를 해버렸다면 그 해의 손금이 과다하게 반영된다. 결국 의도적으로 세금을 적게 신고 납부한 것으로 본다. 나쁘게 표현하면 탈세다.

회사가 개발비를 하나 계상했다고 하면 감사를 하는 회계법인은 개발비의 자산성이 충분한지(조금이라도 충족하지 못한다면 그 회사는 자산으로 계상한 개발비를 손상차손 등으로 비용화해야 한다)를 면밀히 검토한다. 반면 과세관청은 개발비로 계상했어야 하는 취득부대비용을 누락한 것이 없는지를 찾아내기 위해 눈을 부릅뜬다. 그래서 개발비 성격의 비용이 있는 회사의 담당자는 긴장의 끈을 놓아서는 안 된다.

(개발비의 특수함)

법인세법 시행령 제24조[감가상각자산의 범위]에는 개발비의 정의를 이렇게 내리고 있다.

상업적인 생산 또는 사용 전에 재료·장치·제품·공정·시스템 또는 용역을 창출하거나 현저히 개선하기 위한 계획 또는 설계를 위하여 연구결과 또는 관련지식을 적용하는데 발생하는 비용으로서 당해 법인이 개발비로 계상한 것

당해법인이 개발비로 계상한 것. 이 문구 하나 때문에 많은 논란과 해석상의 차이가 발생했다. 개발비로 자산을 계상하는 것이 마치 선택사항인 것처럼 읽혀지기 때문이다. 그렇지 않은가?
그러나 여기에는 기본적인 전제가 있다. 바로 기업회계기준의 준수라는 전제다. 빠져있는 문구를 다시 넣으면 다음과 같다.

상업적인 생산 또는 사용 전에 재료·장치·제품·공정·시스템 또는 용역을 창출하거나 현저히 개선하기 위한 계획 또는 설계를 위하여 연구결과 또는 관련지식을 적용하는데 발생하는 비용으로서 당해 법인이 기업회계기준을 준수하여 개발비로 계상한 것

내부 전담팀 인력의 인건비가 기업회계기준에 따른 개발비에 해당하는가를 보려면 기업회계기준을 들춰봐야 한다. 회사가 한국채택국제회계기준을 도입할 예정에 있으니 관련 기준서적을 찾아보면 개발비(자산)와 연구비(비용)을 구체적으로 정의하고 열거하고 있음을 알 수 있다. 이는 그만큼 이쪽 부분에 많은 쟁점과 다툼이 존재하기 때문이기도 하다.

기업회계기준서 제1038호 무형자산
문단 56. 자산으로 잡지 않는 연구활동의 예
(1) 새로운 지식을 얻고자 하는 활동
(2) 연구결과나 기타 지식을 탐색, 평가, 최종 선택, 응용하는 활동
(3) 재료, 장치, 제품, 공정, 시스템이나 용역에 대한 여러 가지 대체안을 탐색하는 활동
(4) 새롭거나 개선된 재료, 장치, 제품, 공정, 시스템이나 용역에 대한 여러 가지 대체안을 제안, 설계, 평가, 최종 선택하는 활동

문단 59. 자산으로 잡는 개발활동의 예
(1) 생산이나 사용 전의 시제품과 모형을 설계, 제작, 시험하는 활동
(2) 새로운 기술과 관련된 공구, 지그, 주형, 금형 등을 설계하는 활동
(3) 상업적 생산 목적으로 실현가능한 경제적 규모가 아닌 시험공장을 설계, 건설, 가동하는 활동
(4) 신규 또는 개선된 재료, 장치, 제품, 공정, 시스템이나 용역에 대하여 최종적으로 선정된 안을 설계, 제작, 시험하는 활동

(쟁점 프로젝트는 개발비에 해당)

만약 회사가 해당비용은 연구비다! 라고 주장하려면 기준서의 연구비 정의를 충족해야 한다. 하지만 쟁점 프로젝트의 성격은 아쉽게도 이미 연구단계는 지나도 한참 지났을 뿐 아니라, 도입 시한이 정해져있는 시스템이다. 즉 계획된 기간에 맞춰 완성이 거의 확실한 프로젝트라는 말이다. 따라서 개발비다.
이 프로젝트가 개발비라면 개발비의 원가는 어떻게 되는가? 법인세법상 자산의 취득원가에 대해서는 앞에서 기술했지만, K-IFRS에도 자산의 취득원가에 대한 정의가 있다.

기업회계기준서 제1038호 무형자산
문단 27. 개별취득하는 무형자산의 원가
(1) 구입가격(매입할인과 리베이트 차감, 수입관세와 환급받을 수 없는 제세금 포함)
(2) <u>자산을 의도한 목적에 사용할 수 있도록 준비하는 데 직접 관련되는 원가</u>

내부 전담팀 인력 지원 없이 시스템의 개발이 불가능했을 것이므로, 회계기준서상으로도 개발비의 취득원가를 구성하는 것이 맞다는 결론에 도달한다.

(그러면 감사가 잘못됐다는 말인가)

심판원은 회사가 전담팀 인력의 인건비를 자산의 취득원가로 하지 않고 즉시 비용으로 처리한 것은 기업회계기준에 위배된다고 보았다. 그리고 그 연장선에서 법인세를 과소하게 납부했다는 판단을 했다. 회사는 억울하다. 이미 재무제표는 외부감사인으로부터 감사를 받았고, 회계기준에 따라 적정하게 표시하고 있다는 '적정'의견을 받았기 때문이다. 이렇게 되면 회계감사가 잘못되었다는 것으로 이어진다. 하지만 여기서부터는 복잡한 논쟁의 시작으로 이어질 수 있어 억측은 삼가야 한다. 회계법인의 입장에서도 얼마든지 논리는 준비되어 있다. 앞에서도 이야기했듯 '개발비'를 둘러싼 회계감사인의 입장과 국세청의 입장은 정반대 방향을 향하고 있기 때문이다.

체크 포인트

큰 비용이 지출되는 장기의 프로젝트가 발생하거나 설비를 주문제작하는 경우 자산의 취득원가 산정시 누락되는 부대비용이 없도록 만전을 기해야 한다.

만약 필자가 실무 담당자라면
① 집계 가능한 간접비를 모두 개발비에 반영한 후
② 회계감사 때 자산성을 인정받지 못한 부분은 손상처리하고
③ 세무조정으로 다시 손상차손 된 부분을 부인

좀 복잡하지만 위와 같이 안전한 길을 걷겠다. 당연히 실무에서는 이렇게 간단한 문제가 아니다. 다양한 이해관계가 얽혀있어서 복잡하다. 필자가 이야기하는 것은 모든 이슈에 대해서 회계와 세무를 동시에 고려하고 양쪽을 충족할 수 있는 중간지점을 찾아내려는 고민을 끊임없이 해야 한다는 점이다.

개발비와 연구비의 애매한 구분으로 발생하는 문제

(조심2012서1883, 2014.06.26)

(현황)

A법인은 차세대 신보험시스템을 도입하기 위해서 장장 5년에 걸쳐 외주업체와 계약을 맺고 여러 개의 프로젝트를 진행했다. 회사의 규모가 커지면서 기존의 고객관리시스템, 재무관리시스템만으로는 한계에 다다른 것이다. 개발이 끝나면 새로운 시스템을 활용하여 도약의 발판을 마련하길 기대하고 있다. 시스템의 개발은 제약회사나, 연구소의 개발과는 관점이 다르다. 대부분은 개발완료시기가 있고, 개발금액이 거의 정해져 있으며, 외주의 형태로 이루어진다. 성공률은 대부분 100%에 가깝다. 개발 경험과 능력이 있는 업체와 계약을 하기 때문이다. 돈을 들여서 한번 개발하면 몇 년간은 간단한 유지보수만으로 계속 사용할 수 있다. 한마디로 자산으로서의 요건을 모두 충족한다고 볼 수 있다.

회사는 외주업체에 지불하는 개발용역비 중 30% 상당액은 연구단계비용으로 보았다. 연구단계의 비용은 자산성이 없다. 발생과 동시에 비용으로 처리한다. 나머지 70%의 지출만 개발단계에 해당한다고 보았다. 그리고 5년 동안 대금을 나누어 지급하면서 그때마다 30%는 '전산비'라는 계정과목으로 비용처리하고, 70%만 건설중인자산을 계상한 후 개발이 완료된 시점부터 개발비의 무형자산으로 대체하여 감가상각을 하였다.

처분청에서는 회사의 외주개발용역은 모두 개발비에 해당된다고 보았다. 따라서 회사가 30%의 비용을 즉시 상각했다고 간주하고 과세처분하였다. 회사는 당연히 이러한 처분에 반발할 수밖에 없었다.

(쟁점)

회사가 지출한 외주 시스템개발용역은 모두 무형자산에 해당하는 개발비인가? 아니면 회사의 주장처럼 일부분은 연구단계의 비용에 해당하므로 즉시 비용 처리하는 것이 타당한가?

(회사의 주장도 일리는 있다)

회사 담당자도 외주개발비에 대한 자산성 검토를 당연히 수행했다. 회사가 제출한 시스템 개발계획서에 보면 각 단계별로 투입인원 및 시간이 배분되어 있었다.

〈수행업무 구분기준 및 회계처리〉

수행업무	세부수행내역	회계처리
착수준비	요구사항 파악 등	비용화
분석	현황평가, 착수W/S, 패키지 요구사항, 정의 및 매핑 등	비용화
개발	디자인, 개발 및 유닛테스트, 검수, 고객승인 등	자산화
교육훈련	시스템 사용교육, 인수인계, 최종오픈, 안정화 등	비용화

〈수행업무별 투입자원 비율〉 (단위: 시간, %)

수행업무	비용화 투입시간	자산화 투입시간
착수준비~교육훈련	7,240	18,900
비중	28%	72%

외주업체에서 제시한 개발계획서대로라면 전체 용역비의 70%는 자산화 대상 개발비에 해당되고, 30%는 연구비로 분류되어 비용 처리하는 것이 맞다. 회계처리는 돈이 지출되는 시점마다 하기처럼 처리하였다.

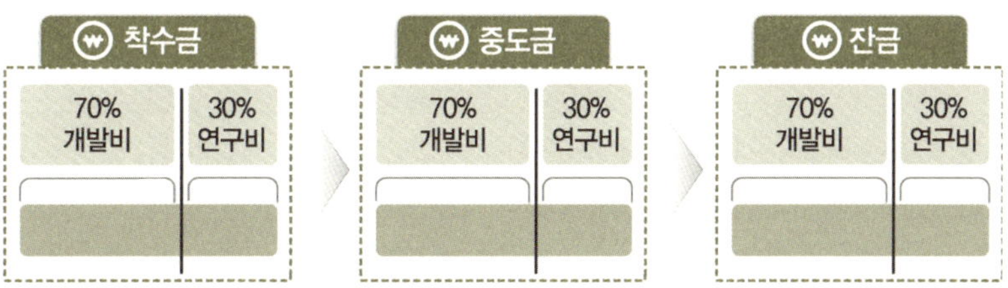

바로 여기, 자금이 지출될 때마다 이를 7:3으로 안분하는 부분이 조금 이상하다는 생각이 든다. 회사의 회계처리라면 개발계획서상의 모든 단계가 동시다발적으로 진행되고 있다는 것을 보여준다. 하지만 통상적으로 연구단계는 개발단계에 접어들기 이전에 발생한다. 즉 다음과 같은 흐름이 되었어야 한다는 것이다.

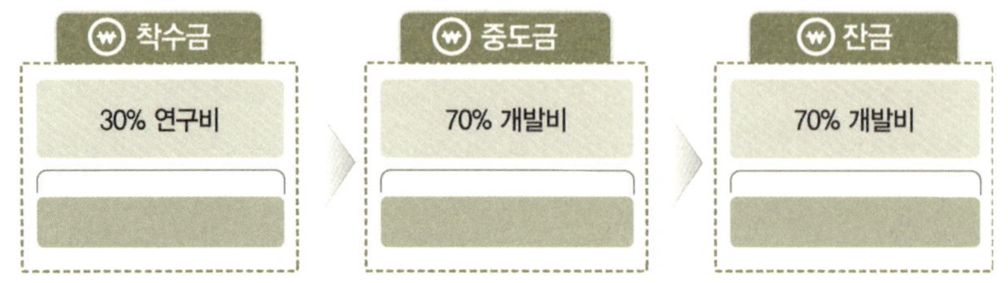

국세청은 바로 이러한 회계처리를 회사가 자의적으로 판단했다고 지적했다. 그 외 개발계획서상의 연구단계는 이미 외주업체가 우선 협상대상자로 선정되어 계약이 체결되기 이전에 이루어졌다는 주장이다.

(형식은 갖추었으나 실질이 뒷받침되어야)

회사가 제시한 개발계획서는 아주 잘 만든 서류다. 각 단계별로 투입인원과 투입시간이 표시되어 있고, 단계 단계가 연구단계인지 개발단계인지를 명확하게 확인할 수 있도록 작성되어있다. 이정도면 회계처리를 위한 개발계획서라고 해도 과언이 아니다. 하지만 계획서보다 중요한 것은 두말할 것 없이 계획서대로 실행이 되었는지 여부다. 즉, 형식도 중요하지만 실질은 더 중요하다는 말이다.

법원의 판단도 다르지 않았다. 외주용역 자체가 하나의 계약을 통해 추진되는 것인데, 그 계약 안에 여러 가지 대체 안을 제안, 설계, 평가하는 연구단계의 용역이 포함되어있을 여지는 없다고 보았다. 즉 개발계획서는 말 그대로 계획서일 뿐 실제 용역수행 내용은 달랐다고 판단한 것이다. 그 근거로 개발계획서 이후에 추가로 작성된 수행계획서, 용역 종료시에 작성된 시스템 구축완료 보고서에는 연구단계에 투입된 비중이 각각 3%, 14%로 개발계획서와 차이가 있는 점을 들었다. 회사는 여기에 대해서는 이렇다 할 반박자료를 제출하지 못한 듯하다.

체크 포인트

성공가능성이 100%에 가까운 외주 시스템개발 용역을 연구비와 개발비로 나누려는 것 자체가 무의미한 시도다. 직간접원가를 모두 건설중인자산으로 계상했다가, 만에 하나 개발에 실패하는 상황이 발생하면 그때 전체를 비용화하는게 맞다.

회사 입장은 수선비인데 처분청은 즉시상각의제로 간주한 사례

(조심2014서2297, 2015.06.11)

(현황)

A법인은 2001년 설립된 회사로 전력자원 개발 및 전력생산을 주 업종으로 하고 있다. 생산된 전력은 한국전력공사에 판매한다. 전기를 생산하는 데는 막대한 설비투자가 필요하다. 자산의 취득 못지않게 유지보수도 매우 중요하다. 회사는 내부적으로 발전소 운전정비관리규정이라고 하는 자산관리 매뉴얼을 마련해두고 있다.

2010년에는 보일러의 최종과열기 튜브를 교체하는 공사를 수행했다. 단순교체라 하더라도 규모가 크기 때문에 대규모의 자본이 투입되었다. 발생한 지출에 대해서는 전액 수선비로 당기 비용처리 하였다. 그러나 처분청은 회사가 자산의 취득을 전액 비용처리 하였으므로 즉시상각의제에 해당한다고 보고 법인세를 추징하였다.

(쟁점)

회사의 튜브 교체공사비용은 수선비일까? 아니면 자산의 취득으로 보아 즉시상각의제로 간주해야 할까?

(수선비에 대한 회계와 세무의 접근은 정반대)

수선은 말 그대로 새로운 자산을 취득하는 건 아니다. 원래 있던 자산에 뭔가를 장착하거나, 고장난 부분을 고치거나, 보완하는 목적으로 지출된 비용이다. 따라서 지출할 때 전액을 비용처리 하기가 쉽다. 실제로 실무에서도 우선 새로운 자산의 취득이 아니라면 회계상 계정분류는 수선비로 가는 것이 맞다. 외부 회계 감사인의 입장에서는 자본적지출로 자산을 계상하는 것보다는 비용처리하는게 부담이 덜하다. 그렇게 수선비 계정의 금액이 늘어나서 결산을 마치면 그다음은 세무적 관점으로 봐야 한다. 수선비 계정에 금액이 크면 세무대리인은 부담이 커진다. 지출 내용 중 즉시상각의제로 간주될 여지가 있는 항목이 있을 가능성이 크기 때문이다. 검토 중에 이런 의심 항목이 나온다면 세무조정을 통해 손금불산입하고, 비록 회계에서는 자산으로 처리되지 않았지만 법인세법상으로는 자산으로 보고 연도별 내용연수에 따라 비용처리해주면 된다.

(당기 비용처리 가능한 수선비 체크리스트)

법인세법 규정에는 친절하게 당기에 한 번에 비용처리할 수 있는 수선비의 요건을 열거주의로 보여주고 있다. 다음의 3가지 요건 중 하나만 해당되면 된다.

① 개별자산별로 수선비로 지출한 금액이 300만 원 미만인 경우
② 개별자산별로 수선비로 지출한 금액이 직전 사업연도종료일 현재 재무상태표상의 자산가액(취득가액-감가상각누계액)의 100분의 5에 미달하는 경우
③ 3년 미만의 기간마다 주기적인 수선을 위하여 지출하는 경우

이렇게까지 열거해서 설명해주고 있는데 뭐가 문제냐고? 문제는 상기의 3번째 항목 때문이다. 1번이나 2번 같은 경우는 금액 기준을 두고 있기 때문에 판단이 명확하지만 3번 요건은 주관적인 판단이 들어갈 여지가 크다. 쟁점의 사례도 회사는 보일러 튜브의 교체는 3년 주기의 주기적 수선에 따른 지출이라고 주장하지만 처분청은 정상적인 수선이라고 하기에는 지출이 크다고 본 것이다.

(보일러 튜브의 교체 원인)

심판원은 이러한 사실관계에 더해서 추가로 보일러 튜브를 교체하게 된 배경에 주목했다. 우선 회사가 시행한 교체공사는 앞서 언급한 '발전소 운전정비 관리규정'에 따라 주기적으로 수행하는 계획예방정비공사때 수행된 것이었다. 기존에 사용중이던 보일러튜브에 결함이 발생한 상태였고, 정상적인 조업이 가능하지 않았다. 따라서 불량한 튜브를 교체하면서 발생한 비용이었다. 처분청은 조사과정에서 교체비용이 기존 튜브 자산가액의 20%에 달하는 정도로 많이 들었다는 점, 기존 설치되었던 제품을 대체한 것이 아니라 튜브 재질이 월등히 뛰어난 다른 제품으로 교체되었다는 점을 언급했다. 자산의 내용연수를 증가시키는 지출은 자본적 지출에 해당하므로 즉시상각의제에 해당한다.

그럼에도 불구하고 심판원은 교체의 원인과 과정의 사실관계로 볼 때, 정상적인 수선주기 과정에서 불량 부속품을 교체한 행위는 수선비로 보는 것이 타당하다는 판단을 내렸다.

(튜닝과 비교해보자)

자동차를 예로 들어 보자. 사람들은 아무런 문제가 없는 상태의 차의 성능을 높이기 위해 돈을 많이 쓴다. 소위 '튜닝'에 들어가는 돈은 세법의 관점에서 보면 명백한 자본적 지출이다. 지출한 돈은 한 번에 비용처리 하지 않고 자동차의 내용연수에 따라 감가상각해줘야 한다. 쟁점 사례가 튜닝하고 비교되는 원천적인 차이는 보일러 튜브의 교체가 결함에 따른 것이라는 점이다. 이런 경우에 세무대리인은 적용하는 법 조항이 상충되는 경우가 발생하기 때문에 유사 사례를 충분히 찾아보고 판단해야 한다.

체크 포인트

세무 담당자는 수선비 계정의 지출내용을 한번은 들여다봐야 한다. 즉시상각의제로 간주될 의심이 드는 항목은 보수적으로 세무조정해줘야 나중에 문제가 생기지 않는다.

■ 정리

즉시상각의제 관련 법조문*

법인세법 제23조【감가상각비의 손금불산입】 ALL

④ 내국법인이 다음 각 호의 어느 하나에 해당하는 금액을 손비로 계상한 경우에는 해당 사업연도의 소득금액을 계산할 때 감가상각비로 계상한 것으로 보아 상각범위액을 계산한다.

1. 감가상각자산을 취득하기 위하여 지출한 금액
2. 감가상각자산에 대한 대통령령으로 정하는 자본적 지출에 해당하는 금액

법인세법 23-26…7【개축하는 건축물 등에 대한 감가상각】 사례1

기존 건축물에 대한 개량, 확장, 증설 등에 해당하는 자본적 지출액은 기존 건축물의 내용연수를 적용하여 감가상각한다. 다만, 기존 건축물의 수선이 「건축법 시행령」 제2조에서 규정하는 신축, 개축, 재축에 해당하는 경우에는 기존 건축물의 장부가액과 철거비용은 당기비용으로 처리하고 그외 새로이 지출한 금액은 신규 취득자산의 장부가액으로 보아 새로이 내용연수를 적용하여 감가상각한다.

법인세법 시행령 제31조【즉시상각의 의제】

② 법 제23조 제4항 제2호에서 "대통령령으로 정하는 자본적 지출"이란 법인이 소유하는 감가상각자산의 내용연수를 연장시키거나 해당 자산의 가치를 현실적으로 증가시키기 위하여 지출한 수선비를 말하며, 다음 각 호의 어느 하나에 해당하는 것에 대한 지출을 포함한다.

---

* 2019년 12월 31일 시점에 적용중인 법조문임

1. 본래의 용도를 변경하기 위한 개조
2. 엘리베이터 또는 냉난방장치의 설치
3. 빌딩 등에 있어서 피난시설 등의 설치
4. 재해 등으로 인하여 멸실 또는 훼손되어 본래의 용도에 이용할 가치가 없는 건축물·기계·설비 등의 복구
5. 그 밖에 개량·확장·증설 등 제1호부터 제4호까지의 지출과 유사한 성질의 것 사례1

③ 법인이 각 사업연도에 지출한 수선비가 다음 각 호의 어느 하나에 해당하는 경우로서 그 수선비를 해당 사업연도의 손비로 계상한 경우에는 제2항에도 불구하고 자본적 지출에 포함하지 않는다. 사례6

1. 개별 자산별로 수선비로 지출한 금액이 300만 원 미만인 경우
2. 개별자산별로 수선비로 지출한 금액이 직전 사업연도종료일 현재 재무상태표상의 자산가액(취득가액에서 감가상각누계액 상당액을 차감한 금액을 말한다)의 100분의 5에 미달하는 경우
3. 3년 미만의 기간마다 주기적인 수선을 위하여 지출하는 경우

④ 취득가액이 거래단위별로 100만 원 이하인 감가상각자산(다음 각 호의 어느 하나에 해당하는 자산은 제외한다)에 대해서는 그 사업에 사용한 날이 속하는 사업연도의 손비로 계상한 것에 한정하여 손금에 산입한다. 사례3

1. 그 고유업무의 성질상 대량으로 보유하는 자산
2. 그 사업의 개시 또는 확장을 위하여 취득한 자산

⑥ 제4항에도 불구하고 다음 각 호의 자산에 대해서는 이를 그 사업에 사용한 날이 속하는 사업연도의 손비로 계상한 것에 한정하여 손금에 산입한다. 사례3

1. 어업에 사용되는 어구(어선용구를 포함한다)
2. 영화필름, 공구(금형을 포함한다), 가구, 전기기구, 가스기기, 가정용 기구·비품, 시계, 시험기기, 측정기기 및 간판
3. 대여사업용 비디오테이프 및 음악용 콤팩트디스크로서 개별자산의 취득가액이 30만 원 미만인 것

4. 전화기(휴대용 전화기를 포함한다) 및 개인용 컴퓨터(그 주변기기를 포함한다)

⑦ 시설의 개체 또는 기술의 낙후로 인하여 생산설비의 일부를 폐기한 경우에는 당해 자산의 장부가액에서 1천 원을 공제한 금액을 폐기일이 속하는 사업연도의 손금에 산입할 수 있다. 사례2

법인세법 시행령 제24조【감가상각자산의 범위】

① 법 제23조 제1항에서 "건물, 기계 및 장치, 특허권 등 대통령령으로 정하는 유형자산 및 무형자산"이란 다음 각 호의 유형자산 및 무형자산(제3항의 자산은 제외하며, 이하 "감가상각자산"이라 한다)을 말한다.

2. 다음 각 목의 어느 하나에 해당하는 무형자산

바. 개발비: 상업적인 생산 또는 사용전에 재료·장치·제품·공정·시스템 또는 용역을 창출하거나 현저히 개선하기 위한 계획 또는 설계를 위하여 연구결과 또는 관련 지식을 적용하는데 발생하는 비용으로서 당해 법인이 개발비로 계상한 것 사례4,5

Chapter 3. 회사의 업무와 관련 없이 지출되는 비용은 독

법인은 독립된 경제주체다. 눈에는 실체가 보이지 않지만 법인을 하나 설립하는 순간 경제적 생태계에서는 새로운 활동주체가 탄생한 것이다. 신생아가 탄생한 것처럼 말이다. 법인의 주인은 주주다. 주주 역시 법인과는 별개의 존재다. 필자가 이야기하고 싶은 것은 법인은 분명히 독립적으로 존재한다는 것이다. 많은 사람들이 법인 그리고 주주 그리고 임원의 구분을 헷갈려 하기 때문에 문제가 생긴다. 남의 지갑에 있는 돈을 마음대로 쓴다면 그것은 도둑질이다. 내가 법인의 100% 주주라고 해도 똑같다.

업무무관 비용이 발생하는 원인 ①

업무도 마찬가지다. 법인을 설립할 때 이 법인이 어떠한 영업활동을 할 것인지 명시한다. 법인 등기부등본을 뽑아보면 업종이 순차적으로 표시되어 있다. 제조업을 하고 있는 회사가 뜬금없이 대부업을 해서 이자장사를 한다고 하자. 이는 국세청에서 보기에 회사의 업무와 관련 없는 행위를 하고 있는 것이다. 업무와 무관한 비용은 국세청에 등록, 신고한 업종과 실제 영위하고 있는 업종이 다를 때 발생한다.

업무무관 비용이 발생하는 원인 ②

회사는 실체가 없고 의사결정을 하는 자는 회사의 임원이나 주주다. 이들은 어떻게 보면 경제공동체다. 회사가 돈을 잘 벌어야 실적에 따라 자신들도 많은 돈을 가져갈 수 있다. 하지만 때로 회사의 이익에 반하는 행위, 오로지 자신들을 위한 행위를 할 때도 있다. 자신이 한 행동을 자신이 승인하기 때문에 유혹에 빠지기 쉽다.

사례1 대표이사가 보유한 특허권의 사용료, 실제 소유권은 누구에게 있을까?

(대전지법2015구합556, 2015.09.03)

(현황)

이○○는 한방샴푸 제조 및 판매업을 영위하는 A법인의 대표이사이자 100% 주주다. 그는 1998년부터 BB화장품 이라는 상호로 인체세정제, 화장품 등을 조금씩 만들어 팔다가 1999년부터 인삼, 당귀, 들국화 등을 달여서 한방샴푸를 만들어 팔기 시작했다. 2001년에는 이와 관련된 특허를 출원하고, 시장 반응이 긍정적인 것을 느끼자 2003년 법인을 설립하기에 이르렀다. 2001년 출원한 특허는 2005년 등록되었다. 특허의 소유권은 이○○에게 있다. A법인은 특허권 사용료 지불계약을 이○○와 체결했다. 2005년부터 2012년까지 회사가 지불한 특허권 사용료는 무려 90억 원을 초과하는 수준이었다. 이○○는 2005년 산업재산권 임대업이라는 상호로 개인사업자 등록을 한 후 수취한 특허권 사용료에 대해 종합소득세 신고를 해왔다.
처분청은 이러한 특허권이 외형상 이○○ 단독 소유로 되어 있지만 실질적으로는 A법인과 공동으로 소유한 것과 마찬가지로 보고, 그동안 지급한 50%만큼의 특허권 사용료를 손금부인하고, 관련된 부가가치세 매입세액도 불공제 처리하였다.

(쟁점)

특허권의 소유권이 A법인과 이○○의 공동소유인가? 아니면 이○○의 단독 소유인가?

(형식보다는 실질이 우선)

앞으로도 계속해서 언급하겠지만 세무 이슈에 있어서 실제 사실관계는 형식보다 중요하다. 계약서, 합의서, 각종 지출 증빙은 형식적인 서류들이다. 거래가 발생했다는 사실을 입증하기에 매우 편리하고 강력하다. 그러나 가공의 거래에 있어서는 이야기가 달라진다. 이때 형식적인 서류들은 단지 허위의 사실을 포장하기 위한 도구로 전락한다. 적발될 경우에는 일반 가산세에 가중치가 붙어서 돌아온다. 부정의 정도가 심하면 조세범처벌법 규정을 적용받을 수도 있다.

과세관청은 실질에 따른 판단을 하려고 했다. 특허의 소유권은 이○○ 개인이지만, 과연 그러한지에 의문을 가졌다. 이○○는 특허권 사용계약을 통해 7년간 90억 원 이상을 가져갔다. 특허의 출원은 법인 설립이전이지만, 등록은 법인이 설립된 이후 이루어졌다. 이 과정에서 과연 법인의 기여가 전혀 없었는가에 의구심을 가질만하다.

(실질에 따른 판단)

결론을 먼저 언급하면 법원은 실제 사실관계에 따르더라도 특허권이 이○○ 개인의 소유라고 볼 만하다고 판단했다. 이○○는 법인이 설립되기 훨씬 이전부터 관련 업종에 종사해오면서 산업이나 제품에 대한 지식과 노하우가 매우 높은 수준이었기 때문에 특허권 출원과 관련된 충분한 역량을 갖추고 있었다.

과세관청은 이○○가 취득한 특허권 외에 2008년 법인의 명의로 추가 출원한 또 다른 특허권을 문제 삼았다. 2008년 이후의 제품에는 하나의 특허권뿐 아니라 새로 취득한 법인 소유의 특허권도 영향을 주고 있으니 그 판매에 대한 기여도를 안분해야 한다는 것이다. 이와 관련해서 법원은 특허권의 내용에 따를 때 제품 제조에 핵심이 되는 특허권은 이○○가 취득한 것이고, 법인이 새로이 소유한 특허권은 기존의 특허에서 첨가물의 종류나 양을 조절하여 추출액을 만들어내는 것으로 기존 특허권의 보완성격을 취하는 정도로 보는 것이 타당하다고 판단했다.

마지막으로 최대주주이자 대표이사인 이○○에게 특허권 사용료의 명목으로 과다 지급한 금액은 결국 업무무관비용의 성격일수도 있고, 부당행위일수도 있는데 이러한 과정에서 이○○도 A법인도 조세부담을 의도적으로 회피하려는 시도가 없었다는 점도 판단에 영향을 주었다. 그 예로 A법인은 2011년은 결손이었는데 만약 이때 특허권사용료를 부담하지 않았다면 이○○의 조세부담을 줄일 수 있었는데도 정상적으로 종합소득세 신고가 이루어져 오히려 납부세액이 증가한 결과를 얻기도 했다.

(특허권 사용료에 대한 생각)

쟁점 사례는 결과적으로 사실관계 대부분이 특허권의 소유는 이○○에게 있음을 보여준다. 과세관청은 특허권 지급액이 과다하다고 보고 처음부터 색안경을 끼고 시작한 게 아닌가 싶다. 사실관계가 명확하다면 과세관청의 공격에도 열심히 대응해서 무고함을 입증할 수 있다.

특허권은 아이디어만 있다고 취득할 수 있는 것이 아니다. 물론 법인은 실체가 없으니 아이디어의 출발은 누군가의 머릿속에서 시작하게 되는 것은 맞다. 하지만 이를 실현하고 구체화하는 과정에서 법인의 다른 임직원의 도움을 얻었다면 특허권의 소유가 대표이사 또는 임원 한사람에게 귀속되면 안 된다. 임상실험이나 시제품 제작, 외주 연구에 필요한 비용이 개인의 비용이 아닌 법인의 비용으로 지출된 사실이 있다면 이때도 마찬가지다.(특허권과 관련된 4번째 챕터의 4번째 사례. 조심2018부2794, 2018.12.26을 이 사례와 비교해보기 바란다)

체크 포인트

쟁점 사례와 같이 온전히 개인의 노력으로 취득한 특허권의 소유는 개인의 것이 맞다. 하지만 특허권의 취득 과정에 있어서 조금이라도 법인의 비용이 투입되었거나 법인의 인력을 활용하였다면 그 소유권은 개인 혼자만의 것이 아니다.

전 대표이사에게 지급한 인건비를 업무무관 비용으로 간주한 사례

(조심2018중2383, 2019.01.17)

(현황)

A법인은 베트남 쌀국수 전문점 프랜차이즈를 설립하여 운영하는 회사다. 전국의 가맹점은 약 70여 곳이 있으며, 회사는 이들 가맹점에 가맹비를 받고 식자재를 수입해서 납품하는 사업을 한다. 회사의 설립자이자 대표자 B씨는 2013년 6월 사업의 전부를 타인에게 양도하였다. 그 이후 약 5년 동안 회사

는 전대표자 B씨가 메뉴 개발과 레시피, 소스 구성비율 등에 대한 노하우를 가지고 있어 이를 전수 받는다는 명목과 미국시장 진출에 도움을 받기 위해 지속적으로 급여를 지급해왔다.

처분청은 전 대표자에게 지급한 급여는 업무와 관련 없는 비용으로 보고 손금불산입 처분하였다.

(쟁점)

사업양도 이후에 회사가 전대표자에게 지급한 인건비가 업무무관 비용인가?

(형식보다는 실질이 우선)

또 한 번 강조하지만 실제 사실관계는 형식보다 중요하다. B가 법인의 임직원이고 인건비를 지급해왔다면, 그 사람이 회사에 근로를 제공한 사실이 존재해야 마땅하다. 임원이라면 최소 임원 회의록에 이름이 한번이라도 있어야 하고, 출퇴근 기록이나 결재서류에 흔적이라도 있을게 아닌가. 과세관청의 처분이 억울하다면 정리된 서류는 아니더라도, 흔적을 뒤져보면 뭐라도 한두 개는 나와야 정상이다.

(실질에 따른 판단)

법원의 판단도 다르지 않다. 근로를 제공한 흔적을 A법인에게 요청했으나 별다른 증거를 제시하지 못하였다. 오히려 그동안 수차례의 임원 회의록이 작성되었으나 참석자명단에 단 한 차례도 표시된 적이 없었다. 근로계약서도 없고, 출퇴근기록도 남아있지 않았다. 가공의 비용이라고 밖에 판단할 수 없는 사례다.

(노하우의 전수)

만약에 내가 어떤 사업을 인수한다고 생각해 보자. 나라면, 양수대금 안에 메뉴 개발에 대한 노하우, 레시피 작업에 대한 비용을 모두 포함해서 계약했을 것이다. 사업양수대금 따로 하고 노하우는 별도로 인수받는 계약을 체결한다면 돈이 이중으로 든다. 물론 한 번에 노하우를 전부 인수하기 어려울 수 있다. 그때는 우선 사업양수대금에 대부분의 자산 및 레시피를 이전받고, 유예기간을 두어서 부족한 부분을 채워가는 양자 합의서를 체결하면 된다. 그리고 그때 지불하는 비용은 급여가 아니라 일시적인 용역료에 해당하므로 사업소득 또는 기타소득으로 분류하는 것이 맞다. 근로를 제공하지 않은 자에게 급여는 어불성설이다.

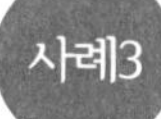

근로를 제공받았다면 흔적은 반드시 남는다. 가공의 인건비로 국세청에 적발되는 경우에는 백전백패다.

사례3 대주주의 이전 직장에서 발생한 업무의 처리 비용, 인정되나?

(조심2015서2493, 2015.09.22)

(현황)

A법인은 건설업을 영위하는 회사로 2007년 설립하여 현재까지 영업을 해오고 있고, 주주는 B씨(70%), C건설(30%)이다. B씨는 과거 C건설의 전무로 재직한 적이 있으며, 현재는 A법인의 최대주주이며 임원이다.

이후 B씨가 C건설에 재직하던 시절에 벌어진 일로 형사사건이 일어났으며, B씨는 법률사무소에 소송대리 업무를 위임했다. 소송 관련 비용은 B씨가 현재 재직중인 A법인에서 지출하였다. 동시에 A법인은 해당 법률사무소와 일반자문계약을 체결하였다.

과세관청은 B씨의 개인형사사건에 해당하는 소송비용을 A법인이 지출한 것으로 보아 업무무관 비용으로 간주하고 손금불산입하고 관련 부가가치세 매입세액도 불공제처리하였다.

(쟁점)

최대주주의 이전직장에서 발생한 소송비용을 현재 직장에서 지출한 경우 인정될까?

(청구법인의 입장)

사실관계만으로 보면 답이 바로 나온다. 임원이자 최대주주가 이전 직장에서 발생한 형사사건의 소송비용을 현재 직장에서 부담하는 것은 문제가 있다. 과연 불복을 진행할 만큼의 억울한 이슈인지 의문이 든다. 이에 대해서 A법인의 입장은 다음과 같다.

1. 2009년 갑자기 들이닥친 검찰수사로 인해 B씨가 전혀 업무를 수행할 수 없는 상황이 되어 우선 변호인을 선임하고 소송을 진행했다. 그러나 소송 결과 임원 개인의 형사사건으로 밝혀지자 추후 B씨의 개인통장에서 변호인에게 직접 소송비용을 송금하였다.
2. A법인의 변호인에게 지출한 비용은 2009년 8월 체결한 일반 법률자문계약과 관련된 비용이며, 그중에 형사사건 수임에 관한 비용 일부가 포함되어 있을 뿐이다.

(일반적이지 않은 사실관계는 설득이 어렵다)

일반적인 법률자문계약을 체결할 때, 계약도 체결하기 이전에 용역료를 지불하지는 않는다. A법인이 합동법률사무소와 일반자문계약을 체결한 시점은 2009년 8월이지만 비용은 그 이전에 지출하였다. 정말 그 비용이 일반자문계약과 관련된 비용인지 의심이 들 수밖에 없다. 공교롭게도 <u>비용이 지출된 시점은 B씨의 형사소송이 개시된 시점</u>이다.

<u>형사소송의 판결서에 보면 B씨가 이전 직장에서 발생한 행위에 대한 횡령과 같은 것들로 A법인과는 관련이 전혀 없는 내용</u>이었다.

또한 B씨가 개인통장에서 지출하였다는 비용은 실제 소송비용에 한참 미달하는 수준으로 잔금 성격의 비용으로 보는 것이 합리적이었다.

결국 B씨는 최대주주인 A법인의 자금을 마치 개인 통장처럼 사적인 일을 처리하기 위해 사용한 것이다. 최대주주라면 가능하다. 이사회를 열어도 <u>스스로</u> 뭐든지 의사 결정할 수 있다.

체크 포인트

회삿돈이 곧 내 돈이라는 생각을 가진 임원(동시에 최대주주)에게는 언제나 세무 리스크가 도사리고 있다.

회사가 취득한 고가주택이 업무무관 자산인지 여부

(조심2016전3586, 2018.06.29)

(현황)

A법인은 김해에 본사를 두고 천안에 디스플레이 장비 제조시설을 갖추어 제조업을 영위하고 있다. 2000년에 설립한 회사는 2015년까지 사업을 수행하다가 제조업 부문은 사업양도를 통해 타 법인에게 팔고, 그 이후부터는 부동산 임대업만을 영위하고 있다. 한편 A법인은 2009년 중 천안에 주택을 취득한 후 유형자산으로 계상하여 감가상각을 해왔다.

과세관청은 쟁점 주택은 A법인의 대표이사이자 최대주주인 B씨가 사적 용도로 사용하기 위하여 취득한 자산으로 보고 업무무관자산으로 보아 세금을 추징하였다. 이렇게 회사가 취득한 자산이 업무무관 자산으로 간주될 경우에는 다음과 같은 처분이 내려진다.

구분	업무사용자산	업무무관자산
감가상각비	감가상각시부인 범위 내 인정	불인정
이자비용	차입금 이자비용 전체 인정	차입금으로 자산 취득 간주하여 일정부분 불인정

(쟁점)

A법인이 제조시설이 위치한 공장 근처에 취득한 주택이 업무무관 자산인지 여부

(회사의 주장 vs 처분청의 입장)

회사는 주택을 취득할 당시(2009년이 되겠다)에는 천안에 공장을 방문하러 온 외국 거래처 고객들이 숙박할 만한 수준의 고급 호텔이 없었다고 했다. 그래서 처음에는 접객의 용도로 주택을 취득하게 되었다. 이후에는 대표이사의 주거지인 부산과 천안과의 거리적 차이로 인하여 출장 시 숙박용으로 사용하

거나, 대표이사가 발명한 특허권 도면을 보관하는 안전장소로 활용하기도 하였다. 또한, 때때로 이사회 및 주주총회의 회의장소, 각종 서류작성의 장소로 사용되었으므로 명백히 업무와 관련이 있는 자산이라는 입장이다.

처분청은 고가의 펜트하우스인 해당 주택을 특허권 도면을 보관하는 장소로 활용하는 것이 사회통념에 맞지 않으며, 세무조사 당시에도 해당 주택에 대해 대표이사가 직접 사적용도로 활용하고 있다는 진술을 하였고, 기타 업무에 사용하였다고 주장하지만 이를 확인할 수 있는 근거자료가 전혀 제시되지 않았다는 주장이다.

이렇게 양측의 주장만을 보면 입증자료를 가지고 있지 않은 회사가 많이 불리하다. 심지어 고가주택이라는 점은 사회통념상으로도 업무용자산으로 보기에 무리가 있다. 심판원의 판단도 크게 벗어나지 않았다.

(회사의 주장을 뒷받침할 자료가 없다)

결론적으로 심판원은 해당 주택이 ①70평이 넘는 고가의 펜트하우스로서 원활한 업무수행을 위해 취득한 것으로 보기는 어렵고, ②회사의 주장을 뒷받침할 구체적인 입증자료가 없다는 2가지 사유로 과세관청의 손을 들어주었다.

체크 포인트

만약에 회사가 취득한 자산의 외형이나 규모가 객관적으로 회사의 업무와 관련이 없어 보인다면, 회사는 꾸준히 이를 뒷받침할 근거자료를 모아뒀어야 한다. 입증자료로 활용할만한 자료라면 다음과 같은 것들을 예로 들 수 있다.

- 외국인 고객의 방문시 숙박한 방문기록
- 이사회 회의장소로 활용한 기록
  → 회의록에 회의 개최장소를 기재하고, 이때 사진까지 찍어두면 좋다
- 관리비고지서: 상시 주거하지 않아 관리비 등이 이웃가정에 비해 낮게 발생하고 있는 점
  → 주거용으로 사용되고 있지 않았다는 입증자료
- 임원 사무실로 활용되었다면 인테리어 공사와 관련된 자료
  제조업을 영위하는 회사가 펜트하우스를 구입했다면 색안경을 끼고 보는 게 당연하지 않겠는가. 따라서 이러한 입증자료를 보유기간동안 충분히 마련해둬야 한다.

제조업 영위법인이 취득한 부동산을 임대업에 사용했다면 업무무관부동산인가?

(조심2016중228, 2016.09.29)

(현황)

A법인은 스테인리스 가공 및 판매를 주업으로 영위하는 회사로 1997년 설립되었다. 처음에는 1,000평 규모의 공장에서 사업을 시작했는데, 점차 사업 규모가 커졌다. 그래서 2004년에는 3,000평 규모의 공장을 매입하고 사업장을 옮겨 운영하던 중에 향후 규모가 더 커질 것으로 보고 2005년 약 3만3천 평의 공장 부지를 매입했다. 취득한 토지 면적은 기존 회사가 영위하는 사업 규모의 10배가 넘었다. 회사는 2009년 4월 이 부지에 공장을 준공하였고, 2010년 6월부터 타 법인에게 임대를 주었다. 회사의 사업자등록증 및 등기부등본상 목적사업에는 부동산임대업이 등록되어 있지 않았다.
과세관청은 A법인이 2005년 매입한 공장부지 및 공장에서 발생한 임대사업과 관련된 비용들은 회사가 영위하는 제조업과 직접 관련이 없는 비용으로 간주하고 법인세를 추징하였다.

(쟁점)

A법인이 취득한 부동산이 업무무관자산인지 여부 및 부동산 취득부터 업무에 사용할 수 있도록 준비하는 기간인 유예기간을 어떻게 적용해야 하는가?

(업무에 직접 사용하는 부동산인가?)

그 전에 우선 법인의 업무가 무엇인지 명확하게 해두는 게 시작이다. 법인세법 시행규칙에서는 <u>법인의 업무란 법인 등기부상에 표시한 목적사업을 의미</u>한다고 하고 있다. 목적사업에 표시된 업종이란 공식적으로 '우리 회사는 이러이러한 사업을 영위할 것입니다'라고 표시하고 인정받은 업종을 말한다. 우선 첫째로 회사는 바로 이 법인등기부등본의 목적사업에 부동산임대업을 표시하지 않았다.

다음으로, 법인세법에서는 법인의 업무에 직접 사용하지 않는 부동산은 업무무관 부동산이라고 명시하고 있다. 문장에 사용한 "직접"이라는 표현은 우리가 법조문을 다양하게 해석할 수 있는 여지를 원천적으로 차단한다. 제조업을 영위하는 회사가 업무에 직접 사용하는 부동산이라면 제조를 위한 공장이나, 재고자산 보관을 위한 창고뿐일 것이다. 만약 법인에 근무하는 직원을 위한 기숙사는 어떨까? 이것도 제조업에 직접 사용하는 부동산이라고는 볼 수 없다. 다만 이렇게 업무와 정말 밀접한 관련을 가진 부동산 같은 경우는 별도의 예외조항을 두어서 직접사용된 것은 아니지만 그렇다고 업무무관자산으로 보지는 않도록 하고 있다.
결과적으로 회사는 법인 등기부등본이나 사업자등록증에 부동산임대업을 영위한다고 표시하지 않은 상태로 오랜 기간 동안 부동산임대사업을 영위해왔다는 점, 같은 관점에서 해당 부동산은 제조업을 영위하는 데에 직접 사용된 부동산으로 볼 수 없다는 점이 명확하다.

(유예기간은 언제 종료되었는가?)

회사가 목적사업에 사용하려고 부동산을 샀다고 해도 사자마자 부동산을 바로 사용하는 경우는 흔치 않다. 회사가 원하는 용도에 맞게 내부 공사를 할 수도 있고, 나아가 건물을 철거하고 다시 지을 수도 있다. 어떤 사업은 허가가 필요한 경우도 있어서 허가가 나올 때까지 시간이 필요하다. 부동산을 취득하고 나서부터 목적사업에 사용하기까지의 이런저런 사유로 존재하는 공백기를 유예기간이라고 하는데, 법인세법에서는 이러한 유예기간을 사례별로 2년~5년간 부여하고 있다. 회사는 어떻게든 이 기간 내에 목적사업에 사용할 준비를 마치고 사업을 개시하여야 한다. A법인 같은 경우는 어떨까? 쟁점 사례에서 법원이 인정한 유예기간은 5년이었고, A법인은 5년이라는 유예기간 내에 법인 등기부등본의 목적사업에 부동산임대업을 추가하는 작업을 했어야 했지만 어느 누구도 챙기지 못했다. 이 작업에 걸리는 시간은? 결재 받는 시간까지 넉넉하게 고려한다고 해도 일주일 정도면 충분했으리라 본다.

(생각해볼 문제)

업무용 부동산과 관련된 법조항은 냉정하다. 사실 이 법의 도입 취지는 회사 자금을 본업에 사용하지 않고 시세차익을 얻을 생각으로 부동산을 취득하지 말라는 의도가 있다. 그리고 대표자나 의사결정권자가 자신의 편의를 위해 부동산을 취득하는 것을 미연에 방지하기도 한다. 하지만 지금의 사례는 조금 아쉽다. 단순히 등기부등본의 목적사업에 부동산임대업을 추가하기만 하면 되는 문제였다. 납세자는 시세차익을 얻을 생각도 없었고(공장부지를 시세차익을 얻기 위해 취득했다고 보기에는 무리가 있다), 임원이나 주주의 개인용도로 사용하지도 않았다. 이런 경우까지 업무무관부동산으로 본다는 건 가혹하다. 하지만 업무무관 부동산에 대해서는 법인세법의 다른 조항들에 비해 훨씬 엄격하고 구체적이다. 그만큼 관련법을 준수하지 않으면 과세하겠다는 의지가 분명한 것이다.

체크 포인트

회사가 영위하는 사업은 여러 업종일 경우가 많다. 제조를 하는 회사(제조업)가 직영점을 운영하면서 직접 판매도 하고(도소매업), 물류창고에 타 법인의 물류관리를 맡아서 관리할 수도 있으며(창고업), 방치되어 있는 공간을 활용해 임대를 놓기도 한다(부동산임대업). 수익성이 다변화되는 것은 회사를 운영하는 전략적 측면에서 좋은 점도 있다. 하지만 이것 하나는 꼭 기억하자. 실무 담당자는 반드시 등기부등본상의 목적사업과 회사의 매출액을 비교해가면서 새로운 업종이 추가된 것은 없는지 주기적으로 살펴봐야 한다. 부동산이 많은 회사는 방치되어 놀고 있는 건물이나 토지는 없는지, 방치 기간은 얼마나 경과되었는지, 법인세법의 유예기간을 경과하지는 않았는지 수시로 체크해야 한다.

물류센터건설용 부지를 취득한 뒤 용도대로 사용하지 못하다가 매각하여 업무무관부동산으로 간주된 사례

(조심2019서391, 2019.07.30)

(현황)

A법인은 1972년 [수산업협동조합법]에 따라 설립된 수협은행이다. 수협은 보통 수산항 인근에서 어민들이 잡아온 수산물을 경매를 통해 상인들에게 넘기는 사업을 함께 한다. 이 사업을 영위하려면 규모가 큰 부지가 필요하다. 회사는 1972년 설립당시부터 사용해오던 물류센터가 있었지만 세월이 흐르면서 부지가 너무 좁고 교통이 불편한 문제가 발생하기 시작했다. 따라서 새로운 물류센터 부지를 물색해오던 중 2013년 공매를 통해서 원하는 부지를 취득할 수 있었다.

그런데 이 부지에는 문제가 있었다. 부지 한가운데를 가로지르는 도로가 있는 것이다. 회사는 이러한 사실을 취득하기 전에 알고 있었다. 토지 취득 후에 지자체에 도시계획을 변경해달라고 요청할 계획이었다. 해당 도로가 오래되고 주민들이 잘 이용하지 않다 보니 쉽게 민원이 받아들여질 것으로 예상했다. 하지만 일이 생각대로 풀리지 않았다. 지역주민들의 반대가 엄청났다. 그러자 처음에는 적극 협조하겠다고 하던 지자체도 쉽사리 도시계획 변경을 승인해 주지 않았다. 회사는 고민 끝에 물류센터 건설을 포기하고 해당 부지를 다시 매각하기로 하였다. 부지를 취득한지 4년이 경과한 시점이었다.

회사가 부지를 취득한 후 목적사업에 사용하지 못하고 팔면 해당 부동산은 업무무관부동산으로 간주되어 취득, 유지에 대한 비용을 모두 손금으로 인정받지 못한다. 또한 매각 시에 차익이 발생하면 '토지 등 양도차익에 대한 법인세'를 추가로 부담해야 한다. 회사는 우선 법인세는 규정에 따라 성실하게 신고납부하였다. 그리고 이듬해 해당 부동산은 비사업용토지가 아니라고 주장하면서 법인세 경정을 청구하였다. 그러나 처분청은 이를 거부하였다.

(쟁점)

회사가 매각한 토지가 비사업용토지 및 업무무관부동산이 아니었다는 주장이 타당한가?

(비사업용 토지 vs 목적사업에 사용한 토지)

회사가 법인세를 신고납부하고 난 직후에 경정청구를 하고, 인용되지 않자 불복까지 진행한 이유는 부당하게 법인세를 과다 납부했다는 인식이 깔려있어서다. 회사는 해당 부지를 물류센터로 사용하려고 취득했다. 그런데 취득하고 나자 지역주민의 반대에 부딪혀 끝내 계획이 무산되었다. 그래서 결국 물류센터 계획을 포기하고 취득한 토지를 다시 매각했더니 그 사이에 땅값이 올라서 차익이 발생했다. 그랬더니 매매차익에 대한 법인세에 더해서 추가로 토지 등 양도차익에 대한 법인세를 부담해야 하는 상황이 돼 버린 것이다.

회사가 토지를 취득해서 양도에 이르기까지의 과정은 특별할 수 있다. 그런데 다른 관점에서 결과만 가지고 이 사례를 다시 한 번 보자. 수협은행이 생뚱맞게 천 평 가까이 되는 땅을 샀다. 그런데 그 토지는 사실 개발 호재가 있는 지역이었다. 몇 년만 가지고 있어도 땅값이 오르는 지역이다. 4년 있다가 토지를 팔아버리니 양도차익이 크게 났다. 결론은 수협이 갑자기 땅 투기를 해서 막대한 차익이 발생한 것이다. 수협 입장에서는 절대 그러려고 한게 아니지만, 땅을 샀다가 아무것도 하지 않고 가지고만 있다가 몇 년 후에 팔았고 막대한 시세차익이 발생한 결과는 변함이 없다.

(업무무관부동산)

업무무관부동산의 판단이 어려운 이유는, 사용여부에 따라서 부동산이 업무용이 됐다가 또 사용하지 않을 때는 업무무관부동산이 되는 등 시시때때로 성격이 바뀌어버리기 때문이다. 실무담당자는 재직하고 있는 회사에 부동산이 특히 많다면 그 중 업무에 실제로 사용되고 있지 않고 방치된 것은 없는지 수시로 확인해야 한다. 업무무관부동산이 있을 경우에는 취득, 보유, 양도의 3단계에 걸쳐 다음과 같이 법인세 부담이 증가하게 된다.

〈업무무관부동산의 각 시점별 법인세처리〉

취득시	보유시	매각시
• 취득부대비용은 자산의 취득원가에 산입 → 업무용부동산과 동일	• 유지에 필요한 모든 비용손금불산입 처리 (제세공과금, 관리비 등)	• 토지 등 양도차익에 대한 법인세 추가납부

(부득이한 사유)

한편 회사가 취득한 부동산을 사용하지 못한 부득이한 사유가 있는 경우에는 예외적으로 법인세법에서 업무무관부동산으로 보지 않는 규정이 존재한다.

법인세법 시행령 제92조의11【부득이한 사유가 있어 비사업용 토지로 보지 아니하는 토지의 판정기준 등】
① 법 제55조의 2 제3항에 따라 다음 각 호의 어느 하나에 해당하는 토지는 해당 각 호에서 규정한 기간 동안 법 제55조의 2 제2항 각 호의 어느 하나에 해당하지 아니하는 토지로 보아 동항의 규정에 따른 비사업용 토지(이하 이 조에서 "비사업용 토지"라 한다)에 해당하는지 여부를 판정한다.
1. 토지를 취득한 후 법령에 따라 사용이 금지 또는 제한된 토지: 사용이 금지 또는 제한된 기간
이하 생략

A법인도 상기의 규정을 근거로 쟁점 토지를 업무에 사용하려 했으나 개발계획이 변경되지 않아 끝내 사용할 수 없었다고 주장했다. 하지만 안타깝게도 해당 조문은 회사의 상황에 적용할 수 없는 것이 명백하다. 필자가 법조문에 진하게 표시한 부분을 보면 쉽게 알 수 있다. 토지 사용의 제한이 금지되는 시점이 토지를 취득한 다음이어야 적용가능하다. 그런데 회사는 토지 취득 이전부터 부지 내에 도로가 있다는 것을 알고 있었다. 처음부터 이길 수 없는 싸움이었다. 심판원도 처분청의 손을 들어주었다.
다행히 회사는 모든 법인세를 적법하게 신고 납부한 상태였기 때문에 가산세 위험은 없었고, 경정청구만 거부되는 결과를 얻었을 뿐이다.

체크 포인트

회사가 가지고 있는 부동산을 매각할 때는 해당 부동산을 취득할 때부터 매각할 때까지 지속적으로 업무에 사용한 부동산이었는지를 사전에 검토하는 것이 중요하다.

■ 정리

업무무관비용 관련 법조문*

법인세법 제27조【업무와 관련 없는 비용의 손금불산입】 ALL

내국법인이 지출한 비용 중 다음 각 호의 금액은 각 사업연도의 소득금액을 계산할 때 손금에 산입하지 아니한다.

1. 해당 법인의 업무와 직접 관련이 없다고 인정되는 자산으로서 대통령령으로 정하는 자산을 취득·관리함으로써 생기는 비용 등 대통령령으로 정하는 금액
2. 제1호 외에 해당 법인의 업무와 직접 관련이 없다고 인정되는 지출금액으로서 대통령령으로 정하는 금액

법인세법 시행령 제49조【업무와 관련이 없는 자산의 범위 등】 사례4,5

① 법 제27조 제1호에서 "대통령령으로 정하는 자산"이란 다음 각 호의 자산을 말한다.

1. 다음 각목의 1에 해당하는 부동산. 다만, 법령에 의하여 사용이 금지되거나 제한된 부동산, 「자산유동화에 관한 법률」에 의한 유동화전문회사가 동법 제3조의 규정에 의하여 등록한 자산유동화계획에 따라 양도하는 부동산 등 기획재정부령이 정하는 부득이한 사유가 있는 부동산을 제외한다.
   가. 법인의 업무에 직접 사용하지 아니하는 부동산. 다만, 유예기간이 경과하기 전까지의 기간 중에 있는 부동산을 제외한다.
   나. 유예기간 중에 당해 법인의 업무에 직접 사용하지 아니하고 양도하는 부동산. 다만, 기획재정부령이 정하는 부동산매매업을 주업으로 영위하는 법인의 경우를 제외한다.

---

* 2019년 12월 31일 시점에 적용중인 법조문임

법인세법 시행규칙 제26조【업무와 관련이 없는 부동산 등의 범위】

① 영 제49조 제1항 제1호 가목 단서에서 "기획재정부령이 정하는 기간"이란 다음 각 호의 어느 하나에 해당하는 기간(이하 이 조에서 "유예기간"이라 한다)을 말한다. 사례6

1. 건축물 또는 시설물 신축용 토지: 취득일부터 5년(「산업집적활성화 및 공장설립에 관한 법률」 제2조 제1호의 규정에 의한 공장용 부지로서 「산업집적활성화 및 공장설립에 관한 법률」 또는 「중소기업 창업지원법」에 의하여 승인을 얻은 사업계획서상의 공장건설계획기간이 5년을 초과하는 경우에는 당해 공장건설계획기간)
2. 부동산매매업[한국표준산업분류에 따른 부동산 개발 및 공급업(묘지분양업을 포함한다) 및 건물 건설업(자영건설업에 한한다)을 말한다. 이하 이 조에서 같다]을 주업으로 하는 법인이 취득한 매매용부동산: 취득일부터 5년
3. 제1호 및 제2호 외의 부동산: 취득일부터 2년

② 영 제49조 제1항 제1호 가목 및 나목에서 "법인의 업무"란 다음 각 호의 업무를 말한다. 사례5

1. 법령에서 업무를 정한 경우에는 그 법령에 규정된 업무
2. 각 사업연도 종료일 현재의 법인등기부상의 목적사업(행정관청의 인가·허가 등을 요하는 사업의 경우에는 그 인가·허가 등을 받은 경우에 한한다)으로 정하여진 업무

법인세법 집행기준 55의 2-0-1【토지 등 양도소득에 대한 과세특례】 사례6

① 내국법인이 다음의 토지 등을 양도한 경우에는 다음에 따라 계산한 토지등 양도소득에 대한 법인세를 각 사업연도 소득에 대한 법인세에 추가하여 납부하여야 한다. 이 경우 하나의 자산이 2이상에 해당하는 때에는 가장 높은 세액을 적용한다.

1. 지정지역내 주택 및 비사업용 토지(「소득세법」 제104조의 2 제2항에 따른 지정지역 안의 주택 및 부수토지 및 비사업용 토지 등)를 2012년 12월 31일까지 양도하는 경우: 양도소득에 100분의 10

2. 일정한 주택(부수토지 포함) 및 주거용 건축물(법 제55조의 2 제1항 제2호): 양도소득에 100분의 10(미등기 양도 100분의 40)
3. 비사업용 토지(법 제55조의 2 제1항 제3호): 양도소득에 100분의 10(미등기 양도 100분의 40)

② 토지 등 양도소득에 대한 법인세는 해당 사업연도에 결손금이 발생하거나 이월결손금 잔액이 있는 경우라도 추가로 납부하여야 한다.

법인세법 시행령 제50조【업무와 관련이 없는 지출】

① 법 제27조 제2호에서 "대통령령으로 정하는 금액"이란 다음 각 호의 어느 하나에 해당하는 지출금액을 말한다.

1. 해당 법인이 직접 사용하지 아니하고 다른 사람(주주등이 아닌 임원과 소액주주등인 임원 및 직원은 제외한다)이 주로 사용하고 있는 장소·건축물·물건 등의 유지비·관리비·사용료와 이와 관련되는 지출금. 다만, 법인이 「대·중소기업 상생협력 촉진에 관한 법률」 제35조에 따른 사업을 중소기업(제조업을 영위하는 자에 한한다)에 이양하기 위하여 무상으로 해당 중소기업에 대여하는 생산설비와 관련된 지출금 등은 제외한다. 사례2,3
2. 해당 법인의 주주등(소액주주등은 제외한다)이거나 출연자인 임원 또는 그 친족이 사용하고 있는 사택의 유지비·관리비·사용료와 이와 관련되는 지출금
3. 제49조 제1항 각 호의 어느 하나에 해당하는 자산을 취득하기 위하여 지출한 자금의 차입과 관련되는 비용
4. 해당 법인이 공여한 「형법」 또는 「국제상거래에 있어서 외국공무원에 대한 뇌물방지법」에 따른 뇌물에 해당하는 금전 및 금전 외의 자산과 경제적 이익의 합계액
5. 「노동조합 및 노동관계조정법」 제24조 제2항 및 제4항을 위반하여 지급하는 급여

Chapter 4. 특수관계자와의 거래를 통해 시장질서를 교란하는 행위는 제제를 받는다

핵심은 이것이다. 특수관계자 사이에 거래를 할 때는 특수관계 없는 제3자와의 거래와 같은 수준의 이익을 챙겨야 정상적인 거래로 봐준다. 거래를 해보면 알겠지만 특수관계자와의 거래를 일면무식인 남과 똑같은 가격이나 품질로 제공하기는 대단히 어렵다. 팔은 안으로 굽는다. 친족사이, 모자회사 사이, 임직원 사이에는 아무래도 가격 협상에 추가적인 요인을 고려할 여지가 많아진다.

주의할 점은 큰 틀에서는 겹치는 부분이 많지만, 세목에 따라 각각 특수관계인을 정의하는 조항을 별도로 두고 있으므로 공부가 필요하다. 과거 필자가 몸담았던 대형 법인에서는 주단위로 세법관련 교육을 했는데 세목별 특수관계인에 대한 정의에 대해서만 한 시간 넘게 강의를 들었던 기억이 있다. 그만큼 복잡하다.

특수관계인의 정의에 대한 스터디가 어느 정도 됐다면, 그다음 단계로 우리 회사에 어떤 특수관계자 거래가 있는지 파악해야 한다. 회사의 주 업종에서 생기는 거래라면 경상적이고 반복적으로 발생하겠지만, 일회성인 거래도 있을 수 있다. 경험상 대부분의 부당행위 이슈는 일회성 거래에서 발생하는 빈도가 더 높다.

법인의 거래에 있어서 특수관계자와 그 외의 자에 차등은 없다는 원칙으로 사업을 영위하면 문제가 발생하지 않는다. 그러나 우리나라 사회가 또 어떤 사회인가? 정(情)에 약한 사회 아닌가. 위에서 시키면 그대로 따르는 경향이 강한 사회이기도 하다. 다음부터 소개하는 사례는 결과적으로 이 원칙을 지키지 못해서 발생한 분쟁에 관한 것들이다.

특수관계자로부터 자산을 취득하려는데 자산의 시가를 모른다면

(조심2018중3376, 2019.01.04)

(현황)

A법인은 알루미늄 및 비철금속 열처리 업을 영위하는 회사로, 주로 승강기 회사에 알루미늄을 제작하여 판매하고 있다. 회사는 2014년 중순에 설립되었는데, 사업에 필요한 고가의 기계장치는 대표이사가 법인 설립 전에 운영하던 개인사업장의 자산을 중고로 매입하였다. 기계장치가 워낙 고가이다 보니 설립직후 부가가치세 예정신고시 환급세액이 과다하게 발생하였고, 과세관청은 예정신고 환급을 위한 현장 확인을 나왔다. 이때 조사관은 해당 기계장치를 특수관계자로부터 시가보다 높은 가격으로 매입했다고 보고, 시가 초과부분을 부당행위로 보아 손금불산입하고 대표자 상여로 처분하였다.

〈중고 기계장치의 거래가격 산정〉
중고의 기계장치는 범용성이 높아서 중고 시장이 형성되어 있는 경우를 제외하고 시세를 확인하기 어렵다. 회사는 해당 기계장치를 맞춤 제작하는 개인사업자 2인을 수소문하여 견적서를 받았다. 그리고 두 업체의 가격을 평균하여 마진의 명목으로 일정 비율을 가산한 뒤 거래가격을 책정했다.

(쟁점)

회사가 대표이사의 개인사업장에서 사용했던 고가의 기계장비를 매입할 때 책정한 매입가격이 법인세법상의 시가를 초과한 가격인가?

(회사는 억울하다)

회사는 매우 억울하다는 입장이다. 처음에 회사는 매입가격을 정하고자 감정평가법인에 의뢰했지만 기계장치는 일반적으로 감정평가를 하지 않는다는 답변을 얻었다고 한다. 그래서 차선책으로 객관적인 가치를 산정하기 위해 관련 제조업자를 두 곳 찾아서 견적서를 받았고, 여기에 기초하여 적정 마진을 붙여 판매한 것이므로 정당한 거래라는 것이다.

(기계장치의 시가를 모를 때)

안타깝지만 회사의 입장은 과세관청에서도, 법원에서도 받아들여지지 않았다. 아무리 회사가 정당하고 객관적으로 거래가격을 산정했다 하더라도 제3자의 입장에서는 임의로 산정한 가격으로 비춰진다. 왜냐면 법인세법에 엄연히 시가가 불분명한 경우에 어떠한 순서로 대체적인 시가를 찾아가면 되는지 언급하고 있기 때문이다. 그 순서는 다음과 같다.

1단계) 법인세법시행령 제89조[시가의 범위 등] 제1항 및 제2항
→ ①감정평가가액을 우선으로 하되 없는 경우에는 상속세및증여세법을 준용한 가액

2단계) 상속세및증여세법시행령 제52조 제1항[그 밖의 유형재산의 평가]
→ ②현행원가(재취득가액)를 우선으로 하되 없는 경우에는 ③장부가액

감정평가가액도 없고, 현행원가도 없는 쟁점 자산의 경우에는 최종적으로 장부가액이 대체적 시가가 된다. 결론은 대표이사가 운영하던 개인사업장의 재무상태표에 계상되어 있는 장부의 금액 그대로 거래하면 됐었다. 그런데 그는 장부가격이 너무 낮다는 이유로 지금과 같이 새롭게 견적서를 받아서 거기에 마진을 붙여서 거래가격을 산정하였다. 이 행위는 객관적인 행위인가?

(생각해볼 부분)

납세자의 판단이 내심 절세효과를 기대하고 행동한 것이라면 이런 과세처분은 백번 정당한 처분이라고 본다. 하지만 그런 의도가 없는 와중에 이루어진 행동이라면 정말 납세자가 억울할 수도 있었을 것 같다. 그 이유는 쟁점 거래를 통해 과연 거래 상대방 중 누가 현저한 이익을 얻었는지 불분명하기 때문이다. 자산을 비싸게 판 쪽은 대표이사의 개인사업장이니 자기 자신이 되고, 비싸게 매입한 쪽도 대표이사가 설립한 법인이다. 만약 기계장치가 시가보다 비싸다면 대표이사는 본 거래를 통해 이익과 손실을 동시에 본 것이다. 통상적으로 개인사업자가 법인을 설립하는 유인은 사업이 확장되면서 누진세부담이 커져서다. 쟁점 법인의 설립도 이런 배경이라면, 오히려 개인사업자의 누진세 부담을 줄이기 위해 기계장치의 가격은 장부가액보다도 낮아야만 한다.

그래야 조세회피의 유인이 어느 정도 있다고 보여지는 흐름이 된다. 하지만 이 사례는 그런 유인을 찾을 수 없다. 다른 이유로 법인의 자금을 빼내기 위한 목적이 있을 수 있는데, 이런 동기는 부당행위의 요건이 되지는 않는다. 물론, 회사는 법인세법에 따라 시가를 판단하지 않았고 이것은 매우 큰 오류다. 스스로가 아무리 객관적으로 판단을 내렸다고 해도 이미 그 자체로 주관적인 것이다. 법에 근거한 판단만이 객관적인 판단에 가깝다.

특수관계자 사이에 자산거래가 있을 때는 반드시 법인세법상 시가를 고려해서 거래가격을 산정해야 한다. 또한, 만약 특수관계자가 아닌 제3자와 거래한다면 거래가격을 어떻게 협상할지를 생각해보자. 판매자 입장이라면 최대한 비싸게 팔고자 할 테고, 매입자라면 반대로 저렴하게 사기를 원할 것이다.

사례2 특수관계자 매출채권의 지연회수, 어디까지 정당한가?

(조심2017부4195, 2018.06.25)

(현황)

A법인은 부동산 개발 및 공급을 주업종으로 영위하는 회사로 2007년에 설립되었다. 2008년에는 상가 11채를 지어 2010년에 분양을 완료하였다. 2007년에서 2008년으로 넘어가는 시기는 리먼 사태 등의 영향으로 국내 부동산 경기가 급격하게 식어가는 시기였다. 회사는 상가 분양이 좀처럼 진행되지 않자, 2009년 상가 몇 채를 대표이사이자 주주인 B씨에게 분양하였다. B씨는 분양을 받은 뒤 은행에서 부동산 담보대출을 일으켜 들어온 돈으로 다시 회사에 분양 대금을 불입하고, 그것으로 공사대금의 일부를 변제할 계획이었다. 그러다보니 실제 분양가격보다 높은 가격에 분양계약서를 작성하는 소위 말하는 업(UP)계약을 체결하게 되었다. 대표이사는 은행담보대출금으로 분양대

금 일부를 상환하였지만 나머지 분양 잔금일부는 남아있는 상태였다. 그럼에도 회사는 소유권이전등기를 해주었다. 상환되지 않은 채권은 분양완료인 2010년부터 2015년까지 계속 남아서 이월되어 왔다.
처분청은 부동산취득 자금출처 서면확인을 하던 중 이 사실을 발견하고, 회사가 정당한 사유 없이 채권을 장기 미회수한 것으로 보아 대표이사에 대한 실질적인 자금대여가 이루어진 것으로 간주하여 법인세를 추징하였다.

(쟁점)

대표이사가 상환하지 않은 상가 분양대금 잔금이 부당행위계산의 대상이 되는가?

(지연회수의 정당한 사유가 존재하는가?)

특수관계자 사이에는 변칙거래를 할 가능성이 일반거래보다 훨씬 높다. 따라서 거래 당사자는 '왜 이런 거래가 발생할 수밖에 없었는지'에 대한 정당한 사유를 처분청에 설명해야 한다. 지금과 같은 사례는 회사가 상가 분양에 어려움을 겪고 있었고, 그로 인한 자금난 때문에 부득이하게 대표이사에게 잔여 상가를 분양할 수밖에 없었던 상황이었다. 따라서 거래 자체만으로는 거래의 정당성이 있다고 보인다. 그러나 회사가 상가를 팔았다면 상가 대금을 회수하는 것이 정상 아닌가? 회사는 회수 기일이 경과하고도 5년 이상 채권 회수를 하지 않았고 심지어 회수하려는 노력조차 하지 않았다. 그 외에도 다음과 같은 구체적인 사실관계가 추가로 확인되었다.

(구체적인 사실관계)

① 회사는 대표이사 B씨가 상가를 분양받은 이후 그 상가로 임대차계약을 맺어 임대수익이 발생하기는 했지만, 그 돈으로는 담보대출에 대한 이자를 상환하는 것조차 빠듯하여 채권회수가 불가능했다고 주장하였다. 그러나 실제 부동산 임대사업의 자금 흐름이나, 대표이사의 급여수준 등 소득현황을 보면 얼마든지 대표이사 B씨는 분양 잔금을 상환할 능력이 있었다. 심지어 B씨는 쟁점 기간 중 다른 부동산을 추가로 취득하기도 했다.

② 회사는 다른 수분양자 중 분양 잔금을 기한 내에 납부하지 않자, 자금을 상환받기 위해 이행각서를 받는 등 많은 노력을 기울였다. 결과적으로 쟁점 상가 분양에서 대표이사 B씨 이외의 수분양자들로부터는 미회수채권 없이 모든 금액을 상환 받았으며, 가장 긴 연체 기간은 1년이었다. 하지만 대표이사 B씨의 채권은 아무런 회수노력도 없이 5년 이라는 시간 동안 방치되었다.

결과적으로 회사는 대표이사이자 주주인 B씨로부터 받아야 할 채권을 회수하지 않은 정당한 사유는 없다고 결론이 난 사례였다.

체크 포인트

특수관계자 간에 발생한 채권의 회수가 약정기일보다 지연되는 경우에는 반드시 이에 합당한 조치를 행해야 한다. 담당자는 채무자인 특수관계자의 자금상황이 극도로 악화되어 있거나, 이에 준하는 정도의 채무 상환이 어려운 수준인지를 수시로 모니터링 하여야 한다. 정당한 사유가 없는 채권의 지연회수는 특수관계자에 대한 자금 대여로 간주된다.

자본잠식 상태의 자회사 채무를 변제하고자 실행한 고가 유상증자, 인정될까?

(조심2012서5025, 2013.10.08)

(현황)

A법인은 도서 및 교육 출판물 제조 판매업 등을 시작으로 1983년 설립되었다가, 이후 1994년 상장되었고 지금은 투자 및 교육 사업을 영위하는 계열사를 거느린 지주회사가 되었다. 계열사 중에는 건설 회사를 인수하기 위하여 일시적으로 설립한 특정목적 법인 B가 있었다. A법인은 B회사를 통해서 금융회사로부터 차입금을 조달하고, 조달된 자금으로 건설회사를 인수한 후, 건설회사를 상장시켜 B회사의 차입금을 상환하려는 계획이었다. 이 과정에서 계열사들의 주식이 담보로 제공되었다.

〈회사의 사업 확장 계획 추정표〉

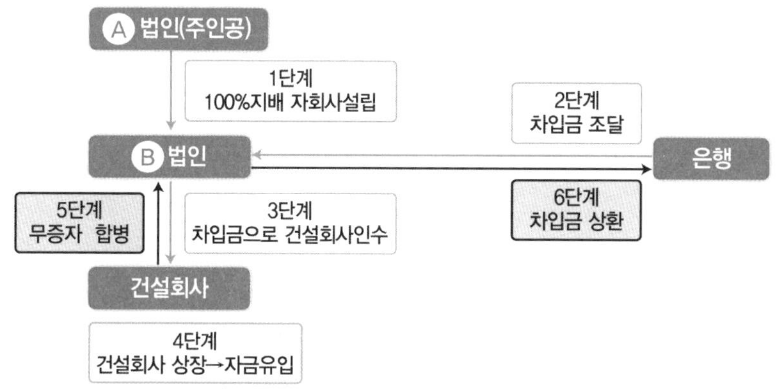

하지만 계획을 실행하려던 2000년 후반 금융위기가 불어 닥치는 바람에 건설회사의 상장이 어렵게 되었다. B회사는 건설회사 주식 인수로 인한 막대한 차입금과 여기서 발생한 이자 때문에 완전자본잠식 상태가 되었다. 법인 청산을 하고 싶어도 금융기관 차입금에 담보로 제공한 계열사 주식 때문에 불가능했다. 차입금을 상환하지 않고 청산할 경우 계열사 주식이 모두 금융회사로 넘어갈 판이었다.

결국 B회사는 차입금 상환 목적의 유상증자를 했다. 완전자본잠식인 회사가 발행하는 주식을 누가 사주겠는가? 100%주주인 A회사가 전량을 인수하였는데, 주식 발행가액은 세법에서 인정하는 주식의 시가를 훨씬 상회하는 수준이었다.

이렇게 조달된 자금은 그대로 차입금 상환에 사용되었다. 이후 B법인은 청산을 했고, B법인이 소유한 건설회사 주식은 A법인에게 인수되었다. A법인에는 그동안 완전자본잠식상태에 다다른 B법인 주식에 대한 누적된 평가손실이 있었다. 회계에서 감액시킬 때마다 세무상으로는 부인되어 유보로 남아있었는데, 청산을 통해 정리하면서 이중 일부를 손금산입으로 추인시켰다.

과세관청은 유상증자를 통해 주식을 시가보다 높게 취득하는 행위는 부당행위계산의 부인대상으로 보아 손금산입한 유보를 부인하는 처분을 하였다.

(쟁점)

완전자본잠식인 B법인의 세법상 주식가치는 0원이다. 모회사는 이 주식을 액면가보다도 높게 사들였다. 아무 문제가 없을까?

(경제적 합리성이 존재하는가?)

법인세법에서 말하는 부당행위의 전제조건은 3가지다.

1. 특수관계자 사이의 거래일 것
2. 시가가 아닌 가격으로 거래가 이루어졌을 것
3. 부당하게 어느 한쪽의 조세 부담이 감소했을 것

위 3가지가 모두 충족되면 부당행위라고 간주된다. 지금 사례는 첫 번째와 두 번째의 조건은 성립이 되었다. 결국 남은 건 3번째 조건이다. 회사는 이 거래에는 어쩔 수 없이 벌어진 거래로 부당하지 않다는 주장이고, 국세청은 완전자본잠식 상태인 회사의 주식을 시가보다 높게 유상증자 했고, 나중에 그 주식이 청산되면서 막대한 손실을 일으켜 결과적으로 세금을 적게 내는 결과를 가져왔다는 주장이다. 시가보다 비싸게 사들인 주식은 나중에 정리할 때 엄청난 처분 손실을 가져온다. 당연한 이치다.

1단계) 유상증자시 시가 0원의 주식을 100원에 10주 취득

회계처리	
차변) 유가증권 1,000	대변) 현금 1,000
회사 세무조정	
안했음	

2단계) 기말 결산시 회계상 전액 감액손실 계상

회계처리	
차변) 유가증권감액손실 1,000	대변) 유가증권 1,000
회사 세무조정	
손금불산입) 유가증권 감액손실 1,000(유보)	

3단계) 법인 청산시 잔여재산가액 0원 회수

회계처리
별도 회계처리 없음(이미 결산으로 감액처리 완료)
회사 세무조정
손금산입) 유가증권 감액손실 1,000(유보)

(유상증자의 대금이 어떻게 쓰이는가)

회사가 유상증자를 할 수밖에 없는 상황은 충분히 공감이 간다. 만약 유상증자를 하지 않았다면, B법인은 빚을 갚을 수 없게 되고 그러면 담보로 잡힌 계열사 주식이 모두 은행으로 넘어가게 될 판이다. 유상증자의 배경에는 충분한 동기가 설명된다고 보지만, 법원의 판단은 약간 달랐다. 실질적으로 유상증자로 유입된 자금은 결국 그대로 채무의 변제에 사용되어 B법인의 경영정상화 등과 무관하게 사용된 것 자체로 거래의 정당성이 훼손되었고, 거기에 더해 고가로 유상증자한 회사는 B법인이 청산되면서 엄청난 투자주식 처분손실이 발생하여 법인세 부담액이 현저히 낮아진 점이 문제가 되었다. 회사가 유상증자를 하면서 투자주식 처분손실까지 고려했었는지는 모르겠으나, 둘 간의 상관관계가 있다고 법원은 판단한 것이다.

체크 포인트

100% 자회사도 안심할 수 없다. 자본거래를 포함한 모든 거래는 시가로 이루어져야 하고, 정말 부득이한 사정상 시가 거래가 불가한 경우에는 거래가격에 정당성을 부여할 수 있는 사실관계가 있어야 한다.

대표이사 명의의 특허권의 실질적인 권리를 인정받지 못한 사례

(조심2018부2794, 2018.12.26)

(현황)

A법인은 대표이사 B씨가 1977년부터 금속도금업으로 운영하던 개인사업장을 1993년 자동차부품도금업을 위한 법인사업장으로 전환하여 설립된 회사다. 회사는 현재까지 총 7개의 특허권을 취득하여 사용 중에 있는데, 그중 6개의 특허권은 소유권자가 회사로 되어 있으나, 나머지 1개의 소유권은 대표이사인 B씨로 되어 있다. 문제는 여기에서 비롯되었다.

개인사업자가 법인으로 전환하는 것은 좋은 신호다. 이는 회사의 규모가 커졌다는 것을 의미한다. 그러나 이 과정을 거친 사업자는 개인사업장이 법인으로 전환되면서 새로운 경제적 실체가 탄생했다는 점을 간과한다. 눈에 안 보여서 그런가? 대표적인 사례로 법인 명의의 통장을 대표이사가 마음대로 꺼내 쓴다. 개인사업자에게나 가능한 일이지만, 법인의 입장에서는 통장에서 이유 없이 돈이 빠져나가는 순간 대표이사에게 돈을 빌려준 것으로 간주한다. 이것을 가지급금이라고 하는데, 업력이 쌓이면 쌓일수록 이런 가지급금도 함께 늘어나는 중소기업이 엄청 많다. 이 회사도 1993년에 설립되고 나서 현재까지 20년 이상 사업을 영위해오다 보니 너무 커져버린 가지급금이 문제가 되기 시작했다. 때마침 대표이사가 2004년 취득한 특허권이 있었다. 이미 10년 이상 보유해 온 특허권이고 충분한 재산적 가치가 있었다. B씨는 특허권을 외부의 감정평가기관에 의뢰하여 감정평가를 받았다. 그리고 평가받은 가격으로 회사에 팔았다. 회사에 갚아야 할 돈이 많았기 때문에 특허권 판매가격은 가지급금과 그대로 상계되었다. 그런데 과세관청은 이 특허권의 실질적인 소유권자는 대표이사 B씨가 아니라고 보고 회사가 거래한 거래 자체를 인정하지 않았다. 가지급금은 다시 살아났다. 왜 이런 상황이 발생하였을까?

(쟁점)

대표이사가 보유한 특허권의 실질적인 소유권은 누구에게 있는가?

(문제의 특허권을 둘러싼 사실관계)

대표이사 B씨가 2004년에 특허권을 취득할 당시 과연 무슨 일이 있었던 걸까. 과세관청은 조사 과정에서 다음과 같은 사실들을 추가로 확인할 수 있었다.

- 특허권의 소유권자는 B씨가 맞지만, 발명자는 회사의 연구소장으로 되어있었다. 연구소장과의 인터뷰 결과 당시 대표이사의 지시로 연구가 시작된 점은 맞지만 실질적인 기술개발은 연구소장 본인이 수행했다고 진술했다.
- 연구소장 자신은 발명에 관한 권리를 B씨에게 양도한 사실이 없다.
- 특허권이 발명되고 출원되기까지 필요한 일체의 인적, 물적 설비에 회사의 자산이 사용되었다. 또한, 특허권의 출원, 등록, 유지와 관련된 지출도 역시 회사의 자금으로 처리되었으며, 회사는 이를 손금으로 처리하였다.
- 대표이사는 특허권이 본인의 소유라고 주장했지만, 10년이라는 시간이 지나는 동안 회사와 특허권 사용에 관한 계약서를 작성한 사실이 없고, 사용료를 수취한 적도 없다.

이러한 모든 사실관계는 특허권의 현재 소유권자인 B씨의 명의는 허울뿐이고 실질적인 소유권이 회사에 있다는 점을 충분히 뒷받침하고도 남는다.

(회사 측 주장)

회사도 억울한 부분은 있다. 특허권의 발명이 실질적으로 B씨가 아니라고 하더라도, 2004년 당시 B씨의 이름으로 특허출원을 했고 현재까지 10년 이상 아무런 이의제기 없이 유지되어 왔다면, 특허권의 실질적인 발명자로부터 B씨로 권리의 이전이 암묵적으로 이루어진 것으로 봐야한다는 주장이다. 왜 연구소장은 10년이라는 세월이 흐르는 동안 아무런 입장 표명도 없이 가만히 있었는가? 만약 특허권 등록 과정이 불합리했다면 뭐라도 문제제기를 했어야 하는 것 아닌가? (이런 질문을 받으면 필자는 반문하고 싶다. 당신이 10년 넘게 재직한 회사의 연구소장이라면 대표이사 면전에서 이런 권리를 주장할 용기가 있는가?) 회사는 과거 2010년에도 세무조사를 받은 사실이 있었다. 만약, 실질적인 소유권에 관한 문제라면 과세관청은 2010년 세무조사 당시 이 점에 대해 문제를 제기하고, 특허권이 연구소장에서 B씨에게 무상으로 양도된 부분에 대한 부당행위 과세를 했으면 됐다. 그런데 그때는 아무지적 없이 넘어가고, 그로부터 다시 6년이나 지난 2016년에 와서 한참 전에 벌어진 거래에 대해 문제를 삼는 건 세법이 납세의무자의 법적안정성과 예측가능성을 보장하기 위해서 국세부과체적기간을 둔 취지를 훼손하는 행위라고 주장했다.

(부당한 행위는 불리하다)

회사의 입장도 충분히 이해가 된다. 아니 과거에 세무조사 때도 문제 삼지 않았다가, 왜 이제 와서? 라고 주장한다. 하지만 결과적으로 2004년 B씨가 취득한 특허권은 자신의 지위를 이용하여 강제로 취득했을 가능성이 높고, 여기에 이미 드러난 사실관계가 충분한 만큼 이를 완전히 부정하지는 못했다. 그러나 이 거래에 대해 과세관청이 세금을 부과할 수 있는 기간은 5년이다. 2010년 세무조사 때에는 문제시 삼았어야 했는데 그러지 못했다. 아마 거래 실체가 드러나지 않고, B씨에게 사용료도 지불하고 있지 않았기 때문에 장부를 뒤져도 쉽게 찾을 수 없었을 것이다. 회사와 B씨는 운 좋게 적발되지 않은 점을 고맙게 생각하고 더 이상 문제 삼지 않는 편이 현명하다.

2016년에 발생한 거래는 완전히 새로운 거래다. B씨는 문제가 있는 특허권을 가지고 거액의 가지급금을 상환하는 새로운 사실관계를 만들어냈다. 이 거래는 위험하다. 회사는 크게 간과하고 있었다. 2010년 세무조사 당시 과세관청이 특허권의 실질적 소유권을 문제 삼지 않았다고 해서 소유권이 B씨에게 있다고 인정해준 것은 아니기 때문이다.

체크 포인트

특허권의 소유권은 실질적인 기여를 한 자에게 있다. 가지급금의 정리는 반드시 합법적인 테두리와 실질과세라는 원칙 안에서 수행하여야 한다.

계열사와의 용역료 산정은 반드시 비계열사간 거래를 기준으로 판단하자

(조심2015서5470, 2016.02.11)
(서울행정법원2016구합62658, 2017.04.21)

(현황)

A법인은 에너지관련 업종에 종사하는 기업이며, 최대주주는 B법인으로 정보기술시스템의 구축, 운영전략기획, 시스템 설계, 개발 및 운영을 지원하는 업종을 영위하고 있다. 자연스럽게 A법인은 IT분야에 대한 아웃소싱계약(이하 "OS"라고 함)을 B법인과 체결하였다. 계약은 10년 단위로 2번 체결되었다 (1차 계약 1999.1.1.~2009.12.31., 2차 계약 2010.4.1.~2020.3.31.)
용역료의 산정은 지식경제부(現산업통상자원부) 고시가액을 준수했다. IT기술자의 업무역량에 따라 초급, 중급, 고급, 특급기술자로 분류된 인건비 산정방식을 기준으로 해서 부대경비를 고려한 금액을 거래가액으로 확정하였다.
한편, A법인은 B법인 이외의 다른 IT업체로부터도 용역을 제공받았다. 이때도 마찬가지로 용역료의 산정은 지식경제부 고시가액을 사용하기는 했지만 B법인 계약과는 차이가 있었다. 기술자 등급별 표준 인건비에 60%~90% 할인을 적용한 것이다.
공정거래위원회는 2012년 A법인이 B법인에게 지급한 용역료가 다른 비계열사에게 지급한 용역료에 비해 과다한 것으로 판단하여 과징금을 부과하였다. 이후 국세청은 세무조사를 통해 동일한 건에 대해 부당행위계산부인 규정에 따른 법인세를 추징하였다.

(쟁점)

A법인이 모회사인 B법인에게 지급한 IT 서비스 용역료가 부당행위계산부인에 해당하는가?

(용역은 제품과 다르다)

A법인은 억울하다. OS 용역은 제품이나 상품처럼 모든 거래처에게 똑같은 품질로 제공되는 것이 아니기 때문이다. A법인이 B법인에게 받는 OS는 일괄적 OS로 회사의 정보시스템 기능 및 조직 전체를 하나의 사업자에게 일괄 위탁하는 방식이고, 비계열사들로부터는 필요한 부분만을 선별하여 제공받는 선택

적 OS로 인건비 단가가 다를 수밖에 없다. 즉, 업무의 난이도, 책임의 범위, 용역의 질적 수준이 B법인 인력이 월등하게 높으므로 차등해서 용역료를 지급하는 것이 타당하다. 또한 지식경제부에서 제공한 고시단가 자체로 업계 평균 가격이므로 시가가 맞다고 주장하였다.

추가로, 과세관청이 내린 처분의 근거가 되는 공정거래위원회 과징금 부과는 이후 법원에서 불합리함이 입증되어 과징금 부과가 취소되었으므로 이 건 법인세 부과처분도 취소 되어야한다는 입장이다.

(처분청 입장과 심판원의 판단)

처분청도 IT 서비스는 업체별 투입인력의 수, 계약기간, 서비스 범위 등에 따라서 용역료가 상이할 수 있다는 점에 동의했다. 그러나 인건비 단가는 지식경제부 고시단가를 기준으로 특급기술자, 고급기술자, 중급기술자, 초급기술자별로 산정되므로 쟁점 용역거래와 제3자와의 거래가 동일하거나 유사하다고 생각했다. 이 주장은 심판원에서도 그대로 인용되었다. 즉 A사와 계열사인 B사가 체결한 10년 계약기간의 정보시스템구축 및 운영계약과 A사와 비계열사들간에 체결한 IT용역계약은 대체적으로 동일하거나 유사한 계약으로 간주되었다. 따라서 비계열사와 거래한 인건비 시세(고시단가에서 60%~90%)를 시가로 보고 B사에는 그만큼 과다하게 용역료가 지급된 것으로 간주한 것이다. 하지만 과연 그러한가?

(상급심에서 뒤집힌 결말)

조세심판원에서 패소한 회사는 결과를 받아들일 수 없었다. 이번에는 상급심인 행정법원에 항소했다. 여기서 행정법원은 처분청 및 심판원과는 다른 판단을 내렸다. 그 판단의 핵심은 A법인과 B법인간의 거래와 비계열사간의 거래는 동일하거나 유사한 거래로 볼 수 없다는 것이다. 또한 A사와 비계열사 몇 군데와 거래한 가격이 과연 시가가 맞는지 알 수 없다는 점도 작용했다. 지식경제부 고시가격은 각 급수별로 만 명에 가까운 기술자의 데이터를 기준으로 산정된 평균가격이므로 오히려 시가는 이 고시가격으로 볼 여지가 훨씬 크다. 만약 지식경제부 고시가격을 시가로 확정한다면 부당행위 이슈는 말끔히 사라지게 된다. A법인은 B법인과 시가에 거래했으니 문제될 것이 없고 비계열사와는 거래 협상을 통해 거래가격을 할인해서 협상한 것뿐이다.

체크 포인트

결과적으로 용역거래는 부당행위에 대해 제품이나 상품거래에 비해서 쟁점화 시킬 여지가 훨씬 크다. 하지만 간과하지 말아야 할 점이 있다. 부당행위는 어디까지나 유사한 조건과 상황의 계약이 존재할 때 비교가 가능하다는 것이다.

참고 지식경제부(現 산업통상자원부) 고시단가

지식경제부 고시단가가 뭘까? 과거 IT업계의 용역료 산정방식이 천차만별인 점을 감안하여 지식경제부에서 1995년부터 매년 '소프트웨어사업대가의 기준'의 제목으로 고시하는 표준 용역료 산정 방식을 의미한다.

고시의 취지는 원래 국가기관 등이 정보화계획의 수립, S/W개발, 데이터베이스 구축 등을 추진할 때 예산수립, 사업발주, 계약 시 적정원가 등을 산정하기 위한 기준을 제공하기 위한 목적에서 시작되었다. 그러나 점점 고시단가가 S/W개발·유지보수 관련 인건비의 기준을 제시하고자 하는 당초의 취지에서 벗어나, 실제 OS시장에서는 인건비 산정시 상한으로 작용하여 인건비가 낮게 책정되는 사례가 속출하자 S/W사업자들이 지속적으로 불만을 제기했다. 실제로 2008년 이전에는 고시단가보다 높게 인건비 단가가 적용된 사례가 일부 발견되고 있으나, 2008.1.1. 이후에는 인건비 단가를 모두 고시단가보다 낮게 적용하였다. 이에 지식경제부는 고시단가가 시장 자율 가격결정에 부합하지 않는다는 이유로 2012.2.26. 이 제도를 폐지하였다. 이후부터는 소프트웨어산업협회에서 매년 SW대가 산정 가이드를 발표하고 있다.

특수관계자에게 매입대금을 미리 줘도 부당행위로 간주될 수 있다

(조심2016중120, 2016.03.16)

(현황)

A법인은 1985년 설립되어 배전반 등 제조업을 영위하고 있다. 제조에 필요한 부품 등 원재료는 협력업체를 통해 조달하고 있다. 배전반 부품을 제조하는 업체 중에는 A법인 대표이사가 90%이상 출자하여 설립한 회사가 있다.
회사는 보통 부품을 매입하고 대금은 120~150일 만기의 지급어음을 발행한다. 한마디로 외상으로 물건을 사고 돈은 4개월~5개월 뒤에 준다는 의미다.
그런데 유독 A법인 대표이사가 출자한 특수관계법인으로부터 부품을 매입한 경우에는 매입대금이 익월에 현금으로 결재되었다.
처분청은 이러한 사실관계를 통해 회사가 특수관계자에게 부당하게 이익이 분여되었다고 보고 부당행위로 간주하였다. 또한 조기 결재한 시점부터 정상적인 거래처의 결재시점까지 자금을 대여해준 것으로 보아 업무무관가지급금에 대한 지급이자손금불산입 규정을 적용하여 법인세를 추징하였다.

(쟁점)

특수관계자에게만 매입대금을 조기 결재해준 것이 부당행위계산부인 대상일까? 또한 지급이자 손금불산입 규정까지 적용될까?

(채권의 지연회수와 매입채무 조기결재는 실질이 동일)

앞선 사례2에서 검토했던 특수관계자에게 채권을 지연 회수하는 행위와, 지금 사례의 매입대금을 조기에 결재해주는 행위는 그 효과가 유사하다. 좋게 이야기하면 영세 거래처의 편의를 봐주는 선한 행위지만, 색안경을 끼고 보면 한마디로 '특혜'다. 이러한 특혜가 특수관계자와의 거래해서 발생한다면? 실무담당자는 자동으로 부당행위가 아닌지 의심해야 한다.
이번 사례는 회사의 여러 매입처 중에서 특수관계법인 한 곳이 섞여있었고, 이 업체에게만 대금 지불이 조기에 이루어졌다. 다른 비특수관계자에게는

4~5개월이 지나야 대금을 결재했으니 3~4개월 대금을 미리 받은 것이다. 언뜻 보기에 당연히 줘야 할 대금을 미리 준건데 이게 뭐 대수인가 생각할 수 있다. 그러나 현장에서 사업을 운영하면 현금흐름은 목숨과도 같이 중요하다는 것을 알게 된다. 자금이 빨리 돌아야 그 돈으로 다시 원재료를 사서 기계를 돌리고 매출을 일으킬 수 있다. 3~4개월 대금 조기결재는 한마디로 '엄청난 특혜'다.

(정당한 사유가 존재하는가)

부당행위와 함께 동시에 떠올라야 하는 것인 바로 '거래의 정당성'이다. 특수관계자라고 하더라도 대금을 조기 결재해야만 하는 부득이한 상황이 있는가를 살펴봐야 한다. 이 상황은 '상식'을 가지고 접근하면 쉽게 답을 내릴 수 있다.

- 기본가정: 최초에 거래상대방은 대금의 결제시기를 약정하였다.
- 상식1: 그런데도 물건을 사는 자는 약정보다 대금을 가능한 한 늦게 주고 싶다.
- 상식2: 마찬가지로 물건을 파는 자는 약정보다 대금을 빨리 회수하고 싶다.
- 상식3: 어느 한쪽이 양보를 하면 일반적으로 이익을 얻은 쪽도 뭔가를 줘야한다.

비즈니스의 세계에서 일방적인 양보는 없다. 철두철미하게 GIVE&TAKE 룰을 지켜야 한다. 사례의 경우 매입대금의 통상적인 결재기간은 4~5개월이다. 매입자 우위의 시장에서(한마디로 매입자가 '甲') 결재기간이 4~5개월로 조정되면서 양자 간에 균형이 맞춰진 상태였다. 그런데 이때 특수관계자가 등장하면서 균형이 특수관계자 쪽으로 기울어져버린 것이다. 이렇게 기울어진 추는 다른 거래조건을 걸어서 바로잡아야 한다. 쉽게 생각할 수 있는 예로 매입대금을 조기 결재할 때는 대금을 할인해주는 제도가 있다. 실제로 회사가 체결한 공급약정서의 내용에 다음과 같은 문구가 있었다.

> 공급약정서 제4조
> 물품거래를 매월 말 정산하여 익월 30일 이내에 현금으로 지급하는 경우 상호협의를 통하여 물품대금을 할인한다.

만약 회사가 이 조항을 준수해서 물품대금을 할인해줬다면 이 사례는 심판원까지 오지 않았을 것이다. 그 전에 조사관이 문제 삼지도 않았을 것이다. 회사는 지속해서 물품대금을 조기 결재할 때 기간에 따라 할인받았다고 주장했지만, 입증자료를 제시하지 못했다. 심판원에서도 입증자료가 확인되지 않기 때문에 '거래의 정당성'이 없다고 보고 처분청의 손을 들어주었다.

(업무무관가지급금까지는 너무 무리한 해석)

처분청은 부당행위와 함께 특수관계자가 이익을 본 기간 동안 자금을 빌려준 것으로 간주하여 업무무관가지급금에 대한 지급이자손금불산입 규정까지 적용했다. 한마디로 회사가 3~4개월 동안 특수관계자에게 가상으로 돈을 빌려준 거나 마찬가지라고 본 것이다.

그런데 통상적으로 정상 거래에서 발생한 매출채권이나 매입채무에 대해서는 업무무관가지급금까지 확장하는 것은 무리가 있다고 본다. 기존의 많은 예규나 판례 등에서도 비슷한 관점이다. 실제로 돈을 빌려준 것과 유사한 효과는 있지만(부당행위까지는 인정), 그것이 업무와 무관하다고 보기는 어렵다는 것이다. 지금 사례도 비록 대금을 조기에 결재해줘서 특수관계자에게 자금을 빌려준 것과 같은 효과는 있지만, 업무무관은 아니라는 것이 심판원의 판단이다. 따라서 이 부분은 세금 추징이 취소되었다.

체크 포인트

특수관계자에게 '특혜'는 다양한 방식으로 이루어질 수 있다. 실무담당자는 이런 특혜에 부당행위의 여지가 존재하는지를 면밀히 관찰해야 한다.

■ 정리

부당행위계산의 부인 관련 법조문*

법인세법 제52조【부당행위계산의 부인】 ALL

① 납세지 관할 세무서장 또는 관할지방국세청장은 내국법인의 행위 또는 소득금액의 계산이 특수관계인과의 거래로 인하여 그 법인의 소득에 대한 조세의 부담을 부당하게 감소시킨 것으로 인정되는 경우에는 그 법인의 행위 또는 소득금액의 계산(이하 "부당행위계산"이라 한다)과 관계없이 그 법인의 각 사업연도의 소득금액을 계산한다.

② 제1항을 적용할 때에는 건전한 사회 통념 및 상거래 관행과 특수관계인이 아닌 자 간의 정상적인 거래에서 적용되거나 적용될 것으로 판단되는 가격(요율·이자율·임대료 및 교환 비율과 그 밖에 이에 준하는 것을 포함하며, 이하 "시가"라 한다)을 기준으로 한다.

법인세법 시행령 제89조【시가의 범위 등】

① 법 제52조 제2항을 적용할 때 해당 거래와 유사한 상황에서 해당 법인이 특수관계인 외의 불특정다수인과 계속적으로 거래한 가격 또는 특수관계인이 아닌 제3자간에 일반적으로 거래된 가격이 있는 경우에는 그 가격(주권상장법인이 발행한 주식을 한국거래소에서 거래한 경우 해당 주식의 시가는 그 거래일의 한국거래소 최종시세가액)에 따른다.

② 법 제52조 제2항을 적용할 때 시가가 불분명한 경우에는 다음 각 호를 차례로 적용하여 계산한 금액에 따른다. 사례1

1. 「감정평가 및 감정평가사에 관한 법률」에 따른 감정평가업자가 감정한 가액이 있는 경우 그 가액(감정한 가액이 2 이상인 경우에는 그 감정한 가액의 평균액). 다만, 주식등은 제외한다.

* 2019년 12월 31일 시점에 적용중인 법조문임

2. 「상속세 및 증여세법」 제38조·제39조·제39조의 2·제39조의 3, 제61조부터 제66조까지의 규정 및 「조세특례제한법」 제101조를 준용하여 평가한 가액. 이 경우 「상속세 및 증여세법」 제63조 제1항 제1호 나목 및 같은 법 시행령 제54조에 따라 비상장주식을 평가함에 있어 해당 비상장주식을 발행한 법인이 보유한 주식(주권상장법인이 발행한 주식으로 한정한다)의 평가금액은 평가기준일의 한국거래소 최종시세가액으로 하며, 「상속세 및 증여세법」 제63조 제2항 제1호·제2호 및 같은 법 시행령 제57조 제1항·제2항을 준용할 때 "직전 6개월(증여세가 부과되는 주식등의 경우에는 3개월로 한다)"은 각각 "직전 6개월"로 본다.

Chapter 5. 정확한 법인세 계산에 매우 중요한 판단기준

회사가 지출하는 비용이 올해의 손금인지 또는 내년의 손금인지, 작년의 손금이었는지 검토하는 것은 매우 중요하다. 판단 결과에 따라 그 해에 내야할 법인세가 영향을 받기 때문이다. 만약에 돈은 올해 지출했고 회계상 비용으로도 올해 계상했는데 법인세법상으로는 내년의 손금이라면? 이 사실을 법인세 신고 전에 알았다면 세무조정을 통해 조정해줘야 한다. 세무조정이 누락되면 바로 2종류의 가산세가 발생한다.

손익의 귀속시기를 엄격하게 하는 것은 다른 납세자와의 형평성 측면에서 중요하다. 동일한 거래에 누구는 세금을 먼저내고 누구는 나중에 낼 수 있다면 먼저 낸 납세자만 손해다.

손익의 귀속시기와 관련하여 실무자가 가장 자주 접하는 항목은 충당부채다. 충당부채를 통해 귀속시기에 대한 회계기준과 법인세법의 관점의 차이를 쉽고 직관적으로 받아들일 수 있다. 발생주의 회계원칙을 따르는 회계기준은 충당부채를 충실하게 계상하도록 명시한다. 미래 언젠가 일어날지는 모르지만 측정 가능한 돈이 유출될 수 있고 가능성이 매우 높을 때 부채로 표시한다. 재무제표 이용자는 이것을 보고 미래 자금흐름을 예측하는데 도움을 받는다. 반면 권리의무확정주의를 기본으로 하는 세법은 다르다. 금액과 지급 의무가 확정된 시점에만 손금으로 인정한다. 충당부채와 같이 주관성이 개입된 추정치는 손금으로 인정하지 않는다.

이렇게 회계와 세무가 선명한 차이를 보이는 경우라면 차라리 이해하기도 쉽고 업무처리도 쉽다. 재무제표는 그대로 두고 법인세 신고 때 세무조정으로 누락 없이 반영해주면 되기 때문이다. 하지만 회사가 사업을 하는 동안에는 이게 올해의 손금인지 내년의 손금인지 혼란스러울 때가 정말 많다. 다음부터 소개하는 사례가 바로 그런 것들이다.

특정매입계약으로 백화점에 납품한 의류의 손익귀속시기는 언제인가?

(조심2013서440, 2013.12.11)

(현황)

A법인은 국내 백화점에 특정매입계약의 형태로 의류를 납품, 판매하는 사업을 영위한다. 특정매입계약은 일반적인 제품공급계약과는 약간 다르다.

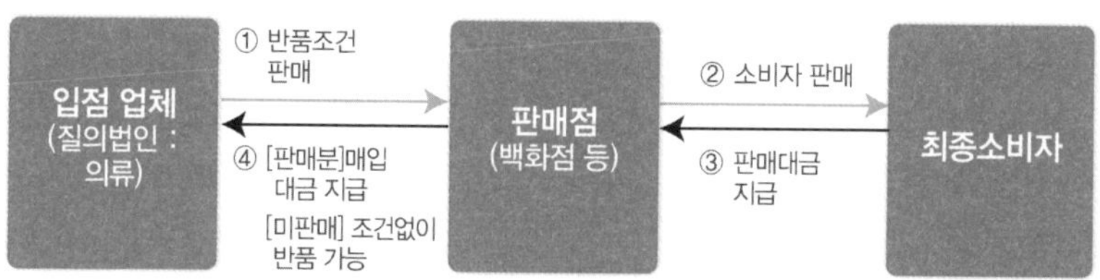

우선 A법인이 백화점에 물건을 팔기는 한다. 그런데 몇 가지 조건이 있다. 팔리지 않는 물건을 다시 백화점이 A법인에게 반품할 수 있어야 한다. 그리고 거래 대금은 물건이 최종소비자에게 팔렸을 때 비로소 지불된다. 이 2가지 조건은 절대적으로 A법인에게 불리한 조건이다. 그럼에도 이와 같은 거래 관행이 생긴 이유는 백화점이 제조/판매업자보다 거래상 우위에 있기 때문이다. 한마디로 백화점이 '갑'이다.(글로벌 명품 브랜드한테는 반대로 백화점이 자진해서 '을'이 되기도 한다)

A법인도 상기와 같은 거래 조건으로 입점했다. 회사의 실무 담당자는 회계처리를 검토 하다 보니 특정매입 거래의 회계와 세무가 다르다는 것을 인지했다. 그래서 귀속시기 차이를 조정하기 위해 회계처리를 먼저 한 후 세무조정을 통해 유보로 관리했다.

그러던 중 회사는 뭔가 불합리하다는 생각을 했던 것 같다. 회계상으로는 백화점에 상품을 넘기는 시점에는 매출로 인정하지 않는다. 그런데 왜 법인세법, 부가세법에서는 매출로 보는가? 심지어 대금 회수도 한참 뒤에 물건이 팔릴 때 이루어진다. 세금은 미리 내고 자금 회수는 한참 나중에야 이루어지니 입점 업체만 손해다. 결국 과세관청에 미리 낸 세금을 돌려받겠다고 경정청구를 했다. 하지만 과세관청에서는 받아들여지지 않았다.

(쟁점)

백화점을 통해 판 재화의 법인세법상 손익귀속시기는 백화점에게 물건을 납품한 때인가? 아니면 최종소비자가 계산하고 물건을 가지고 간 때인가?

(특정매입계약에 대한 회계와 세법간 인식 차이)

백화점과 입점업체 사이에 존재하는 특정매입계약 형태의 거래 관행은 오래 전부터 있었다. 따라서 연관된 회계처리 및 세무처리에 대해 각각의 관할 관청에서는 2000년대 초반부터 몇 개의 질의회신 사례와 해석을 내놓았는데, 차이의 핵심은 바로 이것이다.

<u>재화를 판매 후 해당 재고자산의 전반적인 위험(물건이 안 팔릴 때)을 누가 부담하는가?</u>

회계기준에서는 수익인식의 주요 지표중 하나로 이러한 재고자산의 위험 부담이 매입자에게 넘어갔는지를 본다. 쟁점 사례는 어떤가? 특정매입계약은 백화점이 매입자이지만, 팔리지 않는 물건은 언제든 반품할 수 있다. 즉 여전히 재고에 대한 위험이 A법인에 있다. 따라서 수익인식의 요건이 충족되지 않는 것이다. 매출로 인식되는 시점은 재화가 백화점에서 최종소비자에게 팔린 때다.

반면, 법인세법은 약간 다르다. 상품을 판매한 날의 손익의 귀속시기는 상품을 인도한 날이다. 즉, 법인세법에서는 인도하면 익금인 것이다.

회계기준에서는 물건이 백화점에 넘어갔지만 여전히 매출로 인식을 안 해주니 법인세를 계산할 때는 익금산입 세무조정을 통해 수익을 늘려주게 된다. 그리고 유보로 잡았다가 나중에 실제 팔렸을 때 추인하는 과정이 발생하게 된다.

(회사의 주장: 우리는 부당하게 세금을 미리 냈다)

상품의 인도일(정확히는 "상품 등을 인도한 날"이다)을 손익의 귀속시기로 보는 것은 명확하다. 왜냐하면 법인세법에 명시되어있기 때문이다. 논란의 여지가 없다. 다만 회사가 억울한 것은 백화점에게 상품을 넘긴 날은 형식적인 인도일이지 실질적 인도일로 볼 수 없기 때문이다. 단순한 물리적인 이동만 있었을 뿐이지 물건이 최종소비자에게 팔려야만 돈을 회수할 수 있으니 대금의 청구권이 발생한 것도 아니고, 반품조건이 있어서 상품에 대한 위험도 고스란히 회사에 있으니 이 경우에는 실질적인 상품 인도일인 최종소비자에게 판매한 날이 손익 귀속시기로 봐야 한다는 주장이다. 충분히 억울할 수 있고 이해도 된다. 하지만 심판원의 판단은 처분청의 손을 들어줬다.

(법인세법은 심플하다... 상품 인도일=익금귀속시기)

안타깝지만 재고에 대한 위험과 효익이 이전되었는지 여부는 법인세법상 손익의 귀속시기를 판단하는 조건이 아니다. 대금회수가 나중에 이루어지는 부분에 대해서는 '백화점과의 거래'라는 특수성을 반영한 대금결재조건의 별도 약정일 뿐이지 회사가 백화점에 물건을 납품(인도)한 것은 변함이 없는 사실이다. 법 규정이 단순하고 명백한 이상 처분청이 유리한 입장에 있을 수밖에 없다. 만약 심판원에서 판단할 때 법조문에 표시된 '상품을 인도한 날'의 의미를 '상품을 실질적으로 인도한 날'이라고 확대해석 했다면? 전국적으로 그 파급효과는 어마어마했을 것이다. 전국에서 경정청구가 빗발쳤을 것이다. 따라서 이런 부분에 대한 부담감도 작용됐을 것으로 생각되는 판결이다.

체크 포인트

상품이 출고됐다면 법인세법상의 익금인식시기가 임박했다고 보자.(물론 예외적으로 위탁판매, 시용판매 형태도 존재하므로 거래의 성격에 따른 손익의 귀속시기를 별도로 한번 찾아보자)

참고 백화점과 입점업체의 계약 형태

1. 특정매입거래

   "백화점"이 상품을 외상으로 매입하여 판매하고 판매대금에서 일정율의 마진을 공제하고 매입대금을 지급하며, 재고품 반품·판매활동은 "입점업체"가 부담하는 거래 형태

2. 직매입

   대규모소매업자가 납품업자로부터 직접 상품을 매입하여 판매하는 거래 형태

3. 임대을

   점포임차인이 백화점의 매장 일부를 임차하여 사용하고, 매출에 대비한 마진(수수료)을 부과하는 거래 형태(스낵, 푸드코트, 액세서리, 음반 등)

4. 임대갑

   점포임차인이 백화점의 매장 일부를 임차하여 사용하고 백화점에 매월 임대료를 납부하는 거래형태(안경, 보석, 병원 등)

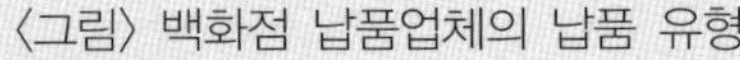
〈그림〉 백화점 납품업체의 납품 유형

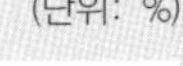
(단위: %)

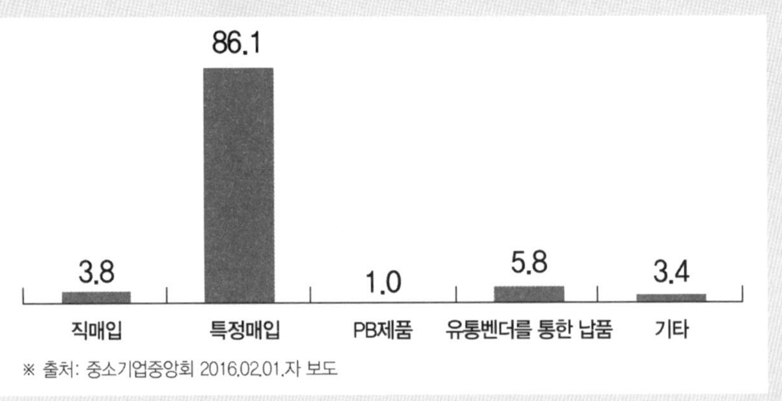

※ 출처: 중소기업중앙회 2016.02.01.자 보도

기술개발 용역시 받은 선수금의 손익귀속시기는 언제인가?

(조심2017전1223, 2018.01.24)

(현황)

A법인은 2000년 설립되어 의약품 개발 및 제조판매업을 영위해오던 중, 2013년 B법인과 신경장애, 근육질환 치료에 사용되는 약물 개발과 관련한 기술개발용역을 제공하는 계약을 체결하였다. A법인은 이 분야에 이미 어느 정도의 연구를 진행 중에 있는 상태였다. 그러나 개발이 완료된 다음 의약품 판매허가를 받거나 전 세계를 무대로 영업활동을 해 본 경험이 부족해 이쪽 분야에서 업계 인지도가 있는 B법인과의 전략적 제휴가 필요했다. B법인으로부터의 대금은 다음과 같은 명목으로 수령하기로 했다.

계약선수금: 계약과 동시에 일시에 지급
성취지급금: 계약에 따라 일정한 조건이 성취되는 시점마다 지급
로열티: 제품의 순매출액에 대해 일정한 비율로 지급

계약은 2013년 체결되었고 그중 계약선수금은 2014년 일시에 지불되었다.

추가로 확인되는 주요 사실

- 계약선수금에는 "환급 및 공제가 불가능한"이라는 문구가 명시되었다. 즉 반환 의무가 없는 금액이다.
- A법인은 이후 제품의 화학합성, 제조, 관리 등 제품생산과 공급에 필요한 시설 취득비용을 부담하고, B법인은 특허유지, 라이선스 취득과 관련된 임상개발 활동과 관련된 비용을 부담하기로 한다.
- A법인은 일시에 수령한 계약선수금의 손익귀속시기에 대해 국세청에 서면질의 한 바 있고, 이때 국세청은 장기기술용역의 수익계상방법을 참고하여 처리하도록 회신하였다.

이러한 사실관계로 회사는 일시 수령한 계약선수금은 향후 진행하는 기술개발기간 동안에 걸쳐 안분하여 수익으로 인식하여 법인세를 신고납부해왔다.

그러나 이후 과세관청은 계약선수금의 손익귀속시기는 일시에 수령한 2014년에 모두 도래하였다고 보고 법인세를 추징했다.

(쟁점)

기술개발용역의 제공 계약으로 일시에 받은 계약선수금은 받은 시점에 전액 수익인식을 해야 할까? 아니면 선수금으로 간주하고 기술개발 용역기간동안에 안분하여 수익인식을 해야 할까?

(환급 및 공제가 불가능하다는 표현)

계약선수금에 환급 및 공제가 불가능하다는 조건에 대해 회사와 처분청은 각각 다른 해석을 내놓았다. 회사는 향후 진행할 때 실비보전 성격으로 용역료를 먼저 받은 것이라는 주장이지만, 처분청은 계약당시까지의 연구 성과물을 공유하는 조건으로 일시에 제공한 돈이라는 주장이다. 권리의무확정주의를 기본으로 하는 법인세법의 원칙대로라면 처분청이 더 유리해 보인다. 물건을 판 뒤 환불이 안되는 조건이라면 돈을 받은 시점에 매출로 확정되었다고 보는 게 자연스럽다. 하지만 이 사례는 조금 다르다.

(진행 중인 연구용역에는 산출물이 없다)

계약을 체결하는 단계에 회사는 임상 2단계 시험을 진행 중에 있었다. 제품을 양산해서 시장에 내놓기 위해서는 임상시험을 3단계까지 마쳐야 할뿐 아니라 허가기관의 판매허가도 받아야 하는 등 성공여부가 불투명한 상황이다. 따라서 계약선수금을 그동안의 연구성과에 대한 대가로 보기에는 무리가 있다는 것이 법원의 최종 판단이다. 오히려 <u>계약체결 이후 필요한 설비투자 등 회사가 부담할 의무를 이행하는 것과 관련된 선수금이라는 회사의 입장이 타당</u>하다는 결론이다. 처분청의 의견은 받아들여지지 않았다.

(사전답변, 서면질의 제도 적극 활용)

사실관계 및 계약관계가 복잡한 경우에는 실무자가 법조문만 가지고 판단하기가 매우 어렵다. 이때 필요한 것이 국세청에 정식으로 문의하는 것이다. 회사는 쟁점 사안에 대해 사전에 국세청으로부터 질의회신을 했고, 그 결과를 참고하여 판단하였다. 그리고 그것이 다툼이 생겼을 때 든든한 지원군이 되어 주었다. 물론 사실관계를 정확하게 기술해서 답변을 받아야 한다. 본인이 원하는 결과를 얻어내기 위해서 유리한 내용만 선별해서 질의하는 것은 의미가 없다.

권리의무 확정주의에 대한 판단은 모든 상황을 종합하여 판단하여야 한다. 판단이 서지 않는 경우에는 국세청 질의회신 제도를 적극 활용하자.

사례3 매출채권의 지연회수로 인한 연체이자는 무조건 익금인가?

(조심2012구1097, 2013.04.29)

(현황)

A법인은 강판을 가공하여 도금강판 및 컬러강판을 제조, 판매하는 사업을 영위한다. 회사는 거래처와 물품매매계약을 통하여 제품을 공급하는데, 계약서 내용에는 매출채권의 결재시한을 지정하고, 결재가 지연되면 연7%의 지연손해금을 지불하도록 하는 내용이 명시되어 있다. 거래처 중에는 기한 내에 물건대금을 연체 없이 처리해주는 경우가 대부분이나, 업체 사정에 따라 장기연체되는 업체도 다수 존재한다. 회사는 내부적으로 거래처별 채권 잔액 및 지연이자를 관리하면서 일부 거래처로부터는 채권 잔액만을 회수하고 지연이자를 면제해주기도 하고, 또 다른 거래처로부터는 지연이자의 일부 또는 전부를 회수하기도 했다.

회사는 채권의 지연이자를 내부적으로 관리하고는 있지만 해당 금액을 채권으로 계상하지 않았다. 처분청은 세무조사를 통해 5개 사업연도의 매출채권 지연이자 발생액을 계산한 뒤 각 사업연도별로 손익 귀속시기가 도래하였다고 보고 익금으로 처분하였으며, 이중 면제해준 지연이자는 해당 거래처에 대한 접대비로 간주하여 한도초과액을 부인하여 법인세를 추징했다.

(쟁점)

매출채권 지연회수에 따른 이자의 권리가 사업연도 말에 확정되어 수입시기가 도래한 것으로 보는 것이 타당한가? 또한 일부거래처에게 지연회수를 면제해준 것을 채권의 임의 포기로 접대비로 간주할 수 있을까?

(일관성 없는 채권의 회수)

통상적으로 물품매매계약서에는 연체이자에 대한 내용이 있다. 그런데 사업을 하다보면 이러한 계약 내용이 계약서대로 잘 지켜지는가 하면 그렇지 않은 경우도 많다. 모든 거래는 돈을 내는 사람이 거래상 우위에 있다. 만약 판매법인이 거래처에게 계약내용대로 연체이자까지 칼같이 계산해서 거래대금을 청구한다면? 아마 그 다음의 거래는 없을 것이다. 다시 말하면, 통상적으로 거래약정서에 표시된 연체이자는 물품대금을 적시에 회수할 수 있도록 주의를 환기하는 역할 정도에 그치는 경우가 많다는 것이다. A법인도 마찬가지 입장이었을 것이다. 다만, 문제는 회사가 일부거래처에는 연체이자 전액을 회수하기도 하고, 일부 거래처에는 일부만 받고 나머지는 면제해주며, 다른 업체는 전액을 면제해주는 등 지연이자 회수에 일관성이 없다는 점이다. 국세청은 이 부분을 당연히 문제 삼을 수밖에 없다. 똑같은 거래에 지연이자를 100% 면제받은 업체는 다른 업체에 비해 특혜를 받은 것 아닌가?

(지연이자의 특수성)

그러나 지연이자는 그 내용상 성격이 조금 다르다는 것이 심판원의 최종 판단이다. 만약 정상적으로 발생하여 확정된 채권을 가지고 거래처별 회수금액이 각각 다르고, 회사가 잔액을 면제해준 것이라면 손익의 귀속시기도 도래하였고, 포기한 채권은 접대비로 간주될 가능성이 크다. 하지만 지연이자는 그 단계가 아니다. 즉 채권으로서의 역할을 하기까지의 실현가능성이 충분히 성숙되었다고 보기 어렵다는 것이다. 계약서에 표시된 지연이자를 부인하는 것은 아니지만, 그렇다고 기간경과에 따라 받은 권리가 확정되었다고 볼 수 있는 것도 아닌 것이다. 따라서 권리가 확정되지 않았으니 수익을 인식할 지연이자도 없게 되고, 다만 실제 추심업무를 통해 회수되는 경우에는 그 시점을 수익 인식시기로 보는 것이 맞겠다.

(만약 회사가 지연이자를 채권으로 계상했다면)

만약, 회사가 채권의 지연이자에 대한 회수의지가 강력하고, 모든 거래처의 지연이자를 회계상 채권과 이자수입으로 계상했다면 결과가 달라졌을 것이다. 이렇게 되면 법인세 과소 납부에 대한 리스크가 없으니 법인세를 추징당하는 일은 없다. 그러나 회사에는 부실채권이 엄청나게 쌓였을 것이다. 지연이자는 보통 회수되지 않을 가능성이 높으니 언젠가는 제각시켜야 하는 문제가 생기고 이때부터 채권 임의 포기에 따른 접대비 의제 이슈가 발생하게 된다. 법인세법에서는 채권의 제각 즉 대손금에 대한 규정이 대단히 엄격하다.(대손에 대한 이슈는 8번째 주제 "대손"에서 사례와 함께 상세히 다루었으므로 참고하시기 바란다)

체크 포인트

물품공급계약서에 표시하는 물품대금 지연이자의 수입 시기는 확정되지 않은 걸로 보는 시각이 높다.

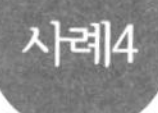

한 번에 받은 임대료의 손익귀속시기는 언제인가?

(조심2016중1139, 2017.11.07)

(현황)

A법인은 2002년 타인으로부터 토지를 임차해서 2005년부터 골프장을 건설, 운영하는 사업시행자다. 회사가 임차한 부지는 2020년까지 사용할 수 있고, 이후 2021년부터는 새로운 입찰을 통해 사업자가 선정된다. 회사는 이때 우선협상권이 있어서 큰 이변이 없는 한 계속하여 사업을 영위할 것으로 예상하고 있다.

부지 내에는 유휴 토지가 있다. 회사는 여기에 건물을 지어서 2014년부터 B에게 임대하였다. 임대차 계약서에는 3종류의 임대료가 있고 내용은 다음과 같다.

1. 토지사용료: 토지 소유자에게 지급하는 사용료의 건물분
2. 시설사용료: A법인이 건물을 짓는데 조달한 차입금의 원리금 상환액명목
3. 임대이윤: 임대료

매월 수취하는 임대료의 명목상 구성은 위와 같이 되어 있다. 회사는 여기에 추가로 B와 시설사용료에 대한 추가 약정을 했는데 내용은 다음과 같다.

2021~2025년의 시설사용료를 2020년 12월 말(본계약 종료시점)에 일시에 선불로 지급함(추가로 5년의 임대차 연장계약이 이루어질 것으로 가정)

추가 약정은 임대차 연장계약시 임대료 지불방법에 대한 내용으로 해석되는 것이 일반적이다. 그러나 과세관청은 이 부분을 문제 삼았다. 임대기간 말에 일시에 수령하는 시설사용료는 실질적으로는 본 계약의 후불 임대료에 해당하는 것으로 본 것이다. 결국 후불임대료를 현재의 임대차계약기간동안 안분하여 익금에 산입하고 관련된 법인세를 추징하기에 이르렀다.

(쟁점)

임대차종료 시점에 일시에 수령하기로 약정된 시설사용료가 후불임대료에 해당하는지 여부

(후불 임대료의 손익귀속시기)

먼저 짚고 넘어갈 부분이 있다. 후불임대료의 손익귀속시기는 언제일까? 법인세법에서는 임대료의 지급일이 계약서에 기재되어 있다면 그 지급일을 귀속시기로 하되, 1년을 초과하지 않도록 하고 있다. 사례의 경우 임대차계약기간이 6년이고, 임대차계약기간 말에 일시에 수령하는 금액은 계약서상에 날짜가 명시되어 있지만 1년을 초과한다. 따라서 만약 추가 약정에 관한 부분이 후불임대료라고 판명난다면 그 금액을 6년의 기간으로 나누어서 매년 이익을 인식하여야 했다.

(후불 임대료로 보는 관점)

A법인이 토지를 임차한 기간은 2020년까지다. 따라서 B에게 전대한 부분도 결국 2020년까지만 유효한 것이다. 그 이후 회사가 계약을 연장할 가능성은 어디까지나 가능성이지 확정된 것은 아니다. 그리고 쟁점 시설사용료는 본 계약기간 종료일에 지불하기로 되어 있다. 임차료의 지급 스케줄을 그려보면 후불 임대료가 맞겠다는 의구심이 충분히 든다.

(심판원의 판단)

하지만 조세심판원은 납세자의 손을 들어줬다. 즉 해당 금액은 2021~2025년에 체결될 임차료의 선불개념으로 보는 것이 타당하다는 것이다. 그 이유는 다음과 같다.

- A법인이 토지 임차기간 만료 6개월 전에 기간 연장을 원할 경우 우선 협상할 권리가 있다. 따라서 계약연장 가능성이 매우 높다.
- 본 계약에 이미 2021년~2025년 A와 B간에 임대료 스케줄이 기재되어 있고, 만약 2020년 말 시설사용료를 선불하게 되면 이후 시설사용료는 중복하여 계산하지 않는 다는 내용이 명시되어 있다.

여기에 더해 심판원의 추리(?)가 더해졌다. 만약에 쟁점 임대료가 본 계약 기간의 후불 임대료라고 할 경우에는, 연장기간동안 중복 부과하지 않는 시설사용료로 인해 5년 동안 A가 B에게 임대시 임대료가 정상 임대료의 절반 이하로 낮아지게 된다. 상식적으로 특수관계자도 아닌 B에게 터무니없이 낮은 임대료를 책정할 이유가 없다는 것이다. 쟁점 임대료가 추가 임대차계약기간의 임대료의 선불 개념이 아니라면 설명이 어렵다.

(시사점)

계약서상의 문구와 임차료의 지불 스케줄만 직관적으로 볼 때, 쟁점 임대료는 본 계약기간의 마지막 날 후불로 한 번에 수취하는 임대료로 보인다. 하지만 심판원이 다른 판단을 한 것은 그 이후기간의 임차료 산정에 대한 양자 간의 합의(의도) 또한 중요하게 생각한 듯하다. 쟁점 임대료를 후불로 보았을 때와 추가 임대기간의 선불 개념으로 보았을 때의 양측의 임대료 수준을 비교해도 후자가 훨씬 설명이 잘 된다. 다만, 한 가지 걸리는 부분은 토지임대차계약의 연장가능성이다. 우선협상권이 있다는 점은 계약 체결가능성이 높기는 하겠지만 그렇다고 계약연장이 확실한 것은 아니다. 여러 차례 언급하지만 법인세법은 불확실한 것을 매우 싫어한다. 그럼에도 심판원에서 납세자의 손을 들어줬다는 점에 주목할 필요가 있다.

복잡한 용역계약에는 종류별로 손익의 귀속시기를 판단하되 계약의 배경, 계약 당사자의 협의관계를 종합적으로 고려하여야 한다.

사례5 법원의 화해권고결정이 이루어진 소송화해금의 손익 귀속시기는 언제인가?

(조심2018서4768, 2019.04.18)

(현황)

A법인은 일반건축공사업을 영위하는 법인으로, 사단법인 B와 건물신축공사계약을 체결하였다. 이후 건물 공사가 끝나고 준공까지 되었지만 건축대금의 일부만 회수하고 나머지는 받지 못했다. 계약서에는 해당 공사의 건축비에 대해 보증인 C가 연대하여 채무를 보증하는 것으로 되어 있었고, 2013년 A는 B와 C를 상대로 소송을 걸었다. 당연히 소송은 A가 이겼고 법원은 B와 C가 연대하여 채권을 상환하라는 화해권고결정을 내렸다. 법원이 명령한 금액 안에는

〈화해권고결정 금액의 구성〉

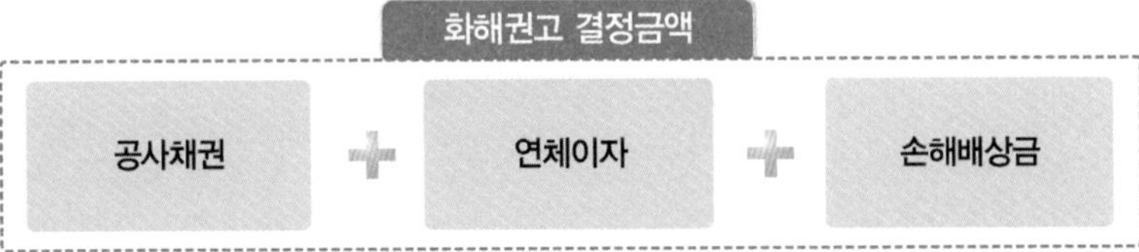

회사가 이미 인식한 공사채권에 더해서 연체이자 및 손해배상금 성격의 금액이 포함되어 있었다.

회사는 이러한 법원의 결정이 있을 당시 추가로 아무런 회계처리를 하지 않았다. 채무자 및 연대보증인의 재무상태가 이미 최악의 상태였기 때문이다. 결국 채무자 소유의 자산들이 경매로 넘어가면서 부동산이 팔릴 때마다 채권의 일부를 회수해갔다. 그러다가 2017년에는 채무자가 파산하기에 이르렀다. 처분청은 회사가 2013년 법원의 화해권고결정 당시 확정된 금액 중 손해배상금 성격의 금액의 손익귀속시기가 당시에 도래하였음에도 익금으로 계상하지 않은 점에 대해 법인세를 부과하였다.

(쟁점)

법원의 화해권고결정으로 인한 화해금의 손익 귀속시기는 언제일까?

(법원의 판결에 따른 손해배상금의 손익귀속시기)

법인세법에서는 법원의 판결로 인한 손해배상금은 판결의 확정된 날이 속하는 사업연도의 익금 또는 손금으로 하도록 하고 있다. 여기에서 주의해야 할 것은 순수한 손해배상금의 귀속시기가 그렇다는 것이다. 단순한 예로 밀린 월급을 지급하지 않은 소송이 있었다고 하자. 법원이 고용주에게 판결을 내리고 돈을 지급하라고 할 때 그 안에는 월급에 대한 부분, 그리고 정신적 피해보상에 대한 부분, 밀린 월급에 대한 이자분 등으로 다양한 원인의 금원이 포함되게 된다. 그 때 손해배상금에 해당하는 정신적 피해보상에 대한 부분은 판결이 확정된 날이 속하는 사업연도의 손익에 반영된다는 의미다. 나머지는? 성격에 따라서 다시 귀속시기를 따져야 한다.

(권리가 확정되었는가?)

이 사례도 결국 근본적인 물음으로 되돌아온다. 돈을 받을 권리가 확정되었는가? 화해권고결정은 법원의 판단이며 명령이다. 민주주의 사회에서 법원이 내리는 결정을 부정할 수 있을까? 회사도 이 부분은 인정했을 것이다. 그러나 회사가 억울한 건 실현가능성이 거의 없는 채권이라는 점이다. 법원의 결정에도 불구하고 채무자는 자력으로 돈을 갚지 못했다. 결국 부동산들이 하나씩 경매로 넘어가서 조금씩 채권을 회수할 수밖에 없는 상황이 되어버렸는데, 법원의 판결문 때문에 회사는 받을 가능성이 거의 없는 채권을 수익으로 계상해야 한다니 억울할 수밖에 없다.

(권리가 확정되면 익금으로 계상, 이후부터는 대손의 문제)

납세자는 억울하더라도 우선은 법원의 판결이 있었던 만큼 그 해의 익금으로 계상하고 채권을 계상했어야 한다. 그리고 이후 채무자로부터 돈을 못 받는 것이 확실한 시점에 다시 대손금 처리를 하면 된다. 이것이 법인세법에서 원하는 정석이다. 법원 판결당시 받지 못할 것이라는 회사의 주장은 객관적인 자료가 없는 심증일 뿐이다. 만약 판결이 있던 2013년에 채무자가 파산하고 법원에서 파산종결선고까지 있었다면 회사의 주장은 받아들여질 수 있다. 하지만 채무자는 4년이나 지난 2017년에 파산했다.

체크 포인트

소송 그리고 판결로 이어지는 쟁송 사건의 손익귀속시기를 판단하는 것은 쉬운 문제다. 금액과 채권자/채무자에 대한 판단을 법원이 해주기 때문이다. 납세자는 소송결과를 가지고 금원을 분리해서 사업연도별로 귀속만 시켜주면 된다.

게임회사가 거래한 판권 로열티의 손익귀속시기는 언제인가?

(조심2011서3748, 2013.05.15)

(현황)

A법인은 2000년 설립하여 온라인게임 및 소프트웨어 개발·판매업을 영위하는 회사다. 수익은 주로 자체 개발한 게임을 국내에 공급하면서 발생하는데, 2000년 중~후반 들어서 중국 등 해외 온라인 게임시장이 커지기 시작했다. 회사는 현지의 게임서비스 유통업체에 자체개발한 게임의 판권을 공급하는 계약을 체결하였다. 보통 게임판권의 대가는 성격에 따라 다음과 같이 분류되어 지급된다. 회사도 동일한 형태의 계약을 체결하였다.

〈게임 판권료의 구성〉

- (쟁점)이니셜로열티(Initial Royalty)
  판권(라이선스)제공 계약 체결시 판권 부여대가로 수령하는 금액
- 미니멈개런티(Minimun Guarantee)
  러닝로열티의 최소보장액 성격으로 러닝로열티에 대한 일종의 선수금으로 상용화 이후 게임 매출이 발생하여 수익이 발생하는 시점에 러닝로열티에서 정산
- 러닝로열티(Running Royalty)
  계약체결 후 발생하는 매출액의 일정비율(%) 등을 지급하는 것으로 미니멈개런티가 있는 경우 러닝로열티로 받게 되는 금액 중 일부 또는 전부를 미니멈개런티 선수액과 상계

회사는 계약 체결 후 가장 먼저 수령하는 이니셜로열티를 판권의 계약기간동안 정액으로 안분하여 수익을 인식하였다. 그러나 처분청은 쟁점로열티를 수령하는 시점에 이미 손익귀속시기가 도래했다고 보고 법인세를 추징하였다.

(쟁점)

판권 공급으로 수령한 이니셜로열티의 손익귀속시기는 언제일까?

(이니셜로열티의 성격)

판권계약과 함께 한 번에 수령하는 이니셜로열티는 계약이 중도해지 되더라

도 돌려줄 의무가 없다. 앞서 로열티의 설명과 같이 판권의 부여대가로 수령하는 금액인 것이다. 여기서 중요한 것은 '반환 의무가 없다'는 점이다. 즉 계약과 함께 확정된 금액을 받을 권리가 생겼다는 의미다. 따라서 권리와 의무가 확정된 시점인 계약 체결시점에 쟁점로열티를 익금으로 인식하는 것이 타당해 보인다.

(기업회계기준을 준수하면 법인세법에도 인정될까)

회사는 쟁점로열티를 판권의 계약기간동안 정액으로 안분하여 수익을 인식해왔다. 그리고 이러한 회계처리방식은 기업회계기준을 준수한 것이다. 대부분의 회계기준은 발생주의 회계처리 및 수익비용 대응의 원칙을 근간으로 삼는다. 법인세법에는 이런 조항이 있다.

> 법인세법 제43조【기업회계기준과 관행의 적용】
> 내국법인의 각 사업연도의 소득금액을 계산할 때 그 법인이 익금과 손금의 귀속사업연도와 자산·부채의 취득 및 평가에 관하여 일반적으로 공정·타당하다고 인정되는 기업회계기준을 적용하거나 관행(慣行)을 계속 적용하여 온 경우에는 이 법 및 「조세특례제한법」에서 달리 규정하고 있는 경우를 제외하고는 그 기업회계기준 또는 관행에 따른다.

처음 읽어보면 어떤가? 회계기준에 따라 잘 손익을 계상했고, 그것을 매년 관행대로 처리해왔다면 법인세법에서도 인정하겠다는 의미로 읽혀지지 않는가? 회사도 이 규정을 첫 번째 대응의 논리로 활용했다. 하지만 역시 자의적인 해석에 불과하다. 법 규정의 마지막 부분을 보자. '이 법(법인세법) 및 조세특례제한법에서 달리 규정하고 있는 경우를 제외하고' 라는 단서 문구가 있다. 그리고 선행규정인 법인세법 제40조에는 손익귀속시기를 권리의무 확정시점으로 명시하고 있다.

(예규를 근거로 활용할 때는 신중하게)

회사는 또 다른 근거자료로 과거 국세청 및 기획재정부 예규를 사례로 들었다. 총 3가지 예규를 근거로 들었는데 하나는 삭제된 것으로 보이고 2가지 예규의 내용은 다음과 같다.

법인46012-429, 2001.02.24.
법인이 개발한 교육프로그램·상호 및 경영관리 용역 등을 다른 법인 등에게 일정기간 동안 제공하는 조건으로 계약체결시에 일시불로 받은 금액은 당해 사용기간 동안 안분하여 익금에 산입하는 것임

법인세제과-677, 2008.03.21.
골프장을 운영하는 법인이 연회원으로부터 연회원 가입시 반환하지 않는 조건으로 입회금을 수령하는 경우 기간별 안분계산한 금액을 익금산입함

상기의 요약내용을 보면 회사의 쟁점로열티와 성격이 매우 유사하다는 점을 알 수 있다. 그리고 그 사실관계에 따를 때 국세청과 기획재정부는 모두 동일하게 '계약기간 또는 사용기간에 따라 안분'하여 익금으로 처리하는 게 타당하다는 회신을 내렸다.
예규나 심판례를 근거로 활용해서 주장을 펴고자 할 때 주의할 점은, 이미 나온 사례의 사실관계가 처음부터 끝까지 회사와 일치하지 않는다는 생각을 잊지 말아야 한다는 점이다. 위의 2개 예규는 요약문만 가지고 읽었을 때는 어떤가? 회사의 주장이 맞는 듯하다. 하지만 각 예규의 질의 내용 전문을 읽었을 때는 쟁점 로열티와 미묘한 차이가 있음을 알 수 있었다.

- 법인46012-429, 2001.02.24.: 계약 체결시 일시불로 가입금을 받고 나서 계약기간동안 계속하여 교육프로그램에 대한 실무지원을 수행하는 조건이 달려있음. 즉 향후 제공하는 실무지원 용역의 대가를 일시 수령한 것으로 해석의 여지 있음.
- 법인세제과-677, 2008.03.21.: 계약 체결시 입회금반환이 불가하다고 안내하지만, 실제 회원이 중도 탈퇴할 경우에는 잔여기간에 상당하는 입회금을 일할 계산하여 지급함.

세부내용까지 읽어보니 과연 로열티와는 사실관계에 조금씩 차이가 있다는 점을 알 수 있다.

(반대의 상황: 이니셜로열티를 지불할 때)

회사는 자체개발한 게임을 해외에 공급하지도 하지만, 역으로 해외에서 흥행한 게임을 국내로 들여오기도 한다. 이때 판권과 관련된 문제가 또다시 발생

한다. 이번에는 반대로 회사가 해외의 게임업체에 이니셜로열티를 지급하고 비용처리를 한다. 역시 판권의 계약기간동안 안분해서 비용처리해온 회사는 만약 처분청이 이니셜로열티를 일시에 수익 인식해야 한다고 주장한다면, 동일한 관점에서 회사가 해외에 지불한 로열티도 일시 비용처리 해주는 게 맞다고 생각했다. 당연한 이치다. 처분청도 나름의 논리를 폈지만 본인의 기존 입장과는 상충되는 주장이었다. 심판원은 이 부분에 대해서 납세자의 손을 들어주었다.

체크 포인트

예규를 참고할 때는 신중해야 한다. 100% 자신이 처한 상황과 일치하는 사실관계를 가진 사례는 없다는 점에 주의하자.

■ 정리

손익의 귀속시기 관련 법조문*

법인세법 제40조【손익의 귀속사업연도】 ALL

① 내국법인의 각 사업연도의 익금과 손금의 귀속사업연도는 그 익금과 손금이 확정된 날이 속하는 사업연도로 한다.

② 제1항에 따른 익금과 손금의 귀속사업연도의 범위 등에 관하여 필요한 사항은 대통령령으로 정한다.

법인세법 시행령 제68조【자산의 판매손익 등의 귀속사업연도】

① 법 제40조 제1항 및 제2항을 적용할 때 자산의 양도 등으로 인한 익금 및 손금의 귀속사업연도는 다음 각 호의 날이 속하는 사업연도로 한다.

1. 상품(부동산을 제외한다)·제품 또는 기타의 생산품(이하 이 조에서 "상품 등"이라 한다)의 판매: 그 상품 등을 인도한 날 사례1
2. 상품 등의 시용판매: 상대방이 그 상품 등에 대한 구입의 의사를 표시한 날. 다만, 일정기간내에 반송하거나 거절의 의사를 표시하지 아니하면 특약 등에 의하여 그 판매가 확정되는 경우에는 그 기간의 만료일로 한다.
3. 상품 등외의 자산의 양도: 그 대금을 청산한 날[「한국은행법」에 따른 한국은행이 취득하여 보유 중인 외화증권 등 외화표시자산을 양도하고 외화로 받은 대금(이하 이 호에서 "외화대금"이라 한다)으로서 원화로 전환하지 아니한 그 취득원금에 상당하는 금액의 환율변동분은 한국은행이 정하는 방식에 따라 해당 외화대금을 매각하여 원화로 전환한 날]. 다만, 대금을 청산하기 전에 소유권 등의 이전등기(등록

* 2019년 12월 31일 시점에 적용중인 법조문임

을 포함한다)를 하거나 당해 자산을 인도하거나 상대방이 당해 자산을 사용수익하는 경우에는 그 이전등기일(등록일을 포함한다)·인도일 또는 사용수익일 중 빠른 날로 한다.

4. 자산의 위탁매매: 수탁자가 그 위탁자산을 매매한 날
5. 「자본시장과 금융투자업에 관한 법률」 제8조의 2 제4항 제1호에 따른 증권시장에서 같은 법 제393조 제1항에 따른 증권시장업무규정에 따라 보통거래방식으로 한 유가증권의 매매: 매매계약을 체결한 날

법인세법 집행기준 40-68-3【백화점사업자 등에 납품하는 경우의 손익 귀속시기】 사례1

① 백화점사업자와 상품 등의 위탁판매계약을 체결하고 백화점사업자에게 판매를 위탁한 경우에는 수탁자인 백화점사업자가 해당 상품 등을 판매한 날이 속하는 사업연도를 손익의 귀속 사업연도로 한다.

→ 필자주: 이 기준은 사례1에서 발생한 특정매입계약의 형태가 아닌, 위탁판매계약인 경우의 손익 귀속시기를 정한 내용이다.

② 의류 제조법인이 제품에 대한 소유권을 가지고 당해 법인의 브랜드만 취급하는 대리점사업자에게 제품을 반출하고 대리점사업자가 당해 제조법인의 판매시점인식시스템을 통하여 소비자에게 실제 판매한 제품에 대하여만 대금청구권을 가지며 제조법인이 전적으로 반출한 제품과 반입할 제품의 품목과 수량을 결정하고 대리점사업자는 주문에 대한 책임과 권한이 없는 거래에 있어서 대리점사업자가 제품을 최종소비자에게 판매하는 시점이 「법인세법 시행령」 제68조 제1항 제1호의 "그 상품 등을 인도한 날"에 해당하여 판매손익 등의 귀속사업연도가 되는 것임

법인세법 시행령 제69조【용역제공 등에 의한 손익의 귀속사업연도】 사례2

① 법 제40조 제1항 및 제2항을 적용함에 있어서 건설·제조 기타 용역(도급공사 및 예약매출을 포함하며, 이하 이 조에서 "건설 등"이라 한다)의 제공으로 인한 익금과 손금은 그 목적물의 건설등의 착수일이 속하는 사업연도부터 그 목적물의 인도일(용역제공의 경우에는 그 제공을 완료한 날을 말한다. 이하 이 조에서 같다)이 속하는 사업연도까지 기획재

정부령으로 정하는 바에 따라 그 목적물의 건설등을 완료한 정도(이하 이 조에서 "작업진행률"이라 한다)를 기준으로 하여 계산한 수익과 비용을 각각 해당 사업연도의 익금과 손금에 산입한다. 다만, 다음 각 호의 어느 하나에 해당하는 경우에는 그 목적물의 인도일이 속하는 사업연도의 익금과 손금에 산입할 수 있다.

1. 중소기업인 법인이 수행하는 계약기간이 1년 미만인 건설등의 경우
2. 기업회계기준에 따라 그 목적물의 인도일이 속하는 사업연도의 수익과 비용으로 계상한 경우

② 제1항을 적용할 때 다음 각 호의 어느 하나에 해당하는 경우에는 그 목적물의 인도일이 속하는 사업연도의 익금과 손금에 각각 산입한다.

1. 작업진행률을 계산할 수 없다고 인정되는 경우로서 기획재정부령으로 정하는 경우
2. 법 제51조의 2 제1항 각 호의 어느 하나에 해당하는 법인으로서 한국채택국제회계기준을 적용하는 법인이 수행하는 예약매출의 경우

③ 제1항을 적용할 때 작업진행률에 의한 익금 또는 손금이 공사계약의 해약으로 인하여 확정된 금액과 차액이 발생된 경우에는 그 차액을 해약일이 속하는 사업연도의 익금 또는 손금에 산입한다.

법인세법 시행령 제71조【임대료 등 기타 손익의 귀속사업연도】 사례4

① 법 제40조 제1항 및 제2항의 규정을 적용함에 있어서 자산의 임대로 인한 익금과 손금의 귀속사업연도는 다음 각 호의 날이 속하는 사업연도로 한다. 다만, 결산을 확정함에 있어서 이미 경과한 기간에 대응하는 임대료 상당액과 이에 대응하는 비용을 당해 사업연도의 수익과 손비로 계상한 경우 및 임대료 지급기간이 1년을 초과하는 경우 이미 경과한 기간에 대응하는 임대료 상당액과 비용은 이를 각각 당해 사업연도의 익금과 손금으로 한다.

1. 계약 등에 의하여 임대료의 지급일이 정하여진 경우에는 그 지급일
2. 계약 등에 의하여 임대료의 지급일이 정하여지지 아니한 경우에는 그 지급을 받은 날

법인세법 기본통칙 40-71…20【법원 판결에 의하여 지급되는 손해배상금 등의 손익 귀속시기】 사례5

법원의 판결에 의하여 지급하거나 지급받는 손해배상금 등은 법원의 판결이 확정된 날이 속하는 사업연도의 익금 또는 손금에 산입한다. 이 경우 "법원의 판결이 확정된 날"이라 함은 대법원 판결일자 또는 당해 판결에 대하여 상소를 제기하지 아니한 때에는 상소제기의 기한이 종료한 날의 다음날로 한다.

Chapter 6. 실질이 형식에 우선하는 대원칙

국세기본법에서는 실질과세에 대한 정의를 다음과 같이 내린다. "과세의 대상이 되는 소득, 수익, 재산, 행위 또는 거래의 귀속이 명의일 뿐이고 사실상 귀속되는 자가 따로 있을 때에는 사실상 귀속되는 자를 납세의무자로 하여 세법을 적용한다." 사람들이 타인의 명의를 이용하거나, 타인을 내세워 거래를 하는 동기는 대부분 과도한 세금부담을 회피하기 위한 경우가 많다. 이러한 변칙적인 행위에 제제를 가하기 위한 근거 조항이 바로 이 [실질과세]다. 과거에는 국세기본법에도 실질과세에 대한 조항이 있고, 법인세법에서도 별도로 실질과세 조항을 따로 두고 있었지만 2018년 12월 개정당시 삭제되었다. 그렇다 해도 여전히 국세기본법에 조항이 있기 때문에 실질과세의 원칙은 유효하다.

물론 모든 거래나 상황에 실질과세 원칙이 적용되는 것은 아니다. 예를 들어 법인세법에서 손금으로 처리하기 위한 요건을 사전에 충족할 것을 규정하고 있다면 이를 준수하는 것이 우선이다. 요건 충족도 되지 않는 상황에서 실질과세 원칙은 우선할 수 없다.

다음부터 소개하는 사례들은 실질과세에 관한 다툼이 있었던 내용이다.

요건을 충족하지 못했지만 업무에 사용한 것이 확실한 업무용승용차 관련 비용의 손금인정, 가능할까?

(조심2019서1935, 2019.09.09)

(현황)

A회사는 제조업을 영위하는 법인이다. 업무상 출장, 미팅이 많은 대표이사에게는 업무용 승용차가 제공된다. 법인세법의 개정으로 이러한 업무용승용차에 손금처리에 대한 요건이 강화되어 2016년부터 일정 요건을 충족하여야 하고, 운행기록일지 등의 작성이 필요하다는 점을 회사는 사전에 인지하고 있었다. 또한 실무담당자가 요건들을 모두 문제없이 챙겨왔다고 생각했다.
그러나 2018년 처분청은 조사를 통해 회사가 업무용승용차 관련 비용의 손금인정 요건 중 하나인 "임직원전용보장성보험"에 가입되어 있지 않다는 점을 알아냈다. 회사가 제출한 보험증서의 계약내용에는 운전자한정특약사항이 "기본"으로 설정되어 있었다. 이는 운전자 범위가 누구나 가능하도록 보험가입이 되어 있다는 것이다. 이러한 사실관계를 바탕으로 회사의 2016, 2017년의 대표이사 차량과 관련된 모든 비용을 손금불산입하고, 동시에 대표이사에 대한 상여로 처분하여 법인세 및 소득세를 추징하였다.

(쟁점)

쟁점 차량이 업무전용자동차보험에 가입되지 않았으므로 법인세 신고시 손금처리한 쟁점차량 관련 비용을 불인정한 처분이 옳은가?

(실질과세 원칙)

회사는 실질과세의 원칙을 내세웠다. 우선 보험사 직원의 실수로 계약범위를 '기본'으로 설정해준 보험사에 항의하였다. 보험사는 과실을 인정하고 이미 경과된 보험가입증서의 계약내용을 임직원전용한정으로 소급하여 수정하고 재발급해주었다.
한편, 그동안 작성한 차량운행일지를 처분청 및 심판원에 제출하였다. 매일의 주행현황 및 용무는 주로 출퇴근, 미팅, 본사방문, 연구소방문 등 모두 업무와 관련된 것이었다. 그리고 이를 객관적으로 증명하기 위해 하이패스 이용기록을 함께 제출하였으며 상호 대사한 결과 사실관계가 불일치하는 거래는 없었다. 국세청도 이 부분에 대해서는 인정하였다. 즉 객관적인 증빙으로서 회사의 차량이 업무에만 사용한 것이 인정된다는 점이다. 그럼에도 불구하고 심판원은 처분청의 손을 들어주었다.

(삭제된 단서규정)

2018년 2월에 이미 삭제되었지만, 과거 관련규정에는 단서규정이 하나 달려 있었다. 차량이 업무전용자동차 보험에 가입하지 않으면 전액 비용인정이 안 되는 것을 원칙으로 하되, 기획재정부 장관이 고시하는 조사 및 확인방법에 따라 별도로 확인을 받으면 그 확인된 만큼은 비용 인정을 해준다는 문구였다. 그러면 이런 회사에게도 구제받을 방법이 있을까 희망을 가질 수도 있겠지만 조금만 더 살펴보면 불가능하다는 점을 알게 된다. 왜냐하면 기획재정부는 이와 관련된 조사 및 확인방법을 고시한 적이 없다! 유명무실한 이 단서문구는 잠깐 존재했다가 삭제되고 말았다.

(실질과세 보다 우선하는 세부규정)

이 사례는 실질과세도 물론 중요하지만, 법인세법의 세부 규정에서 손금으로 처리하기 위한 사전요건을 구체적으로 나열한 경우의 그 우선순위가 어떻게 판단되는지를 명확하게 보여준다. 회사 입장에서는 억울할 수도 있겠지만 어쨌든 요건을 충족시키지 못했고 소급하여 재발급된 자료는 이미 보험기간이 경과된 시점에서는 아무런 의미가 없는 것이다. 만약 사례의 보험계약범위가 '누구나'가 아닌 대표이사 또는 운전직원 1인으로 한정되어 있었다면 어땠을까? 법 도입의 취지에 비추어 볼 때 임직원전용보장성보험보다도 훨씬 범위가 좁게 설정된다면... 현재까지 이와 관련된 사례는 나오지 않았다. 하지만 곧 나올 것 같다.

체크 포인트

실질과세도 중요하지만 그에 앞서 요건 충족이 우선이다.

 바지사장에게 날아온 법인세 고지서, 어떻게 해야 하나?

(조심2019인2262, 2019.09.04)

(현황)

A법인은 인테리어, 디자인 사업을 영위한다. B씨는 회사의 대표이사로 2015년부터 2017년 4월까지 재직하였다. 한편 회사의 실질적인 대표이자 최대주주는 C다. 원래 B는 2009년 C가 설립하여 운영하는 회사의 인테리어 현장 실장으로 입사하여 근무해왔는데, 2015년 사업상 필요에 의해 새로운 인테리어 회사를 설립할 필요가 생겼고, 사정상 C의 부탁으로 B가 대표이사직을 맡게 되었다.

하지만 회사의 운영은 날로 어려워졌다. 2016년 총 매출액 중 상당부분을 차지하는 공사업체로부터 공사대금을 받지 못하는 상황이 벌어졌다. 대금 회수가 안되는 혼란스러운 상황에서 회사는 2016년 법인세 신고를 하지 못했다. 이후 2017년 4월 B는 C에게 대표이사직을 넘겼으며, 2018년 9월 회사는 폐업하기에 이르렀다.

처분청은 2018년 이러한 사실을 인지하고 2016년의 무신고 법인세를 당시의 대표이사였던 B에게 인정상여 처분하였다. 바지사장이었던 B씨는 법인세 미납에 대한 세금에 가산세까지 부담하는 위기에 직면하게 되었다.

(쟁점)

바지사장에게 처분된 인정상여 금액이 실제 대표자인 C에게 귀속되는 것이 타당한가?

(대표이사 명의를 빌려준 경우)

법인세법에서는 명의대여를 매우 안 좋게 본다. 세금 부담을 줄이는 등의 목적으로 이용되는 소지가 많기 때문이다. 하물며 대표이사직을 명의대여 하는 것은 더욱 그렇다. 대표이사는 회사의 각종 의무와 책임에 연동되어 있다. 직원이 어떤 실수를 했을 때, 그것이 위에서 시킨 것이라면 면책된다. 그러나 대표이사는 부하직원의 실수도 모두 책임을 지는 위치에 있다. 따라서 법인세법에서는 자기가 법인의 대표자가 아니라는 객관적인 증빙자료, 또는 법원의 판단으로 입증되는 2가지 경우만을 제외하고는 등기부상의 대표자를 무조건 대표자로 본다. 따라서 이 사례도 2가지 사례로 인정되는 증빙자료가 있어야만 바지사장 B씨는 책임에서 벗어날 수 있다.

(바지사장의 권한)

실제 회사의 바지사장은 A법인의 대표이사 직함은 있지만 업무범위는 이전과 크게 달라지지 않았다. 그는 여전히 공사현장에서 인테리어 관리 업무만을 수행하였다. 회사 운영과 관련되는 주요의사결정은 실제 대표이자 최대주주인 C가 전적으로 하였다. 이러한 사실관계는 B씨가 실제 대표이사가 아니라는 것에 어느 정도의 신빙성을 줄 수는 있으나 문제는 이를 뒷받침하는 객관적인 자료가 남아있지 않다는 것이다.

다행스럽게도 이러한 상황에 C의 양심적인 증언이 중요한 역할을 했다. C 스스로 자신이 실제 대표였고, 직원이던 B는 자신의 부탁에 의해 어쩔 수 없이 대표이사직을 맡은 것뿐이라는 증언을 해준 것이다. 법원은 이 증언을 기초로 납세자의 손을 들어주었다. 이로써 2016년 법인세 무신고로 인한 세금고지서가 B에서 C로 넘어가게 되었다.

(시사점)

이 사례를 명의를 빌려주는 사람은 안심해도 된다는 의미로 이해해서는 안 된다. 세법에서는 타인명의의 사업에는 각종 패널티를 곳곳에서 부과하고 있고, 또한 본인이 실제 대표자가 아니라는 객관적 사실을 본인이 입증해야 하는데 이게 절대 쉬운 일이 아니라는 점을 명심해야 한다. 쟁점 사례는 실제 대표자가 그래도 양심이 있어서 순순히 증언을 해주었기 때문에 가까스로 세금 부담을 전가시킬 수 있었다.

체크 포인트

타인명의로 시작하는 사업은 첫 단추부터 잘못 끼운 시작이다. 심지어 되돌리기도 어렵다.

 명의 대여와 관련된 최근 대법원 판례 (대법2016두62726, 2019.08.30.)

법인세는 아니지만 부가가치세 분야 중 대법원에서 실질과세와 관련된 주목할 만한 판례가 최근 나와서 소개한다. 세법에서 명의대여, 즉 타인 명의로 사업을 하다가 적발되는 경우에는 실제 귀속자에게 본세를 부과하는 것에 더해 가산세 등의 각종 패널티를 덤으로 부담시킨다.
대표자가 직원의 명의를 이용해서 직영 가맹점을 여러 곳에 시작하고 사업자등록을 한 뒤 영업하다가 국세청에 적발되었다. 처분청은 납세자에게 2건의 제제를 가했다.

① 명의위장등록에 대한 가산세(부가가치세법 제60조 제1항 제2호): 공급가액의 1%
② 사실과 다른 세금계산서 수취: 매입세액불공제 + 과소신고가산세 + 납부불성실가산세

상기 2건 모두 법조문에 명시되어 있는 내용이고 사실관계도 모두 이견이 없을 만큼 명확한 사례다. 위 제제 중 첫 번째 제제는 사실 그렇게 부담되는 수준이 아닐 수 있지만 두 번째 제제는 거래 규모에 따라 기업 하나가 휘청거릴 정도로 파급력 있는 제제다. 부과제척기간(국세청이 세금을 소급해서 추징할 수 있는 기간) 5년 동안의 매입세액공제 금액 전부와 관련된 가산세 2종 세트를 합해보면 엄청난 금액이 산출되기 때문이다.
그런데 대법원 판례는 다행이 타인명의로 사업을 영위하더라도 정상적인 거래 과정에서 수수한 세금계산서라면 사실과 다른 세금계산서로 볼 수 없다는 판결을 내렸다. 그 근거로 세금계산서의 필요적기재사항(세금계산서에 반드시 틀리지 않게 기재하여야 하는 사항)이 공급하는 자와 공급받는 자간에 범위의 차이가 나는 점을 들었다.

구분	공급하는 자	공급받는 자
필요적 기재사항	공급하는 사업자의 등록번호와 성명 또는 명칭	공급받는 자의 등록번호. 다만, 공급받는 자가 사업자가 아니거나 등록한 사업자가 아닌 경우에는 대통령령으로 정하는 고유번호 또는 공급받는 자의 주민등록번호

상기와 같이 세금계산서의 필요적 기재사항에는 공급하는 자와 달리 공급받는 자는 등록번호 하나만을 명시하고 있고, 성명이나 명칭은 해당사항이 없다. 최초에 직원 명의로 사업자등록이 이루어진 것 뿐 그 외에는 대표자가 자신의 계산과 책임으로 직접 운영하면서 부가가치세를 신고 납부하였으므로 실질적으로는 대표자의 등록번호로 보는 것이 타당하다는 판단이다. 이것은 실질과세가 납세자에게 무조건 불리하게만 적용되는 것은 아닐 수 있다는 점을 시사한다. 물론 그 이전에 타인 명의로 무언가를 하는 행위 자체를 하지 않는 것이 우선이겠다.

규정을 준수하지 않고 지급한 대표이사의 중간정산퇴직금

(조심2019중1099, 2019.07.12)

(현황)

A법인은 1998년 설립되어 조경식재공사를 주된 사업으로 영위하고 있는 회사다. 회사에는 가지급금이 많이 쌓여있었다. 가지급금은 여러 가지 이유로 생기지만 결과적으로 사용처와 용도가 불분명한 상태로 목돈이 빠져나갔다면 법인세법에서는 모두 대표이사에게 돈을 빌려준 것(가지급금)으로 간주한다. 그리고 거기에 이자를 계산해서 수익으로 계상하게 된다. 대표이사 입장에서는 이자부담에 대한 법인세효과가 크지 않으니 당장은 가벼운 마음으로 자금을 사용하지만, 이게 누적이 되면 어느 순간 엄청난 부담이 돼서 돌아온다. 회사의 상황도 그 정도까지 가게 되었고, 가지급금을 해결할 방법을 고심하던 중 매년 적립해오던 대표이사의 퇴직금이 눈에 들어왔다. 2011년 회사는 대표이사에게 퇴직금을 중간정산해서 지급하고, 대표이사는 정산 받은 퇴직금으로 쌓여있는 가지급금을 바로 상환했다. 돈은 회사에서 대표이사에게 이동했다가 바로 다시 회사로 들어왔다.

이후 2015년 임원의 급여체계가 연봉제로 전환되었다. 회사는 대표이사에게 다음과 같은 방식으로 두 번째 퇴직금을 계산하여 지급하였다.

근속기간: 1998년~2015년의 퇴직금 계산액
기지급액: 2011년 퇴직금 지급액
→ 차감 후 잔액 지급

처분청은 위의 계산방식이 틀렸으므로 다음과 같이 퇴직금을 다시 계산하였고 차이금액을 과다 인건비로 간주하여 세금을 추징하였다.

근속기간: 2011년~2015년의 퇴직금 계산액
→ 2011년 중간정산이 한번 이루어졌으므로 그 퇴직금의 기산일은 중간정산일 이후부터

(쟁점)

대표이사의 퇴직금 중간정산(2011년)이후 연봉제 전환으로 인한 퇴직금 지급(2015년)시 근속기간을 중간정산 이후로 계산하는 지 여부

(근속기간에 비례하는 퇴직금)

통상적으로 확정기여형 퇴직금제도(연단위로 계산한 퇴직금을 사업연도 말에 임직원 명의로 계좌이체하는 방식)를 제외한 나머지 퇴직금제도는 근속연수가 길어지면 길어질수록 근로자에게 유리하다. 그 이유는 근로의 마지막 사업연도의 평균급여에 근속연수를 곱하여 산출하는데 마지막 사업연도의 평균급여가 당연히 가장 높은 것이 일반적이기 때문이다. 회사의 경우는 대표이사의 근속연수를 17년으로 했을 때가 당연히 근속연수 4년인 경우보다 퇴직금을 훨씬 많이 지급할 수 있었을 것이다. 거기에 첫 단추까지 잘못 끼운 상태였다.

(가지급금을 정리하기 위한 목적의 퇴직금 지급은 불가)

법인세법에서는 현실적인 퇴직이라는 말이 있다. 실제로 옷을 벗고 나가는 것 외에도 사실상 근무를 계속하더라도 퇴직으로 간주해주는 경우를 몇 가지 나열한 것이다. 이때에는 퇴직금을 지급해도 된다. 하지만 2011년에 회사가 지급한 퇴직금은 세법에서 인정되는 퇴직금이 아니다. 그러나 어떤 이유에서인

지 처분청은 이 시기의 퇴직금 정산 사실을 인정하고 넘어갔다. 처분청의 주장대로라면 대표이사의 2차 퇴직금 정산시 근속기간은 17년이 아닌 4년으로 줄어들게 되고 퇴직금도 당연히 줄어든다.

(1차 정산은 잘못 끼운 단추)

회사는 고민에 빠졌을 것이다. 2011년 가지급금을 정리하기 위해서 무리하게 퇴직금을 정산하여 지급하였고 그것이 2015년 어떤 방식으로든 문제가 될 상황에 처했다. 아마 다음의 2가지 경우를 고려했을 것이다.

CASE1) 2011년 중간정산을 정상적인 것으로 주장하고, 2차 중간정산의 근속기간을 4년으로 하여 지급하는 방법

→ 처분청이 과세한 방식이다. 이렇게 처리했더라면 문제없이 넘어갈 수도 있었을 것이다. 하지만 대표이사에게 지급할 퇴직금을 비교해보니 현저한 차이가 났을 것이다.

CASE2) 2011년 중간정산이 잘못된 것이라고 주장하고, 2차 중간정산의 근속기간을 17년으로 하여 지급하는 방법

→ 회사가 자진해서 과거 정산이 잘못된 정산이라고 인정해야 한다. 이렇게 되면 과거 중간 정산한 퇴직금은 업무무관 가지급금으로 간주된다. 회사의 가지급금이 정리되지 않고 살아있게 되니 인정이자에 대한 세금을 과소 신고한 것이 되어버린다.

결국 회사는 2번째 처리방식을 선택했다. 가지급금 인정이자에 대한 세효과보다도 퇴직금근속기간을 늘리는 것이 훨씬 절세 측면에서 유리한 결과를 얻었을 것이다. 실제로 판결 결과도 회사의 손을 들어주었다. 1차 퇴직금 정산은 법인세법의 요건을 충족하지 않은 비현실적인 퇴직이라는 점이 주요 판단요지였다. 당시 정산퇴직금이 지급되자마자 바로 회사로 유입된 점도 정산의 실제 목적이 가지급금의 정리라는 회사의 의도가 어느 정도 받아들여진 것이다.

체크 포인트

퇴직금의 지급은 법인세법의 요건을 충족하는지 엄격히 따진 후 이루어져야 한다. 요건 불충족시는 대여금으로 간주된다.

법인의 대표이사에게 발생한 사업소득이 인정되지 않은 사례

(조심2018서3899, 2019.01.10)

(현황)

A법인은 2011년 4월 개업하여 1:1퍼스널트레이닝업을 영위하고 있는 회사다. 대표이사를 포함한 강사는 각각 회원들에게 전담하여 자세, 운동법 등을 지도한다. 강사는 출퇴근 시간이 정해진 근로자가 아닌 프리랜서 형태로 계약되어 있다. 보수는 트레이닝 실적에 따라 용역료를 지급한다. 대표이사도 인근에서 잘 알려진 트레이너로서 법인 설립이전부터 개인 사업을 해왔다. 지인들로부터 요청이 오는 경우에는 야간 또는 주말시간에 현장 방문 트레이닝을 해주기도 한다. 대표이사는 이렇게 개인적인 요청을 받아 진행한 트레이닝 지도료를 개인의 사업소득으로 분류하여 법인 통장으로 입금하지 않고 대표이사 본인 또는 동생의 통장으로 이체 받았다. 그리고 분류된 사업소득에 대한 종합소득세 신고를 수행하지 않았다.
처분청은 2013년~2016년 대표이사의 개인통장으로 입금된 금액을 A법인의 매출누락으로 보고 법인세 및 부가가치세를 추징하였다.

(쟁점)

대표이사가 개인적으로 제공한 트레이닝에 대한 대가를 개인의 사업소득으로 분류할 수 있는지 여부

(대표이사는 동일한 업종의 개인사업이 가능한가?)

대표이사는 A법인의 100% 주주다. A법인에는 대표이사 외에 다른 소속 직원은 없었던 것으로 보이며 강사들은 모두 프리랜서다. 즉 대표이사의 입장과 다른 트레이너의 입장이 완전히 다른 것이다. 대표이사는 A법인과 고용관계에 있는 반면, 트레이너는 용역계약의 관계가 된다. 또한 대표이사는 법인을 경영할 책임과 지위에 있는 사람이다. 이런 측면에서 대표이사가 회사의 주업종과 동일한 업무를 독립적이고 계속적 반복적으로 수행한 점은 심판원에서 받아들여지지 않았다. 물론 회사의 업무와 관련 없는 새로운 사업이라면 조금 이야기가 다를 수 있다.

(백번 양보해서 사업소득이라고 봐도 자금 흐름이 이상하다)

자금의 흐름을 보면 쟁점 트레이닝비용은 회사의 통장이 아닌 대표이사와 동생 명의의 통장으로 이체됐다. 그러나 회사의 다른 트레이너에 대한 용역료는 달랐다. 우선 회원들로부터 회비가 회사 명의의 계좌로 입금된 뒤에 원천징수 후 트레이너의 통장으로 이체되었다. 양자는 자금의 유입 경로부터 기본적인 차이가 있다. 회사의 주장은 쟁점 자금은 회원들이 회사를 보고 수강한 것이 아니고 대표이사 개인을 보고 온 것이므로 회사와는 전혀 무관한 매출이라는 것이다. 하지만 대표이사 직함을 걸고 동일한 업종의 법인을 설립한 이상 설득력이 떨어졌다. 또한 문제가 되는 자금의 입금 내역에 대한 설명을 처음에는 보증금, 차용거래라고 했다가 나중에 방문트레이닝이라고 번복하는 등 일관성도 없었다.

〈자금의 흐름〉

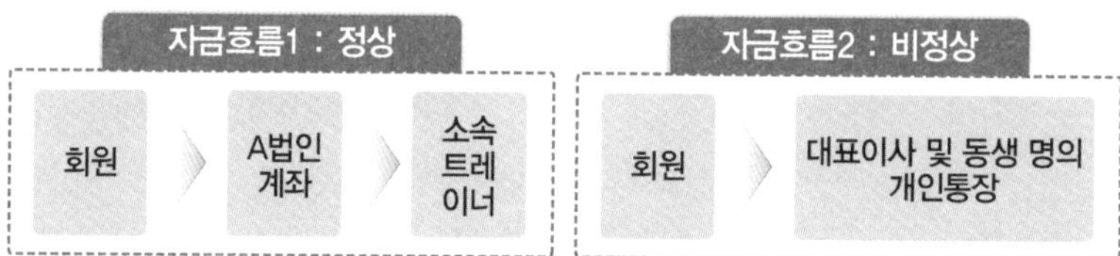

(정상적인 거래흐름)

결국 A회사는 대표이사와 동생 명의의 통장으로 입금된 금액이 매출누락으로 간주되어 법인세를 추징당했다. 동시에 그 매출액만큼 바로 대표이사에게 인건비가 지급된 것으로 보아 상여로 처분되어 소득세도 추징당했다. 심판원은 처분청의 이러한 처분이 잘못이 없다고 판단해주었다. <u>대표이사 자신이 속해있는 회사와 동일업종에서 다른 개인사업을 하는 것 자체에 다른 의도가 숨어 있다고 본 것</u>이다. 그 다른 의도는 물론 탈세다. 그러려면 개인사업자를 계속 하지 번거롭게 법인은 왜 설립했냐는 것이다. 개인사업자로 운영해도 충분히 트레이너와 계약해서 사업장을 운영할 수 있는데 말이다.

체크 포인트

대표이사가 속해있는 법인과 같은 업종의 개인사업을 운영할 때는 실질 관계를 잘 따져봐야 한다.

대여금을 돌려받지 못하고 폐업한 회사의 채무자에게 법인세가 과세된 사례

(조심2015서2748, 2015.11.05)

(현황)

A법인은 부동산개발 및 주택건설분양업을 운영하는 사업자로, 2006년 한 부동산 개발사업에 참여하게 되었다. B법인의 권유로 함께하게 되었는데 배경에는 해당사업의 규정상 토지소유자가 20인 이상이 필요했고, 금융권으로부터의 대출요건을 갖추기 위한 목적이 있었다. 자금은 B법인이 금융회사로부터 대출을 받아 A법인에게 다시 대여해주었고, A법인은 그 돈으로 토지를 취득하였다. 향후 토지는 주상복합건물용지로 사용될 예정이다. B법인은 건설업자 C법인과 주상복합신축공사를 공동사업으로 수행하기로 하고 향후 사업에서 발생한 수익금을 A법인과 배분하는 약정을 체결하였다.

하지만 사업은 계획대로 순탄하게 흘러가지 않았다. 여러 가지 문제로 실제 공사는 시작조차 하지 못하였고, 매출매입이 없는 B법인이 장기간 세금신고를 수행하지 않자 국세청은 B법인을 직권폐업하기에 이르렀다. 동시에 폐업 당시 B법인이 보유하고 있던 A법인에 대한 대여금은 폐업과 함께 채권이 소멸한 것으로 간주했다. 그에 따라 채무자인 A법인에게 채무면제이익 상당액을 법인세로 추징하였다.

A법인은 2005년부터 2012년까지 법인의 모든 회계관리를 B법인에서 도맡아 했기 때문에 이러한 사실관계를 전혀 몰랐고 본인은 사실상 회사의 명의만 빌려준 것에 불과하다고 주장했다.

(쟁점)

실제 차입한 사실이 없다고 주장하는 A법인의 차입금 소멸에 대한 채무면제이익의 처리가 타당한지 여부

(A법인의 황당한 주장)

A법인은 아무것도 몰랐다는 주장을 하고 있다. 명의만 빌려줬을 뿐 모든 회계

처리, 차입과정에서의 업무처리 전반은 B법인에서 이루어졌다는 것이다. 이렇게 주장을 하는 자는 회사의 대표이사인데, 그는 2006년 5월까지 대표이사로 재직하다가 사임 후 2011년 3월 다시 대표이사에 취임하였다. 문제가 되는 자금의 대여 및 차입거래는 2006년부터 2011년 사이에 발생한 것이었다.
사실관계와 정황을 놓고 보면 2011년 취임한 대표이사 본인은 정말 몰랐을 수 있을 것 같다. 그러나 법인이 몰랐다는 주장은 받아들여질 수 없는 것이다. 또한 당시의 객관적인 몇 가지 사실관계가 더욱 회사에 불리하게 작용하였다.

(채권자의 대여금 잔액과 채무자의 차입금 잔액이 일치)

문제가 되는 대여금은 2007년부터 2012년 폐업할 때까지 존재했고, 중간 중간 일부 변동하기도 했다. B법인은 외부회계감사를 받은 사실도 있었고 감사보고서의 각 사업연도별로 계상한 대여금 잔액이 A법인의 차입금 잔액과 일치했다. 또한 2011년 과세관청이 B법인의 대표이사에게 대여금의 실질에 대한 확인을 했을 때도 대여금이 맞다고 확인을 해준 사실이 있었다. 이러한 사실관계는 객관적인 증거자료가 되었으며, A법인이 몰랐다는 주장이 받아들여지지 않은 사유가 되었다.

(실질과세에 대한 고찰)

실질과세의 원칙은 국세의 기본을 정하는 국세기본법에서 명시하고 있는 만큼 세무처리의 근간이라고 해도 과언이 아니다. 납세자가 이 기본원칙을 잘 알고 잘 사용하면 처분청의 공격에 효과적인 방패가 될 수 있다. 하지만 역으로, 처분청도 실질과세의 원칙을 잘 쓰면 그만큼 예리한 창이 되는 것이다.
이 사례는 청구법인이 거래 실질이 다르다고 주장해도 받아들여지지 않은 사례다. 그 이유는 간단하다. 청구법인의 주장을 뒷받침할 근거자료가 없기 때문이다. 반대로 처분청은 과거의 객관적인 증거자료를 충분히 확보하고 있었다. 결과를 예측하기는 쉽다. 처분청의 승리다.

체크 포인트

거래의 형식이 실제와 다를 경우 실질과세를 주장할 근거자료를 충분히 갖추었는가?

■ 정리

실질과세 관련 법조문*

국세기본법 제14조【실질과세】 ALL

① 과세의 대상이 되는 소득, 수익, 재산, 행위 또는 거래의 귀속이 명의(名義)일 뿐이고 사실상 귀속되는 자가 따로 있을 때에는 사실상 귀속되는 자를 납세의무자로 하여 세법을 적용한다.

② 세법 중 과세표준의 계산에 관한 규정은 소득, 수익, 재산, 행위 또는 거래의 명칭이나 형식에 관계없이 그 실질 내용에 따라 적용한다.

③ 제3자를 통한 간접적인 방법이나 둘 이상의 행위 또는 거래를 거치는 방법으로 이 법 또는 세법의 혜택을 부당하게 받기 위한 것으로 인정되는 경우에는 그 경제적 실질 내용에 따라 당사자가 직접 거래를 한 것으로 보거나 연속된 하나의 행위 또는 거래를 한 것으로 보아 이 법 또는 세법을 적용한다.

→ 법인세법에는 실질과세에 관한 규정이 삭제되었으므로 국세기본법이 근거 규정이 된다.

법인세법 집행기준 27의 2-50의 2-1【업무용승용차 관련비용의 손금불산입】 사례1

④ 업무용사용금액은 다음 각 호의 구분에 따른 금액을 말한다.

1. 업무전용자동차보험에 가입한 경우 : 업무용승용차 관련비용에 업무사용비율을 곱한 금액
2. 업무전용자동차보험에 가입하지 아니한 경우 : 0 (전액 손금불인정)

법인세법 기본통칙 67-106…19【형식상 대표자의 책임】 사례2

당해 법인의 대표자가 아니라는 사실이 객관적인 증빙이나 법원의 판결에 의하여 입증되는 경우를 제외하고는 등기상의 대표자를 그 법인의 대표자로 본다.

* 2019년 12월 31일 시점에 적용중인 법조문임

부가가치세법 제32조【세금계산서 등】 사례2

① 사업자가 재화 또는 용역을 공급(부가가치세가 면제되는 재화 또는 용역의 공급은 제외한다)하는 경우에는 다음 각 호의 사항을 적은 계산서(이하 "세금계산서"라 한다)를 그 공급을 받는 자에게 발급하여야 한다.

1. 공급하는 사업자의 등록번호와 성명 또는 명칭
2. 공급받는 자의 등록번호. 다만, 공급받는 자가 사업자가 아니거나 등록한 사업자가 아닌 경우에는 대통령령으로 정하는 고유번호 또는 공급받는 자의 주민등록번호
3. 공급가액과 부가가치세액
4. 작성 연월일
5. 그 밖에 대통령령으로 정하는 사항

법인세법 시행규칙 제22조【현실적인 퇴직의 범위 등】 사례3

② 영 제44조 제1항을 적용할 때 현실적으로 퇴직하지 아니한 임원 또는 직원에게 지급한 퇴직급여는 해당 임원 또는 직원이 현실적으로 퇴직할 때까지 이를 영 제53조 제1항(필자주: 업무무관가지급금)에 해당하는 것으로 본다.

Chapter 7. 필요이상의 지출에는 다른 의도가 있다고 본다

어떤 비용을 지출했는데 그 수준이 일반적인 사고방식으로 납득이 안된다거나 뭔가 과다하고 느껴진다면 그 지출은 문제가 있는 것이다. 과다경비는 업무와 관련성은 있다고 인정하지만 필요 이상으로 돈을 많이 쓴 경우를 말한다. 이런 경우는 물건을 살 때는 거의 발생하지 않는다. 주로 인건비, 복리후생비, 여비, 교육훈련비 등에서 발생한다. 어느 정도 규모가 있는 회사라면 경비 지출에 대한 세부 기준을 사규 등 자체 규정을 통해 마련해 두었을 것이다. 법인세법은 과다한 지출이 발생할 가능성이 있는 이런 항목들에 대한 손금 인정기준을 별도로 마련하고 있다. 그리고 그 기준을 준수하지 않은 지출은 손금으로 인정하지 않는다. 따라서 사전적으로 세무 실무자, 임원은 이 기준에 대한 숙지가 필요하며, 다음에서 소개하는 사례를 통해 구체적으로 어떤 다툼이 있었고 어떠한 결론을 얻었는지 참고할 필요가 있다.

과다경비는 다른 세무이슈와 독립된 사안이 아니다. 어떤 사례는 실질과세와도 연관이 있고, 부당행위와도 관련이 있다. 그럼에도 조금 더 과다경비에 무게가 있는 주제로 보이는 사례들을 별도로 모아서 소개한다.

구체적인 지급규정 없이 지급한 임원상여금

(조심2016중4320, 2017.08.14)

(현황)

A법인은 이미지센서를 연구개발 및 생산하는 업체로 2000년에 설립되었고 2006년에 주식시장에 상장되었으나, 실적이 좋지 않아 2009년 상장폐지 되었다. 상장폐지 이후 우여곡절은 있었지만 회사는 기술개발에 꾸준한 노력을 기울였고 마침내 새로운 방식의 이미지센서 개발에 성공하였다. 신기술은 즉각 보안용 및 자동차카메라 시장에서 좋은 반응을 얻었고 회사 실적은 급격히 개선되기 시작했다.

회사를 설립하고 단 한 번도 임직원에게 상여금을 지급한 적이 없던 회사는 실적이 개선됨에 따라 그동안의 노고를 치하하고자 2011년부터 매년 성과급을 지급하였다. 그렇게 3년 동안 임직원에게 3번의 성과급이 지급되었다. 특히 2013년의 경우에는 직원 월평균급여의 600%를 지급할 정도로 많은 성과급이 지급되었다.

하지만 과세관청은 조사를 통해 첫 번째 성과급이 지급될 시점에 임원성과급 지급규정을 마련하지 않았다는 점, 그 이후 사업연도에 마련된 성과급 지급규정의 내용이 모호하다는 점을 이유로 법인세를 추징하였다. 2011년에는 임원상여금 전액을, 2012년 이후부터는 직원 중 최고 지급률을 초과하는 비율만큼의 임원상여금을 손금불산입 처분하였다.

(쟁점)

성과급관리규정이 정해지기 이전에 임원들에게 지급한 상여금은 모두 불인정되는가? 또한 성과급관리규정이 존재하더라도 지급률이 구체적이지 않다면 불인정사유가 되는가?

(임원상여금에 대한 법인세법의 엄격한 기준)

법인세법 시행령에서는 법인의 임원에게 지급하는 상여금 중에서 정관, 주주총회, 이사회결의에 의해 결정된 급여지급기준을 초과하여 지급하면 그 초과금액은 손금으로 인정하지 않는 규정이 있다. 반면에 직원에 대한 상여금에 대해 언급한 규정은 없다. 그 이유는 간단하다. 이사는 의사결정권한이 있다. 이사들이 모여 이사회를 구성하고 이들이 자신들의 상여를 결정한다는 의미다(물론 정관에서 사전에 이들의 보수를 정할수도, 주주총회에서 정할수도 있다. 하지만 대부분의 회사는 정관이나 주주총회에서는 이들의 보수 총액에 대한 한도만 의사결정 한다. 나머지는 별도의 위원회나 상여금 지급규정에 따라 정하도록 한다. 그리고 그 세부 규정은 이사회결의를 통해 정하는 방식이 일반적이다. 결국 돌고 돌아서 본인들이 정할 수 있도록 세팅이 되어있다.) 따라서 이사는 자기가 원하는 만큼 보수를 챙길 수 있기 때문에 이를 제제하기 위한 제도적 장치를 마련하는 것이 불가피하다. 법인세법의 규정도 그 중 하나다. 따라서 법인세법을 엄격하게 해석할 경우 임원 상여금은 다음과 같이 처리가 된다.

- 회사에 임원 상여금의 지급규정이 없는 경우: 지급한 상여금은 모두 손금 불인정
- 지급규정이 있으나 규정을 초과하여 지급한 경우: 초과된 상여금은 손금 불인정

(쟁점 회사 내부 규정과 처분청의 입장 그리고 심판원의 판단)

2011년을 기점으로 임원상여와 관련된 회사 내부 규정이 조금 바뀌었다. 즉, 2011년 이전에도 규정이 전혀 없지는 않았다. 정리하여 살펴보면 다음과 같다.

구분	2011년 이전	2012년 이후
내용	(인사노무관련 규정) 회사는 임원에 대하여 상여금을 지급할 수 있고 보수총액은 주주총회에서 승인된 한도를 초과할 수 없다.	(성과급 관리규정) 한도(직원은 연봉의 200% 내, 대표이사를 제외한 임원은 500% 내, 대표이사는 주주총회에서 결의된 보수한도 내) MBO달성률에 따라 지급률을 정하도록 되어 있으며 임원의 경우 MBO 달성률과 개인별 성과를 감안하여 대표이사가 결정
처분청 처리	전액 손금불인정	직원 최고 지급률 초과분 손금불인정
심판원 결정	직원 최고 지급률 초과분 손금불인정	한도 내 지급액 전액 인정

2011년의 상여금에 대해 처분청은 인사노무규정에 존재하는 임원상여금 지급에 관한 근거문구를 인정하지 않았다. 따라서 이때의 상여금은 전액 손금불산입 처분하였다. 그리고 2012년 이후에는 상여금 지급기준이 존재하는 점은 인정하나, 그 지급률이 구체적이지 않고 모호하다고 판단했다. 따라서 직원 중 가장 높은 지급률에 해당하는 만큼만 손금으로 인정해주었다. 보수적으로 접근한다면 당연히 처분청의 입장도 충분히 이해할 수 있다. 하지만 심판원은 조금 더 관대한 결정을 내렸다.

(단 한 줄이라도 근거조항이 있다면 여지는 있다)

심판원의 판단은 이랬다. 2011년 상여금 지급시에 인사노무규정에 있는 단 한줄, "임원에게 상여금을 지급할 수 있다"는 문구 자체로 회사가 상여금을 지급할 수 있는 근거가 전혀 없는 것은 아니라는 것이다. 다만, 세부 규정이 존재하지 않으니 가장 높은 직원의 최고지급률을 초과하는 부분만 손금으로 인정하지 않았다.

2012년 이후 지급시는 심지어 상여금 지급규정이 존재하였고, 비록 대표이사 1인이 판단하여 상여금 지급률을 결정하였지만 결과적으로 규정 자체가 그렇게 되어 있고 이 규정이 의사결정기구에 의하여 결정된 것이라면 인정할 수 있다는 취지의 판단을 하였다. 따라서 2012년 이후 지급한 임원 상여금은 모두 손금으로 인정되었다.

추가로 회사가 설립 이래 오랜 시간 힘든 시기를 겪어왔고, 최근에 와서 급성장한 제반 상황도 임원의 역할이 매우 컸음을 인정할 수밖에 없었을 것이다.

체크 포인트

회사의 내부 규정을 마련하는 것은 도입당시에는 요식행위나 단순 paperwork라고 생각할 수 있다. 하지만 언젠가 문장 하나, 단어 문구 하나가 나중에 회사에 지대한 영향을 줄 수 있다. 회사 규모가 어느 정도 커졌다면 반드시 내부 규정을 체계적으로 다듬는 시간과 노력이 필요하다.

가지급금의 정리를 목적으로 소급 작성된 퇴직급여지급규정이 불인정된 사례

(조심2015중5602, 2016.05.26)

(현황)

A법인은 1991년 설립하여 LPG도매업을 영위하는 사업자다. 업력은 꽤 됐지만 업계가 이미 포화상태고 수익성도 좋지 않다보니 시간이 흐를수록 회사의 재무상태는 악화되어 갔다. 더군다나 부채비율이 계속 높아지고 있어 금융기관으로부터 대출금 상환 압박도 심해지고 있었다. 그러던 중 2008년 주요 매출처 한곳이 도산하였다. 이 업체로부터 받을 채권이 모두 휴지조각이 되어버린 것이다. 정상적이라면 회사는 부도어음이 발생한 사업연도에 채권을 떨어내고 대손 처리하여야 했다. 하지만 그대로 두자 그 해 외부 감사인으로부터 감사의견 거절을 받았다. 금융기관은 감사의견을 거절 받은 회사의 대출금을 바로 회수하려고 할 게 뻔했다. 회사는 신속히 재감사를 받아야 하는 상황이었고 고민 끝에 부도어음을 대표이사 및 임원의 퇴직금으로 상환하기로 하였다. 2010년 회사는 퇴직금지급규정을 신설하고 19년 가까이 근속한 대표이사, 임원의 퇴직금을 계산하여 지급함과 동시에 부도어음을 정리하였다.
처분청은 이 당시 퇴직금지급규정이 후속적으로 만들어진 규정이라는 정황을 발견하고 기준보다 과다하게 지급한 인건비로 보고 초과금액을 손금불인정하여 법인세를 추징하였다.

(쟁점)

대표이사 및 임원에게 지급한 퇴직금의 근거 규정인 임원퇴직금지급규정을 적법한 규정으로 인정할 수 있을까?

(퇴직금 지급의 동기에 대한 상반된 주장)

처분청에서는 퇴직금지급동기에 대해 회사와 완전히 다른 해석을 내놓았다. 퇴직금 지급은 대표이사가 부동산을 취득하기 위한 자금 마련을 위한 것이라는 주장이다. 공교롭게도 퇴직금을 지급하던 2010년 1월에 대표이사는 배우

자와 공동명의로 부동산을 취득한 사실이 있었다. 하지만 심판원에서는 그보다는 회사의 제반사정을 고려할 때 가지급금을 정리하기 위한 목적이 더 사실관계에 부합한다고 본 듯하다.
거래의 발생 동기가 중요한 이유는 동기를 통해 거래의 실질을 파악하는 것에 용이하기 때문이다. 표면에 드러난 사실관계에 거래의 실질에 대한 파악이 더해지면 옳고 그름을 따지기에 수월하다. 이 사례의 사실관계는 회사의 부실채권을 대표이사가 떠안았고, 이를 정리하기 위해 조기에 퇴직금을 집행하였다는 점이다. 이제는 퇴직금의 집행이 정당하게 이루어졌는지만 확인하면 된다.

(임원퇴직금지급당시의 정황)

회사의 임원퇴직금은 2010년 6월에 지급되었다. 그리고 임원 퇴직금지급규정은 2010년 4월에 임시 주주총회를 열어 마련되었다. 정상대로라면 퇴직금지급규정이 먼저 나오고 그 3개월 이후에 퇴직금이 지급되었으니 특별히 문제될 것이 없었다. 신설된 규정에 따라서 대표이사는 정상 계산된 퇴직급여에 6배수를, 임원은 1.5~3배수를 적용하게 된다.
퇴직금의 계산에 중요한 것은 퇴직직전 3개월의 평균급여다. 이 평균급여에 근속연수를 곱해서 퇴직금을 산출한다. 회사가 지급한 임원퇴직금은 2010년 6월에 지급되었으니, 4월~6월 또는 3월~5월의 평균급여가 기준이 된다. 문제는 여기서부터 시작되는데 갑자기 회사가 2010년 퇴직금을 지급하기 직전에 그 대상자인 대표이사와 임원의 평균급여를 인상한 것이다. 그리고 인상된 급여를 인상 이후가 아니라 이전인 1월~5월분까지도 소급하여 지급하였다. 퇴직금의 계산은 이 소급 지급한 인건비를 기초로 산출되었다.

(모든 정황증거는 가지급금 정리의 수단으로 활용)

근로 환경 개선에 관심이 많은 정부는 회사가 임직원에게 급여를 많이 준다고 하면 환영할 것이다. 돈을 많이 번만큼 이익을 직원들에게 많이 돌려주는 회사는 어디서나 좋은 회사로 인정받는다. 그만큼 흔치 않다는 이야기다. 이번사례도 처음에는 회사의 대표이사를 비롯한 임원 일부가 열악한 재무상태를 개선하기 위해서 본인들의 퇴직금을 선뜻 내놓은 모습을 보고 멋지다고 생각했다. 하지만 새로 드러난 사실관계와 처분청의 처분내용을 보고나니 입장이 달라졌다. 그 동기에 대해서는 멋지지만 어디까지나 정상적인 방법을 통해서 해결해나갔어야 끝까지 박수를 받을 수 있는 것이다. 또한 회사의 임원은 회사의 주요 의사결정의 주체이기 때문에 회사의 상황이 많이 안 좋아진 점에 대해서도 책임을 분명이 져야 한다.
만약, 급여인상을 먼저 하고, 그 전후로 퇴직금지급규정을 만든 다음 6개월이든 1년이든 급여를 지급한 뒤에 퇴직금을 지급하였다면 결과가 어떻게 나왔을까를 생각하면 아쉬운 사례이기도 하다. 아마도 재무제표에 대한 의견거절 이후 재감사를 시급히 받아야하는 회사 입장에서는 시간적 여유가 없었을 것이다.

체크 포인트

사실관계를 무리하게 만들어내면 반드시 흔적이 남는다.

근로사실이 확인되지 않은 주주에게 지급한 인건비를 손금불산입한 사례

(조심2018부986, 2018.08.29)

(현황)

A법인은 도선사들이 100%출자하여 설립한 법인이다. 회사는 자기 소유의 도선선으로 도선사들을 도선을 요청한 선박까지 운송해주고, 선주로부터 대가를 받는 일을 한다. 대가는 2가지로 구분할 수 있는데, 도선사를 배까지 태워주고 받는 운송료, 운송이후에 도선사가 수행한 업무에 대한 도선료를 대신 수금하는 업무다.
도선사들은 회사설립 이전부터 또 다른 사단법인B에도 속해왔다. 이 법인은 도선사의 배타적인 도선업무 수임권한으로 선주와 도선료를 협상하고 결정한다. 따라서 선주가 지불하는 총 비용 중 운송료는 A법인에, 도선료는 B법인에 속해야 한다. 하지만 A법인은 모든 비용을 수취한 후 B법인에게 도선료를 지급하지 않고 도선사들에게 안분하여 인건비로 처리하여 왔다.
도선사들은 모두 회사의 주주이면서 동시에 임직원으로 등록되어 있다. 따라서 이들에게 정기적으로 급여, 퇴직급여, 4대 보험 및 수당, 상품권 등을 지급했다. 이러한 처리는 회사가 1985년 설립된 이래 특별한 방식의 변화가 없이 이루어졌다.
처분청은 세무조사를 통해 대표이사 및 특정 임원을 제외한 나머지 주주들은 회사에 근로를 제공한 사실이 확인되지 않는 점을 이유로 2012~2016년 5년간 지급한 급여 및 각종수당을 손금불산입하고 배당으로 처분하는 통지를 하였다.

(쟁점)

기타주주들에게 지급한 인건비를 손금으로 인정할 수 있는지 여부

(인건비와 배당의 차이)

인건비를 지급하건, 배당을 지급하건 회사 입장에서 돈이 나간다는 사실은 변함이 없다. 하지만 인건비는 법인세를 내기 전에 손금으로 처리하는 반면, 배당은 모든 결산을 마치고 법인세까지 납부한 후 남은 잉여금을 재원으로 지급하는 차이가 있다. 인건비는 손금이지만 배당은 손금이 아니다. 따라서 회사의 경우 주주의 근로제공사실이 확인되지 않는 것이 인정된다면 주주에게 지급한 인건비성 경비 및 복리후생비 등이 모두 배당으로 간주되므로 손금불산입 처분이 된다.

(자금처리에서부터 꼬인 관계)

회사의 자금처리는 분명 이상하다. 매출구성만 보아도 어느 정도 알 수 있는데 회사가 선주로부터 받는 대가 중 운송료에 해당하는 부분(도선사를 도선이 필요한 배까지 태워주고 받는 부분)은 회사의 수익이 맞지만, 도선료를 수취하는 부분은 엄연히 회사의 매출이 아니다. 해당 도선사 또는 도선사가 따로 속해있는 사단법인이 받아야 할 돈을 대리해서 받아준 것뿐이다. 이 돈은 엄밀히 보면 도선료의 수취 권한이 있는 B법인에게 고스란히 넘어갔어야 하는 돈이다. 하지만 양자 간에는 위탁용역계약조차 체결한 사실이 없다. 왜냐하면 A법인과 B법인의 주주 구성이 동일하기 때문이다. 주주 입장에서는 돈을 어디에서 받건 상관이 없었을 것이라고 생각한 것 같다. 하지만 법은 그렇지 않다.

(법인은 엄연히 별개의 경제주체다)

만약 주주 구성이 동일하다고 해서 여러 회사를 설립한 뒤에 상호 계약관계도 없이 돈을 주거니 받거니 하거나 인건비를 한곳에서만 받는다면? 아마 엄청난 세금을 추징당할 것이다. 법인 하나하나는 엄연히 독립된 경제주체다. 수익과 비용이 엄격한 근거에 따라 처리되지 않는다면 서로 세율구간이 다른 점을 악용해서 조세 부담을 회피할 수 있을 것이다. 회사는 주주들과의 고용계약서, 업무내용, 이사회 의사록 등에 대한 항변자료를 몇 개 제출하였지만 대부분 사후에 작성된 자료이거나 심지어 이사회 의사록의 업무내용이 B법인을 위한 내용으로 인정되면서 심판원은 처분청의 손을 들어주었다.

체크 포인트

마지막으로 회사는 1985년부터 같은 방식으로 쭉 업무처리를 해왔는데 왜 2012년에 와서 이 문제를 지적하느냐는 주장을 했다. 신의성실원칙에 부합하지 않는다는 점이다. 하지만 역시 인정되지 않았다. 회사는 오랜 세월 잘못된 회계 및 세무처리를 해온 점에 대해 그동안 세금을 추징당하지 않은 것에 오히려 안도해야 한다.

해외현지법인의 인건비를 일부출자자가 전액 부담하여 부인된 사례

(조심2018서3786, 2019.08.29)

(현황)

A법인은 1970년경부터 쇼핑백 및 종이박스 제조업을 영위하고 있는 회사다. 경제성장기에는 회사 운영에 큰 어려움이 없었지만 2000년대 들어서부터 판매단가는 정체되는 반면 제조원가가 지속적으로 올라 위기가 찾아왔다. 특히 인건비 상승을 무시할 수 없었다. 결국 제조시설을 인건비가 저렴한 해외로 옮기기로 결정하였다. 2008년 100% 출자로 해외에 자회사를 설립하고 관리직원 몇을 해외로 파견하였다. 파견 직원은 현지 대표이사직과 관리업무를 담당하는 일을 하였다.

이후 회사는 설비 증산을 위한 투자자금 조달이 필요해지자 현지법인 지분의 일부를 특수관계자인 B법인에게 팔았다. B법인도 A법인과 유사한 업종을 영위하고 있었고 현지법인 매출은 모두 A법인과 B법인을 상대로 한 것이었다. 한편, 현지에 파견된 A회사 직원의 인건비는 현지법인의 설립시부터 전액 A회사가 부담하였다.

처분청은 현지 파견된 직원의 인건비를 A법인과 B법인이 공동으로 부담해야 함에도 불구하고 전부 A법인이 부담한 것으로 간주하였다. 그에 따라 A법인이 부담한 인건비중 일부를 과다경비로 보아 손금불산입 처분하고 법인세를 추징하였다.

(쟁점)

A법인이 전부 부담한 현지법인의 인건비의 부담을 누가 어떤 기준으로 해야 하는가?

(해외파견 임직원이 존재하는 경우)

해외 계열사에 파견한 임직원이 존재하는 경우 그 인건비 부담의 주체는 기본적으로 해외 현지법인에게 있는 것이다. 이 때 파견시점부터 인건비의 귀속을 잘 따져야 하는데 그 핵심은 파견 직원이 현지에서 수행하는 업무가 누구를 위한 것인지에 있다. 현지에서 현지 매출증대를 도모하고, 현지 기업운영과 관련된 업무를 한다면 현지법인이 인건비를 부담하는 것이 맞다. 반면 현지에 체류는 하되 운영상황을 국내의 소속회사에 정리하여 보고하고, 일정을 조율하는 등 국내회사와 관련된 업무를 주로 한다면 기여도에 따라 인건비 부담을 안분할 필요가 있다.

(회사 측 주장)

회사는 현지법인의 파견인력은 대부분 현지법인이 아닌 국내 회사를 위한 업무에 종사한다고 일관되게 주장하였다. 그리고 이 부분은 처분청에서도 인정을 해주었다. 문제는 회사가 지분 일부를 B법인에게 매각하면서부터였다. 이 때부터 파견인력의 업무범위가 A법인만을 위한 것이 아니라 B법인을 위한 부분까지 확장되었다. 하지만 지분변동이 생긴 이후에도 여전히 파견인력의 인건비는 A법인이 전액 부담하였다. 회사는 결과적으로 비용 안분을 하지 않은 회사 측의 오류는 인정하였지만 안분비율은 매출액이 아닌 A법인과 B법인의 지분율 비율로 해야 한다고 주장하였다.

(공통비용의 배분방식)

회사의 주장은 해당 인건비가 출자자간의 공동경비라는 주장이다. 법인세법에서는 출자자들의 공동경비는 지분비율로 부담하도록 하는 규정이 존재한다. 얼핏 보면 회사의 주장도 틀린 말은 아니다. 하지만 심판원과 처분청은 회사의 의도도 어느 정도 비중 있게 고려한 듯하다. 회사는 처음부터 이것을 공동경비라고 주장한 것이 아니고 문제가 생기자 그때부터 세금효과를 낮추기 위해 공동경비라는 주장을 펴기 시작했다. 애초에 인건비를 B법인으로부터 보전 받을 생각 자체가 없었던 것이다. 따라서 이러한 경우에 인건비를 출자자의 공동사업에서 발생한 공동경비로 보기는 어렵다고 판단하였다. A법인이 특수관계자인 B법인에게 정당한 사유 없이 부를 이전하였다고 보았다. 즉 부당행위계산 부인의 대상이라고 본 것이다. 따라서 처분청과 심판원은 인건비의 배분방식은 해외현지법인의 A법인과 B법인에 대한 매출액 비율로 안분하는 것이 타당하다는 결론을 내렸다.

(생각해볼 부분)

A법인이 해외현지법인에 파견한 직원 중에는 현지법인 대표이사로 임명된 사람도 있었다. 하지만 대표이사에 대한 인건비도 다른 관리직원과 동일하게 국내의 업무만을 전담한다고 회사도 주장했고 처분청도 받아들여주었다. 상식적으로 대표이사의 직함을 걸고 소속 회사의 업무를 전혀 하지 않았다고 주장하는 상황 자체에 의문이 들었다. 회사의 주장대로라면 대표이사는 오로지 주주회사의 일만 수행했다. 이상하지 않은가. 이렇게 해외 또는 계열사에 파견되는 직원이 존재할 때에는 누구를 위한 업무를 수행하는지 실질관계를 따지기가 쉽지 않다. 따라서 처음 파견시점에 이 부분을 명확히 하고 일관되게 처리해가는 것이 과세관청 대응에 있어서 매우 중요한 근거가 된다.

체크 포인트

해외파견직원의 인건비에 대해서는 해당 직원의 파견시점에 부담의 주체와 배분방식을 협의하는 것이 중요하다.

공동광고계약이 체결되어 있던 자회사를 사업기간 중에 흡수합병한 경우

(조심2017중292, 2018.11.16)

(현황)

A법인은 1973년에 설립되어 열교환기(제습기, 공기청정기, 에어워셔, 정수기 등)를 제조하는 회사다. B법인은 2001년에 설립되어 A법인에서 만든 제품을 매입하여 홈쇼핑 등에 판매하는 유통회사다. B법인의 대표이사는 A법인의 대표이사의 아들이면서 B법인의 100%주주다.

2010년 전후로 사람들이 미세먼지에 대한 관심이 높아지면서 공기청정기, 에어워셔 등의 매출증대를 도모할 수 있는 기회로 판단한 회사는 공격적인 마케팅 활동을 하기로 했다. 2013년 1월 A회사와 B회사는 공동 광고비 분담계약을 체결했다. 주요 내용은 다음과 같다.

분담기준: 직전사업연도의 상품 매출액 비율
정산방식: A법인이 광고비 전액을 먼저 부담하고 B법인 부담분은 사후 정산하여 청구

하지만 생각대로 광고효과가 크지 않자 B법인의 판매실적이 정체되기 시작했다. 급기야 2014년 상반기 B법인이 반기 순손실로 돌아서는 상태가 예상되자, A법인에게 광고비 분담을 더 이상 할 수 없다는 공문을 보냈다. 그리고 2014년 A법인은 B법인을 흡수합병하기로 결정하고 2014년 4월 합병계약을 체결하였다. 합병등기는 2014년 8월 이루어졌다.

A회사는 2014년 상반기에 발생한 공동광고비용을 양사의 매출액기준으로 안분하여 B법인에게 청구하는 세금계산서를 발행하였다. 그러나 2017년 7월 기발행 세금계산서를 돌연 취소하였고 전액 A법인의 손금으로 처리하였다.

처분청은 합병등기가 이루어지기 전에 발생한 2014년 상반기 귀속 공동 광고선전비를 A법인이 전액 부담하였다고 간주하고 B법인의 귀속분을 손금불산입 처분하고 세금을 추징하였다.

(쟁점)

피합병법인에서 합병등기일 이전에 발생한 공동광고비의 귀속을 어떻게 처리하여야 할까?

(법인세법상 적격합병)

법인간의 합병은 업종의 시너지효과, 지분정리, 전략적인 변화, 자본잠식이나 자금난의 해소 등등 다양한 사유가 있고, 정부정책은 합병이나 분할 등의 조직변경을 장려하는 입장이다. 그러나 2개 회사가 하나로 합쳐지거나 반대로 쪼개지는 단계 단계마다 취해야 하는 절차가 복잡하고 많기 때문에 요건을 충족하면 많은 절차를 간소화할 수 있도록 각종 법에서 별도로 규정하고 있다. 법인세법도 마찬가지로 적격합병이라는 규정이 있고, 요건을 충족하면 세무처리 과정을 간소화할 수 있도록 장치가 마련되어 있다.

적격합병을 하게 되면 피합병법인의 채권채무 및 세무조정사항, 이월결손금, 이월세액공제가 그대로 합병법인에게 승계된다. 합병법인은 피합병법인의 사업을 합병등기일의 다음날부터 정상적으로 영위할 수 있다. 회사가 주장하는 내용 중 하나가 바로 이런 권리의무관계의 승계 부분이다. 계약상 광고비 집행은 회사가 먼저하고, B법인에게 사후 청구하는 방식을 취하고 있고, B법인을 흡수합병할 것이기 때문에 어느 쪽 비용으로 처리하더라도 무방하다는 생각이다. 과연 그러한가?

(계약상 대금의 청구시기 미도래)

회사의 또 다른 주장은 계약상의 청구시기가 도래하지 않은 상태였다는 점이다. 광고비집행은 연초에 이루어지지만, A회사가 B회사에 청구하는 정산 시기는 연말이기 때문에 합병등기일시점으로는 대금의 청구시기 자체가 도래하지 않은 상태라는 점이다. 청구하기 전에 합병이 되었으니 연말시점에는 내가 나에게 정산비용을 청구하는 셈이 되어버려 논리적인 모순에 빠지게 된다.

(합병법인과 피합병법인의 손익은 엄격히 구분)

적격 합병하는 회사는 피합병법인이 합병등기일까지 발생한 자산부채, 세무상 유보, 이월 세액공제와 결손금을 모두 승계한다. 하지만 합병등기일 이후에 이월결손금 및 이월세액공제를 사용하려면? 피합병법인의 사업에서 실적개선이 이루어져야 한다. 즉 합병을 통해 외형상 하나의 법인이 되었더라도 세무상으로는 한동안 법인 내에 2개의 사업부 형태로 구분하여 인식하는 것이다. 그 이유는 과거 이익이 많이 나는 회사와 결손이 많이 나는 회사가 합병하여 손익을 합쳐 세금을 대폭 줄이는 사례가 엄청 많았기 때문이다. 국세청은 합병이후에도 양사의 손익을 구분하여 경리하고 해당 소득금액 범위 내에서만 이월결손금과 세액공제를 사용할 수 있도록 법을 정리하였다.

피합병법인은 합병등기일까지 모든 결산을 마무리해야 한다. 이때 합병등기일까지 발생한 공동광고비 역시 양사가 구분하여 채권채무로 인식해야 하는 것이다. 그래야만 합병등기일 시점에서 이월결손금 및 이월세액공제가 정확하게 산출될 수 있다고 심판원은 판단하였다.

체크 포인트

특수관계인간의 공동경비가 존재한다면 법인세법에 따른 기준에 따라 명확하게 챙겨야 한다. 또한 결산은 회계기준에 따라 충실히 수행해야 한다.

■ 정리

과다경비, 공동경비 관련 법조문*

법인세법 제26조【과다경비 등의 손금불산입】 ALL

다음 각 호의 손비 중 대통령령으로 정하는 바에 따라 과다하거나 부당하다고 인정하는 금액은 내국법인의 각 사업연도의 소득금액을 계산할 때 손금에 산입하지 아니한다.

1. 인건비
2. 복리후생비
3. 여비(旅費) 및 교육·훈련비
4. 법인이 그 법인 외의 자와 동일한 조직 또는 사업 등을 공동으로 운영하거나 경영함에 따라 발생되거나 지출된 손비
5. 제1호부터 제4호까지에 규정된 것 외에 법인의 업무와 직접 관련이 적다고 인정되는 경비로서 대통령령으로 정하는 것

법인세법 시행령 제43조【상여금 등의 손금불산입】 사례1

① 법인이 그 임원 또는 직원에게 이익처분에 의하여 지급하는 상여금은 이를 손금에 산입하지 아니한다. 이 경우 합명회사 또는 합자회사의 노무출자사원에게 지급하는 보수는 이익처분에 의한 상여로 본다.

② 법인이 임원에게 지급하는 상여금 중 정관·주주총회·사원총회 또는 이사회의 결의에 의하여 결정된 급여지급기준에 의하여 지급하는 금액을 초과하여 지급한 경우 그 초과금액은 이를 손금에 산입하지 아니한다.

③ 법인이 지배주주등(특수관계에 있는 자를 포함한다. 이하 이 항에서 같다)인 임원 또는 직원에게 정당한 사유없이 동일 직위에 있는 지배주주등 외의 임원 또는 직원에게 지급하는 금액을 초과하여 보수를 지급한 경우 그 초과금액은 이를 손금에 산입하지 아니한다.

* 2019년 12월 31일 시점에 적용중인 법조문임

④ 상근이 아닌 법인의 임원에게 지급하는 보수는 법 제52조에 해당하는 경우를 제외하고 이를 손금에 산입한다.

⑤ 법인의 해산에 의하여 퇴직하는 임원 또는 직원에게 지급하는 해산수당 또는 퇴직위로금 등은 최종 사업연도의 손금으로 한다.

⑥ 이하 생략

법인세법 시행령 제44조【퇴직급여의 손금불산입】 사례2

① 법인이 임원 또는 직원에게 지급하는 퇴직급여(「근로자퇴직급여 보장법」 제2조 제5호에 따른 급여를 말한다. 이하 같다)는 임원 또는 직원이 현실적으로 퇴직(이하 이 조에서 "현실적인 퇴직"이라 한다)하는 경우에 지급하는 것에 한하여 이를 손금에 산입한다.

② 현실적인 퇴직은 법인이 퇴직급여를 실제로 지급한 경우로서 다음 각 호의 어느 하나에 해당하는 경우를 포함하는 것으로 한다.

1. 법인의 직원이 해당 법인의 임원으로 취임한 때
2. 법인의 임원 또는 직원이 그 법인의 조직변경·합병·분할 또는 사업양도에 의하여 퇴직한 때
3. 「근로자퇴직급여 보장법」 제8조 제2항에 따라 퇴직급여를 중간정산하여 지급한 때(중간정산시점부터 새로 근무연수를 기산하여 퇴직급여를 계산하는 경우에 한정한다)
4. (삭제, 2015. 2. 3.)
5. 정관 또는 정관에서 위임된 퇴직급여지급규정에 따라 장기 요양 등 기획재정부령으로 정하는 사유로 그 때까지의 퇴직급여를 중간정산하여 임원에게 지급한 때(중간정산시점부터 새로 근무연수를 기산하여 퇴직급여를 계산하는 경우에 한정한다)

법인세법 시행령 제45조【복리후생비의 손금불산입】

① 법인이 그 임원 또는 직원을 위하여 지출한 복리후생비 중 다음 각 호의 어느 하나에 해당하는 비용 외의 비용은 손금에 산입하지 아니한다. 이 경우 직원은 「파견근로자보호 등에 관한 법률」 제2조에 따른 파견근로자를 포함한다.

1. 직장체육비
2. 직장문화비
2의 2. 직장회식비
3. 우리사주조합의 운영비
4. (삭제, 2000. 12. 29.)
5. 「국민건강보험법」 및 「노인장기요양보험법」에 따라 사용자로서 부담하는 보험료 및 부담금
6. 「영유아보육법」에 의하여 설치된 직장어린이집의 운영비
7. 「고용보험법」에 의하여 사용자로서 부담하는 보험료
8. 그 밖에 임원 또는 직원에게 사회통념상 타당하다고 인정되는 범위에서 지급하는 경조사비 등 제1호부터 제7호까지의 비용과 유사한 비용

법인세법 시행령 제46조【여비 등의 손금불산입】

법인이 임원 또는 직원이 아닌 지배주주등(제43조 제8항에 따른 특수관계에 있는 자를 포함한다)에게 지급한 여비 또는 교육훈련비는 해당 사업연도의 소득금액을 계산할 때 손금에 산입하지 아니한다.

법인세법 시행령 제48조【공동경비의 손금불산입】 사례4,5

① 법인이 해당 법인 외의 자와 동일한 조직 또는 사업 등을 공동으로 운영하거나 영위함에 따라 발생되거나 지출된 손비 중 다음 각 호의 기준에 따른 분담금액을 초과하는 금액은 해당 법인의 소득금액을 계산할 때 손금에 산입하지 아니한다.

1. 출자에 의하여 특정사업을 공동으로 영위하는 경우에는 출자총액 중 당해 법인이 출자한 금액의 비율
2. 제1호 외의 경우로서 해당 조직·사업 등에 관련되는 모든 법인 등(이하 이 항에서 "비출자공동사업자"라 한다)이 지출하는 비용에 대하여는 다음 각 목에 따른 기준

가. 비출자공동사업자 사이에 제2조 제5항 각 호의 어느 하나의 관계(필자주: 특수관계라고 이해하면 쉽다)가 있는 경우: 직전 사업연도 또는 해당 사업연도의 매출액 총액과 총자산가액(한 공동사업자가 다른 공동사업자의 지분을 보유하고 있는 경우 그 주식의 장부가액은 제외한다. 이하 이 호에서 같다) 총액 중 법인이 선택하는 금액(선택하지 아니한 경우에는 직전 사업연도의 매출액 총액을 선택한 것으로 보며, 선택한 사업연도부터 연속하여 5개 사업연도 동안 적용하여야 한다)에서 해당 법인의 매출액(총자산가액 총액을 선택한 경우에는 총자산가액을 말한다)이 차지하는 비율. 다만, 공동행사비 및 공동구매비 등 기획재정부령으로 정하는 손비에 대하여는 참석인원수·구매금액 등 기획재정부령으로 정하는 기준에 따를 수 있다.

나. 가목 외의 경우: 비출자공동사업자 사이의 약정에 따른 분담비율. 다만, 해당 비율이 없는 경우에는 가목의 비율에 따른다.

대손, 채무면제이익

Chapter 8. 못 받을 채권이라면 애초부터 발생하지 말았어야

사업하는 사람 중에 돈 떼일 것을 미리알고 물건을 파는 사람이 있을까? 아마 거의 없을 것이다. 법인도 마찬가지다. 돈을 제때에 주지 않는 악성 거래처가 있다면 골치 아프다. 그럼에도 불구하고, 돈을 벌기 위해서는 매출이 일어나야 한다. 그래서 돈 떼일 위기를 감수하고서라도 무리하게 물건을 팔거나 일을 해주는 것이다.

필자가 못 받을 채권을 애초에 발생하지 말았어야 한다고 말하는 이유는 그만큼 법인세법에서는 채권을 떨어낼 때(대손 처리할 때)의 기준이 상당히 까다롭기 때문이다. 우선 대손은 열거주의를 통해 법에서 나열하는 사유에 해당하는 경우에만 처리가 가능하다. 그 사유로는 채무자의 파산, 행방불명, 사업폐지 등이 해당되고 이를 입증할만한 객관적인 증빙을 갖춰야 한다. 그리고 이 모든 노력이 채권의 소멸시효(채권 종류에 따라 다르다)가 완성되기 전에 이루어져야 한다. 즉 채권을 회수하는 노력을 소멸시효 기간 동안에 해야 한다는 것이고, 그렇게 했는데도 회수가 불가능했다면 그때 비로소 손금 처리할 수 있다. 만약 가만히 앉아서 아무것도 안하고 있다가 채권소멸시효가 도래해버렸다면? 단지 소멸시효의 완성만으로 대손 처리하였다면 나중에 문제가 생길 가능성이 크다.

채무면제이익은 대손과는 동전의 양면이다. 채권채무관계에 있어서 채권자의 대손은 채무자의 채무면제이익이 된다. 그러므로 소멸시효의 개념도 동일하게 적용된다. 소멸시효가 경과 했는데도 채권자가 상환독촉도 없고 연락도 없고, 심지어 어디 사는지도 모르고 있다면? 채무자는 법적으로 채무를 상환할 의무가 소멸한다. 법인세법상으로 부채는 소멸하고 그만큼 채무면제이익이라는 익금으로 전환된다. 따라서 거래처의 대손과 채무면제이익은 같은 선상에서 함께 검토하면 좋지만, 계열사가 아닌 이상은 이러한 검토가 쉽지 않다. 심지어 계열사 간에도 커뮤니케이션이 잘 되지 않아 놓치는 경우가 많다.

채무보증으로 인한 구상채권 대손금이 손금인정되지 않은 사례

(조심2015전1364, 2015.06.11)

(현황)

A법인은 건설자재 제조 및 판매업을 영위하는 법인이다. 2013년 동종업계에서 친분관계가 있던 B법인의 사업 경영이 악화되어 세들어 살던 사업장에서조차 쫓겨날 위기에 처하자 이를 지켜볼 수만은 없었다. 몇 개월째 임차료 지불을 못하는 상황에 처하니 임대인이 철거를 통보한 것이다. 회사는 B법인의 밀린 임차료를 대신 지불하기로 하였다. 다만 회사의 상황도 녹록치 않았기 때문에 임대료를 돈 말고 그만큼에 상당하는 상품을 납품하기로 하였다. 즉 대위변제를 대물로 한 것이다. 회사는 상품의 출고시 매출을 계상하고 동시에 B법인에 대한 채권을 같이 계상하는 회계처리를 다음과 같이 수행했다.

차변) 외상매출금	100	대변) 매출	100
차변) 보증채무미수금	100	대변) 외상매출금	100

같은 해 여름 B법인은 결국 부도 처리되고 말았고, 회사는 보증채권을 돌려받을 수 없게 되자 부도 처리된 채권을 제각시키고 대손금으로 처리하여 법인세를 신고하였다.

처분청은 상기 채권을 대손금으로 볼 수 없는 채무보증으로 인하여 발생한 구상채권으로 보고 세금을 추징하였다.

(쟁점)

부도난 B회사의 채권이 채무보증으로 인한 구상채권에 해당할까?

(채무보증으로 인한 구상채권)

말이 어렵지만 풀어쓰면 쉽다. 지인이 무엇을 할 때 빚보증을 서줬는데 그 사람이 돈을 못 갚으면 어떻게 되는가? 눈물을 머금고 내가 대신 갚아줘야 된다. 갚아준 이후에는? 어떻게든 내가 대신 갚아준 돈을 그 지인에게 받아내야만 한다. 그것이 구상채권이다.

일반적인 거래과정에서 발생한 매출채권, 대여채권 등은 만약 채무자가 파산, 부도, 폐업, 행방불명되면 법인세법에서는 대손의 1차적인 요건이 완성되었다고 본다. 소멸시효의 완성도 마찬가지다. 하지만 채무보증으로 인한 구상채권의 채무자는 파산이나 부도가 나도 법인세법에서 손금으로 인정해주지 않는다. 그 이유는 뭘까?

빚보증을 함부로 하지 말라는 것이다. 법인은 개인하고는 다르게 법인에 속해 있는 수많은 임직원이 있다. 빚보증으로 인해 대손이 발생한다면 회사입장에서는 큰 손실을 입게 되는데, 심각성의 정도에 따라 소속 임직원의 생계에까지 영향을 줄 수 있다. 법인세법에서는 이런 상황을 미연에 방지하고자 채무보증으로 인한 구상채권에 엄중한 패널티를 부여하고 있다. 그러면 이번 사례에서 회사 측은 어떤 주장을 하였을까?

(거래의 실질을 보자)

해당 채권은 채무보증으로 인한 구상채권이 아니라는 것이 회사의 주장이다. 사실 법인세법조문에 구상채권은 대손 처리가 불가능하다는 내용이 명백하게 존재하므로 구상채권이 아니라고 주장하는 길 외에는 없다. 회사는 임대인에게 B법인의 임차료를 대신 지불하기로 약정을 했다. 그래서 채무가 발생하게 되었다. 채무의 상환 방식으로 상품매출을 통해 채무를 이행한 거래이므로 정상적인 상거래이며 그 매출채권을 대여금으로 전환한 것에 불과하다는 주장이다. 회사의 회계처리를 보면 매출이 일어나고 그것이 보증채무미수금으로 전환되었으니 순서대로 따라가다 보면 '어 회사 주장이 맞는 게 아닐까?'라고도 생각할 수 있다. 하지만 이 거래는 일반적인 매출거래로도 보기 어려울 뿐 아니라 대여의 모습을 취하고 있지만 결과적으로는 보증 채무를 처리한 것에 불과하다. 단지 그것을 금전으로 이행한 것이 아니라 물건으로 상환하다보니 마치 매출거래가 있었던 것처럼 보이는 것이다. 처분청 및 심판원의 판단도 같은 입장이었다. 회사의 주장은 받아들여지지 않았다.

체크 포인트

상기의 사례는 좀 특이했지만 일반적으로 제3자의 채무를 보증하는 경우는 거의 없다. 채무보증은 주로 특수관계자 사이에 빈번하게 일어난다. 모회사 자회사간, 계열사 간에 쉽게 보증을 서주고는 한다. 보증을 통해 회사가 다시 살아난다면 모두가 행복하겠지만, 반대의 경우라면 대손처리부터 시작해서 복잡한 세무 이슈에 얽히게 되므로 주의를 기울여야 한다.

회수노력 없이 소멸시효의 완성만으로 대손 처리한 채권을 부인한 사례

(조심2016중982, 2016.06.13)

(현황)

A법인은 전국에 십여 개의 지점을 둔 감정평가법인이다. 업무는 대부분 국토교통부장관으로부터 공시지가 조사용역 등을 수주하여 전국 지점의 감정평가사들이 배분받는 방식을 취하고 있다. 따라서 거래상대방은 정부 등 국가기관인 경우가 거의 대부분이다.

한편 정부 기관으로부터 발주 받아 감정평가 용역을 수행하고 세금계산서까지 발급했는데 대금수취를 못하게 되는 상황이 더러 발생하였다. 해당 기관이 예산을 배정받지 못했거나, 진행하던 사업자체가 갑자기 취소되는 경우가 그렇다. 회사는 용역료를 받고 싶지만 어쩔 수 없었다. 결국 소멸시효가 완성되는 시점까지 기다렸다가 시효가 완성되는 사업연도에 대손으로 처리하는 방식을 취했다.

처분청은 소멸시효가 완성되는 사업연도까지 아무런 채권회수 노력을 취하지 않은 점을 이유로 대손인정사유에 해당하지 않는다고 보고 법인세를 추징하였다.

(쟁점)

회사가 국가기관에 용역을 제공하고 회수하지 못한 채권이 있고, 특별한 회수

노력 없이 소멸시효가 완성되기를 기다렸다가 대손금 처리할 경우 인정될까?

(채권의 회수노력 그리고 채무자의 무재산)

법인세법 규정을 보면 소멸시효가 완성된 채권은 대손금에 해당한다고 명확히 언급하고 있다. 따라서 실무담당자는 소멸시효가 완성되기만을 기다렸다가 그때 불량채권을 모두 정리하면 될 거라고 생각한다. 하지만 다수의 유권해석이나 판례는 다르게 보고 있다. 채권자가 소멸시효기간동안 채권회수를 위한 노력을 했는지를 본다. 법적인 조치도 취해보고, 추심업체에 의뢰도 해보고 할 만한 노력을 다 했음에도 회수가 안 되고 결국 소멸시효가 경과하였다면 그때 비로소 손금으로 인정해준다.

회수노력에 더해 추가로 중요하게 보는 것은 채무자의 재산상태다. 채무자의 재산이 채권을 회수할 수 있는 충분한 여력이 있는데도 소멸시효가 완성될 때까지 정리되지 않았다면? 이때도 채권자가 노력을 하지 않았다고 본다. 따라서 대손금으로 인정받지 못할 가능성이 크다.

(국가기관에게 떼인 돈)

회사가 억울한 것은 돈을 회수할 수 없었던 그만한 사유가 있었기 때문이다. 관련 예산의 삭감 또는 미배정, 사업이 취소가 되면 담당 공무원도 줄 돈이 없었을 것이다. 이해는 간다. 하지만 나라가 망하지 않는 이상 국가기관은 망하지 않는다. 용역을 제공받았다면 어떻게든 돈을 줘야 하는 게 아닌가? 을의 입장에 있는 회사가 돈을 달라고 해당 기관에 법적절차를 취하거나 한다면 앞으로의 비즈니스 관계는 끝나버린다.

(채권의 임의포기)

처분청은 회사의 항변내용을 가지고 역으로 반박하였다. 을의 입장에 있는 회사가 국가기관과의 관계를 유지하기 위해 어쩔 수 없었다는 주장을 했더니, 이러한 취지라면 이것은 대손금이 아니라 채권을 임의 포기한 것이니 접대비에 해당된다는 것이다. 앞서 접대비 토픽에서 봤듯이 발생한 채권을 면제시켜준 것은 업무관련성에 따라 접대비 또는 기부금으로 의제된다. 심판원도 결국 처분청의 손을 들어주었다. 을의 지위를 충분히 이해하기에 정말 어쩔 수 없는 상황이었겠다 싶지만... 이정도로 채권회수 노력을 하지 않은 경우에 대손금으로 인정된 사례는 없다.

체크 포인트

소멸시효의 완성과 함께 중요한 것은 채권회수에 대한 노력을 얼마나 했는가, 채무자가 돈을 갚을 만큼 재산이 거의 없다는 점을 확인했는지가 핵심이다. 법인세법의 대손관련 법 규정을 읽다 보면 다음과 같이 한마디로 요약이 가능하다. 대손처리 할 거면 처음부터 매출을 일으키지 말 것.

채권의 회수노력을 충분히 한 점이 인정되어 대손처리한 채권을 인정해준 사례

(조심2017서4191, 2017.12.28)

(현황)

A법인은 1990년에 설립되어 반도체 및 컴퓨터 유통업을 영위하고 있는 사업자다. 2006년 A법인은 DMB 내비게이션 단말기를 외주 생산 판매하는 B법인의 주식 14%를 인수하였다. 매출 비중은 크지 않지만 B법인은 A법인의 오랜 거래처이기도 했고, 내비게이션 시장이 앞으로 더 좋아질 것이라는 판단도 있었다.

하지만 이러한 예상과는 반대로 업계 상황은 점차적으로 나빠졌다. 내비게이션 시장의 주도권싸움에서 밀린 B법인은 자금흐름에 문제가 생기기 시작했다. 급기야 매입대금 지불을 연체하는 상황에 이르렀고 A법인에는 회수하지 못한 채권이 쌓이기 시작했다. 설상가상으로 2008년 A법인이 투자한 통화파생상품이 막대한 손실을 내는 등 심각한 피해를 입었다.

비록 연체중인 채권이 있었지만 A법인은 B법인에 납품을 계속해주었다. 그러나 이러한 노력에도 결국 B법인은 2009년 4월 폐업을 하게 되었고, A법인은 같은 해 5월 채권 잔액의 일부를 마지막으로 회수한 뒤 더 이상은 회수할 수 없었다.

2017년 회사는 채권 장부를 정리하던 중 B법인의 채권이 제각되지 않고 계속 남아있는 것을 발견하였다. 그래서 채권의 마지막 회수시점인 2009년 5월부터 소멸시효 3년을 계산하여 2012년의 손금으로 처리하였어야 했는데 이를 놓쳤다고 보고 세무서에 경정청구를 하였으나 거부되었다.

(쟁점)

회사가 보유한 특수관계자의 매출채권을 소멸시효가 완성된 시점에 손금산입하는 것이 가능한지 여부

(적극적인 채권 회수 노력이 있었는가)

처분청의 경정청구 거부 사유는 회사가 채권회수를 하는 데에 적극적인 노력을 하지 않았다는 것이다. 심지어 2008년 투자손실로 막대한 손해를 입었다면 부실거래처에 대한 물건납품을 오히려 중단하고 기존채권 회수에 대한 노력을 적극적으로 했어야 하는데 그러지 않았다는 것이다.

이번 사례는 앞서 살펴봤던 감정평가법인의 사례와 유사하다. 청구회사는 소멸시효가 완성된 채권을 대손으로 처리하고자 하였고, 처분청은 인정하지 않았다. 그리고 그 사유는 적극적인 채권 회수 노력이 없었다는 점이다.

하지만 회사의 대응방식에는 차이가 있었다. 앞의 사례는 채권을 받지 못 할 것이라는 내부적인 결론을 내리고 소멸시효가 도래할 때까지 마냥 기다리기만 했다면, 이번 사례는 그렇지 않았다.

(회사의 채권회수를 위한 의지)

A법인과 B법인은 지분관계가 있으므로 특수관계자는 맞다. 하지만 혈연관계와 같은 강한 유대관계는 아니었다. 단순히 물건을 판매하다보니 거래처의 성장성이 눈에 들어왔고, 그 점을 보고 투자를 결심하여 지분을 취득한 경우다. 경험상 이런 경우는 특수관계자라고는 해도 사실상 남남이나 마찬가지다. 서로 특혜를 주고받을 여지와 동기가 매우 희박하다.

회사는 채권을 회수하기 위한 많은 노력을 했다. 우선 양사 간의 협의를 통해 B법인의 전체 매출대금을 공동계좌에서 관리하려고 하였다. 회수되는 대금을 우선적으로 A법인이 인출하기 위해서였다. 하지만 이러한 논의는 무산되었다.

차선책으로 B법인의 전자어음계좌를 A법인에서 관리하기로 하였다. 이 과정에서 채권의 일부를 회수하였다.

또한 A법인의 팀장을 B법인에 파견하였다. 거기서 B법인의 매출채권을 관리하는 역할을 수행하였다. 마지막으로 B법인이 소유한 장비, 특허권, 임차보증금에 질권을 설정하였으며, B법인의 주식 전체에 대해서도 질권을 설정하였다. 채권회수를 위한 노력이 이정도면 충분한 것 아닌가? 필자가 경험한 수많은 업체 중에서도 이렇게까지 노력한 회사는 찾아보기 힘들다. 다시 말하면, 이 정도 노력했다면 처분청에서도 인정해줘야 맞다는 것이다. 과연 처분청은 끝까지 불인정자세를 취했지만 심판원에서는 이러한 사실관계라면 충분한 노력이 수반되었다는 점을 인정하여 납세자의 손을 들어주었다.

(추가 사실관계)

조사 과정에서 드러난 몇 가지 사실관계는 더욱 납세자에게 힘을 실어주었다. 예를 들어 처분청이 지적한 사항 중 왜 2008년에 회사의 영업실적이 악화되었는데도 불량거래처에 대한 납품을 계속하였는가 하는 점이 있다. 처분청의 입장은 정상적인 회사라면 납품을 중지하고 즉각 불량 채권을 회수하려는 노력에 집중했어야 했다는 것이다. 하지만 A회사의 총 매출액 중 B법인이 차지한 비중은 불과 3.2% 정도였다. 다시 말하면 물건 납품을 중단할 정도의 중요한 거래처가 아니었다는 점이다. 그럼에도 불구하고 채권회수를 위해 다양한 노력을 했다는 점은 오히려 회사에 유리하게 적용되었다.

추가로, 보통 특수관계자 간의 거래는 색안경을 끼고 보게 마련이다. 그러나 A회사가 지분 취득이후에 B법인의 경영에 일절 참여한 사실이 없는 점(사실 14%의 지분으로는 경영에 참여할 수도 없다)도 결과적으로 회사에 유리한 요인이 되어주었다.

체크 포인트

단순한 사업장 폐업만으로도 대손사유가 될 수 없다. 채권 회수에 대한 노력을 충분히 하여야만 인정된다. 다만, 그 노력이 충분했는지에 대한 부분에는 주관적인 판단이 필요하므로 정해진 기준이 없다.

국세청이 직권 폐업한 업체의 채권을 대손금으로 인정하지 않은 사례

(심사법인2013-61, 2014.01.27)

(현황)

A법인은 2005년 3월에 설립되었으며 건설업, 부동산매매업을 영위하고 있다. 회사는 2010년 공사가 중단된 건축물을 저가에 매수한 후 남은 공사를 완공하여 막대한 시세차익을 얻었다. 이러한 경험을 토대로 회사는 부도 등으로 인해 부득이하게 공사가 중단된 건축물을 찾기 시작했다. 이듬해인 2011년 지방 광역시에 건설사의 부도로 공사가 중단된 아파트단지가 눈에 들어왔다. 해당 물건을 경락받아서 공사를 마무리 한 뒤 분양한다면 큰 수익을 얻으리라는 확신이 들었다. 그런데 문제는 자금이 부족했을 뿐 아니라 아파트 분양 경험이 있는 사업자가 필요했다. 그래서 해당분야에서 협업이 가능한 사업자를 끌어들였고 경매 입찰을 위한 새로운 법인 B를 설립하기에 이르렀다. 경매의 입찰보증금으로 A법인이 B법인에 25억 원을 대여하고, B법인의 출자금 11억 원을 합쳐 36억 원을 마련하였다.

그렇게 경매 투찰을 하였고 최고가로 입찰한 B법인이 낙찰을 받게 되었다. 낙찰 후에는 일정 기간 내에 잔금을 치러야 최종으로 소유권을 이전받을 수 있다. 그런데 이때 문제가 생겼다. 현장에 다시 가보니 지하주차장, 상가, 진입로 쪽에 중대한 하자가 발견되었다. 이대로라면 낙찰 받은 다음 리모델링을 하면서 추가로 엄청난 공사대금이 들어가게 될 것이다. 고민 끝에 B법인은 낙찰 잔금을 예정일까지 치르지 못했고, 법원에서는 대금이 완불되지 않자 낙찰을 취소하고 재경매에 부쳤다. 그리고 다른 업체가 새로이 입찰하여 낙찰되었다.

B법인은 건물에 명백한 하자가 있었으므로 국가에 담보 책임을 물어 소송을 걸었다. 하지만 소송은 2012년 기각되었다. 차입금만 존재하고 막대한 손실을 얻은 B법인은 소송 종결까지도 가지 않고 2011년 12월 말 국세청에 의해 직권 폐업되었다.

A법인은 2011년 12월 B법인이 폐업되었을 뿐 아니라 임차보증금 또한 돌려받을 수 없다고 판단하고 25억 원을 대손금으로 처리하였다. 그러나 처분청은 특수관계자인 B법인이 단순한 직권 폐업된 사실만으로는 대손금의 인정사유가 될 수 없다고 보고 법인세를 추징하였다.

(쟁점)

회사는 B법인이 직권 폐업된 사업연도에 관련 채권을 손금으로 계상할 수 있을까?

(업무무관 가지급금은 아닐까)

A법인은 B법인과의 업무협약을 통해 입찰자의 명의는 B법인으로 하고, A법인이 B법인에 돈을 대여하는 방식을 취했다. 또한 A법인의 대표이사는 B법인의 주주로부터 지분을 모두 인수하여 최대주주가 되었다. 따라서 A사와 B사는 입찰을 개시하는 시점에는 이미 특수관계가 성립한 상황이었다. 만약, 특수관계자에 대한 대여금이라면 법인세법에 따라 어떤 경우에도 대손금을 인정받을 수 없게 된다. 처분청은 바로 이점을 들어 A법인의 등기부등본에 대부업이 없으므로 업무무관 가지급금이라는 주장을 펼쳤다. 그러나 다행히 감사원에서는 목적사업인 부동산 매매를 위하여 발생한 대여금이고 실제 25억 원 전부가 입찰보증금으로 그대로 사용되었으므로 업무와 무관하다고 보기는 어렵다고 판단하였다.

(폐업을 했다고 무조건 대손처리가 가능한 것은 아니다)

법인이든 개인이든 폐업한다고 그 시점에 모든 재산이 소멸하지 않는다. 사업종료하고 남은 재산을 주주에게 배분하는 마지막 과정이 남아있다.(법인세법에서는 이를 잔여재산의 분배라고 표현한다) 더군다나 국세청에 의해 직권 폐업한 경우라면 더더욱 이러한 재산을 정리할 시간이 없었을 가능성이 크다. 지금 사례는 직권 폐업에 더해서 소송까지 진행 중에 있었다. 2011년에 국가를 상대로 제기된 소송은 2012년 끝났다. 물론 납세자가 졌지만 중요한 것은 2011년 중에는 이 모든 것들이 완전히 정리되지 않은 상태였다는 점이다.

(귀속시기의 조정)

결과적으로 회사 입장에선 경매에 실패했고, 입찰보증금은 그대로 국가에 귀속되었으며, 처음부터 아무것도 없던 채무자인 B법인은 폐업했기 때문에 대여금 25억 원은 대손으로 처리할 수밖에 없을 것이다. 문제는 그 시기다. 처분청과 감사원이 공통적으로 말하는 것은 대손금의 귀속시기는 적어도 2011

년은 아니라는 점이다. 그러면 회사는 손해 볼 것 없이 그 다음연도의 손금으로 처리하면 되지 않을까 생각하겠지만, 문제는 대상금액이 이렇게 큰 경우에는 기간귀속의 차이만으로 발생하는 가산세 효과가 크다는 점이다. 손익의 귀속시기가 중요한 이유가 바로 이런 것 때문이다.

체크 포인트

대손금의 손익귀속시기를 판단할 때에는 항상 보수적으로 접근해야 한다. 특히 진행 중인 소송이 있는 경우에는 최종 소송의 종결시점까지 대손처리를 늦춰야 한다.

법원의 조정결정이 이루어지기 전에 감액한 채권에 대한 대손금을 사후 경정청구하였으나 인정받지 못한 사례

(조심2018서92, 2018.03.13)

(현황)

A법인은 버스운수업과 부동산임대업을 영위하는 법인이다. 회사는 2007년부터 2010년까지 약 3년간 보유중인 건축물 일부를 종합병원에 임대하였다. 병원의 운영은 실질적으로 B와 C가 운영한 것으로 알려져 있었고 그중 B는 A법인의 주주이면서 임원이기도 했다.

그러나 임대차기간이 종료되었는데도 밀린 임대료가 회수되지 않았다. 2012년 회사는 병원의 실질적 운영자였던 B와 C를 상대로 소송을 제기했다. 법원은 B의 채권의 일부를 감액해주고 회사에 지급하라는 판결을 내렸다. 그러나 C의 채권은 감액되지 않았다.

회사는 재판결과를 가지고 이사회를 열어 조정결정에 따라 B의 채권을 대손금으로 처리하는 의사결정을 하면서, 동시에 C의 채권도 같은 비율로 회수하지 못할 것이라고 단정하고 감액하였다. 하지만 C의 채권은 감액의 근거가 없는 상태였으므로 대손금으로 처리한 후 세무조정을 통해 손금불산입하여 C의 근로소득으로 과세하였다.

이후 2017년 C의 채권을 감액하도록 하는 법원의 조정결정이 추가로 이루어졌다. 회사는 이 결정을 근거로 과거에 자진하여 손금불산입 처리한 대손금을 다시 손금으로 인정해달라는 경정청구를 세무서에 제기하였다. 그러나 국세청은 인용해주지 않았다.

(쟁점)

2012년 스스로 감액처리한 채권이 2017년 법원의 조정으로 사후 감액 인정된 경우 이를 소급해서 대손금으로 인정할 수 있을까?

(소급과세 금지의 원칙)

어떠한 행동이 원천적으로 상법이나 민법에 위반하는 것이 아니라면, 세법 개정 등으로 인해 변동하는 내용은 과거의 행위에 영향을 주지 않는 것이 원칙이다. 이것이 소급과세 금지의 원칙이다. 다만 쟁점 사례는 조금 특이하다. 법원의 조정결정이 회사가 채권을 감액한 이후에 이루어진 것이다. 조정결정이라는 것은 말 그대로 위법한 것은 아니나 채무자가 돈을 성실하게 갚아나갈 수 있도록 채무의 일부를 감액해주는 결정이다. 따라서 마치 이러한 조정 결정이 감액당시였던 5년 전으로 돌아가서도 적용이 가능한지는 의문이다. 5년이라는 시간동안 채무자의 경제적 상황도 많이 바뀌었을 것이기 때문이다.

(채권 회수를 위한 노력)

다시 한 번 등장하지만 <u>채권자는 채권을 받기위한 노력을 했어야 한다.</u> 그런 면에서 회사가 최초에 B와 C를 상대로 소송을 제기한 것까지는 좋았다. 하지만 어땠는가? B에 대해서는 감액조정결정을 내렸지만 C의 채권에 대해서는 감액해주지 않았다. 그 이유는 우선 C가 회사의 임원이면서 동시에 14%의 지분을 가진 주주이기도 했기 때문이다. 꼬박꼬박 월급을 받아가는 데 채권을 감액해줄 사유가 없는 것이다.

회사는 당시 이사회를 통해 C의 채권을 감액하지 말았어야 했다. 오히려 급여를 압류하거나, 지분에 질권을 설정하는 등의 보다 적극적인 조치를 취해야 옳다. 그 이후에도 회수를 못하다가 2017년 법원의 조정결정이 났을 때 비로소 채권을 감액했다면 아무런 문제가 되지 않았을 것이다. 법원은 2012년 회사의 행동에 대해 임원이자 주주로서 특수관계자인 C의 채권을 임의로 포기한 것으로 보는 게 타당하다는 결론을 내렸다.

채권회수에 대한 노력은 중요하다. 특수관계자의 채권이라면 더욱 그러해야 마땅하다.

사례6 차입거래를 기계판매로 가장하여 회계처리하자 채무면제이익으로 과세된 사례

(조심2017구2261, 2017.10.26)

(현황)

A법인은 2011년 설립하여 가정용 도자기 제조업을 영위하는 회사다. B법인은 주방용품 도소매업을 영위하는 회사다. A법인은 남편이, B법인은 부인이 대표이사로 되어 있다.

A법인은 처음 계획했던 대로 운영이 잘 되지 않았다. 지속적인 자금압박에 시달리게 되었고, 은행으로부터 차입금 상환만기가 도래했지만 자금이 여의치 않았다. 결국 B법인으로부터 자금을 조달하여 차입금을 상환하였다. 그런데 이때 회계처리를 B법인의 차입금으로 조달한 것이 아니라, 가상의 기계장치를 팔고 자금을 조달한 것으로 표시하였다.

처분청은 회사의 변칙적인 회계처리를 인정하지 않고 자금조달과 함께 채무면제이익이 실현된 것으로 보아 법인세를 추징하였다.

(쟁점)

실질적으로 차입금인 동 거래에서 채무면제이익이 즉시 실현된 것으로 보는 것이 맞을까?

(회사의 의도를 알 수 없다)

회사는 차입금을 조달해놓고 가상의 기계장치를 매각한 것으로 회계처리 했다. 정상적인 회계처리와 회사의 회계처리를 약식으로 정리해보면 다음과 같다.

구분	올바른 회계처리	회사의 회계처리
A법인	차변) 현금 100 / 대변) 차입금 100	차변) 현금 100 / 대변) 기계장치 100

이런 회계처리를 하는 동기는 2가지로 추정된다.

1. 배우자의 회사에 돈을 갚지 않아도 된다.
2. 특수관계법인(B법인)에게 이자를 주지 않아도 된다.
3. B법인은 인정이자를 계산하지 않아도 된다.

그럼에도 회사의 반박 논리는 장부를 대행 작성하는 세무대리인이 실수를 했다는 것이다. 실질적으로 차입금이 맞고 본인들은 그렇게 생각하고 있는데 현금출납장만 가지고 장부를 만드는 세무대리인이 회사에 자금이 유입되자 마음대로 기계장치를 매각한 것으로 회계처리 했다는 것이다. 필자도 기장업무를 하고 있지만 이런 상황이 발생 가능할까? 회사와 협의 없이는 절대 불가능하다. 일반적으로 세무대리인은 목돈이 통장으로 들어왔다면 그 원천이 뭔지 확인을 한다. 그리고 실제 기계장치를 팔았다면 어떤 기계장치가 팔렸는지 또 확인을 해야만 장부 작성이 가능하다. 이렇게 2번이나 확인하는 과정이 있어야 정상적인 회계처리가 되는데, 이런 과정에서 오류가 잡힐 기회가 얼마든지 있었던 것이다. 따라서 대표자가 몰랐다, 대리인이 잘못한 것이다, 라고 주장할 만한 사안은 아니라고 생각된다.

(단순한 회계처리의 오류라고?)

회사는 쟁점 차입금을 기계장치 매각으로 본 것은 세무대리인에 의한 단순 회계처리 오류라고 주장했다. 회사의 여건이 좋아지면 상환할 예정이었는데 과세관청이 무리하게 채무면제이익으로 처분한 것은 부당하다고 호소했다. 하지만 처분청도, 심판원도 인정해주지 않았다. 그 이유는 앞에서 설명한 바와 같이 단순 회계처리의 오류였다면, 여러 차례 그리고 몇 년에 걸쳐 오류를 바로잡을 기회가 충분히 있었지만 시정하지 않은 점은 그만큼 의도가 있었다고 본 것이다. B법인으로부터 받은 자금은 처음부터 상환할 생각이 없던 걸로 간주되었다.

(회계처리 비교정리)

상기의 거래의 정상적인 회계처리와 회사가 수행한 회계처리를 비교하고, 처분청이 과세목적으로 받아들인 회계처리를 비교하면 다음과 같이 정리된다. 처분청은 자금 조달 시점에 바로 채무면제이익으로 간주해버린 것과 같다.

구분	올바른 회계처리	회사의 회계처리
A법인	차변) 현금 100 / 대변) 차입금 100	차변) 현금 100 / 대변) 기계장치 100

구분	처분청의 인식	처분
A법인	차변) 현금 100 / 대변) 차입금 100 차변) 차입금 100 / 대변) 채무면제이익 100	익금산입) 채무면제이익 100

체크 포인트

의도가 불분명한 가공의 회계처리를 하고 나서 적발되면 대응의 여지가 없다.

■ 정리

대손 관련 법조문*

법인세법 제19조의 2【대손금의 손금불산입】 ALL

① 내국법인이 보유하고 있는 채권 중 채무자의 파산 등 대통령령으로 정하는 사유로 회수할 수 없는 채권의 금액[이하 "대손금"(貸損金)이라 한다]은 대통령령으로 정하는 사업연도의 소득금액을 계산할 때 손금에 산입한다.

② 제1항은 다음 각 호의 어느 하나에 해당하는 채권에는 적용하지 아니한다.

1. 채무보증(「독점규제 및 공정거래에 관한 법률」 제10조의 2 각 호의 어느 하나에 해당하는 채무보증 등 대통령령으로 정하는 채무보증은 제외한다)으로 인하여 발생한 구상채권 사례1
2. 제28조 제1항 제4호 나목에 해당하는 가지급금(假支給金) 등

③ 제1항에 따라 손금에 산입한 대손금 중 회수한 금액은 그 회수한 날이 속하는 사업연도의 소득금액을 계산할 때 익금에 산입한다.

④ 제1항을 적용하려는 내국법인은 대통령령으로 정하는 바에 따라 대손금 명세서를 납세지 관할 세무서장에게 제출하여야 한다.

⑤ 대손금의 범위와 처리 등에 필요한 사항은 대통령령으로 정한다.

법인세법 시행령 제19조의 2【대손금의 손금불산입】

① 법 제19조의 2 제1항에서 "대통령령으로 정하는 사유로 회수할 수 없는 채권"이란 다음 각 호의 어느 하나에 해당하는 것을 말한다. 사례2,3

1. 「상법」에 따른 소멸시효가 완성된 외상매출금 및 미수금
2. 「어음법」에 따른 소멸시효가 완성된 어음

* 2019년 12월 31일 시점에 적용중인 법조문임

3. 「수표법」에 따른 소멸시효가 완성된 수표

4. 「민법」에 따른 소멸시효가 완성된 대여금 및 선급금

5. 「채무자 회생 및 파산에 관한 법률」에 따른 회생계획인가의 결정 또는 법원의 면책결정에 따라 회수불능으로 확정된 채권

5의 2. 「서민의 금융생활 지원에 관한 법률」에 따른 채무조정을 받아 같은 법 제75조의 신용회복지원협약에 따라 면책으로 확정된 채권

6. 「민사집행법」 제102조에 따라 채무자의 재산에 대한 경매가 취소된 압류채권

7. (삭제, 2019. 2. 12.)

8. 채무자의 파산, 강제집행, 형의 집행, 사업의 폐지, 사망, 실종 또는 행방불명으로 회수할 수 없는 채권 사례4

9. 부도발생일부터 6개월 이상 지난 수표 또는 어음상의 채권 및 외상매출금[「조세특례제한법 시행령」 제2조에 따른 중소기업(이하 "중소기업"이라 한다)의 외상매출금으로서 부도발생일 이전의 것에 한정한다]. 다만, 해당 법인이 채무자의 재산에 대하여 저당권을 설정하고 있는 경우는 제외한다.

10. 재판상 화해 등 확정판결과 같은 효력을 가지는 것으로서 기획재정부령으로 정하는 것에 따라 회수불능으로 확정된 채권 사례5

11. 회수기일이 6개월 이상 지난 채권 중 채권가액이 20만 원 이하(채무자별 채권가액의 합계액을 기준으로 한다)인 채권

12. 제61조 제2항 각 호 외의 부분 단서에 따른 금융회사 등의 채권(같은 항 제13호에 따른 여신전문금융회사인 신기술사업금융업자의 경우에는 신기술사업자에 대한 것에 한정한다) 중 다음 각 목의 채권

    가. 금융감독원장이 기획재정부장관과 협의하여 정한 대손처리기준에 따라 금융회사 등이 금융감독원장으로부터 대손금으로 승인받은 것

    나. 금융감독원장이 가목의 기준에 해당한다고 인정하여 대손처리를 요구한 채권으로 금융회사 등이 대손금으로 계상한 것

13. 「중소기업창업 지원법」에 따른 중소기업창업투자회사의 창업자에 대한 채권으로서 중소벤처기업부장관이 기획재정부장관과 협의하여

정한 기준에 해당한다고 인정한 것

②항 이하 생략

법인세법 시행규칙 제10조의 4【회수불능 확정채권의 범위】 사례5

영 제19조의 2 제1항 제10호에서 "기획재정부령으로 정하는 것에 따라 회수불능으로 확정된 채권"이란 다음 각 호의 어느 하나에 해당하는 것에 따라 회수불능으로 확정된 채권을 말한다.

1. 「민사소송법」에 따른 화해
2. 「민사소송법」에 따른 화해권고결정
3. 「민사조정법」 제30조에 따른 결정

법인세법 집행기준 19의 2-19의 2-9【소멸시효가 완성된 채권의 대손금 처리】 사례2,3

소멸시효가 완성되어 회수할 수 없는 채권액은 그 소멸시효가 완성된 날이 속하는 사업연도의 손금으로 산입하는 것이나, 정당한 사유없이 채권회수를 위한 제반 법적조치 등을 취하지 아니함에 따라 채권의 소멸시효가 완성된 경우에는 그 소멸시효 완성일이 속하는 사업연도에 접대비 또는 기부금으로 본다.

법인세법 시행령 제11조【수익의 범위】 사례6

법 제15조 제1항에 따른 이익 또는 수입[이하 "수익"(收益)이라 한다]은 법 및 이 영에서 달리 정하는 것을 제외하고는 다음 각 호의 것을 포함한다.

1~3호 생략

4. 자산의 평가차익
5. 무상으로 받은 자산의 가액
6. 채무의 면제 또는 소멸로 인하여 생기는 부채의 감소액(법 제17조 제1항 제1호 단서의 규정에 따른 금액을 포함한다)

이하 생략

Part 2

구조조정, 원천징수, 세액공제 및 감면

Chapter 9. 법인 구조조정과 관련된 세무상 쟁점

합병은 2개의 회사를 하나로 합치는 행위다. 분할은 반대로 하나의 회사를 2개 이상의 회사로 나눈다. 결과만을 보면 단순하다. 업무 단위를 세세하게 끊어 가면 그때그때 여러 가지 이슈가 나오지만 이러한 조직변경에는 큰 그림과 스케줄을 가지고 차근차근 진행해나갈 필요가 있다. 법인세법에서는 회사의 조직변경이 원활하게 이루어질 수 있도록 제도적인 장치를 두고 있다. 다른 세목에서도 다른 명칭으로 각각의 장치를 마련하고 있다. 이러한 장치는 불필요한 많은 절차를 생략하고 신속하게 조직변경을 해서 정상적인 사업 활동을 수행하도록 도움을 준다. 장치를 잘 연구하면 절세의 실마리를 잡기도 하지만 반대로 복잡하고 모호한 법 조항의 문구를 잘못 해석한다면 세금 폭탄을 맞을 수도 있다.

다음부터 소개하는 사례를 통해 독자께서 합병, 분할과 관련된 법 조항의 문구를 어떻게 접근하면 좋을지에 대한 생각을 해보시기 바란다. 합병 및 분할 관련 법 조항의 문구를 있는 그대로 해석했다가는 낭패를 보기 쉽다는 점을 다시 한 번 당부하고 싶다.

소송 등으로 정상적인 사업이 힘든 시기가 존재했던 법인의 사업영위기간을 어떻게 계산하는가?

(조심2014중1410, 2014.09.05)

(현황)

A법인은 2003년 2월 개업하여 부동산 임대 및 개발업을 영위하는 법인이다. 회사는 사업장 인근에 토지 약 2만㎡를 취득하는 매매계약을 체결하고 본격적인 사업을 시작했다. 매매계약과 동시에 임차인도 정해졌고 순조로이 진행되는 듯 했다. 그런데 토지 잔금을 지급하였는데도 매도인이 소유권을 이전해주지 않았다. 양측의 분쟁은 법원 소송으로 넘어갔고 대법원판결까지 받아낸 끝에 2008년 4월 소유권이전등기와 함께 5년 이상 임대사업을 못해서 발생한 손해배상금도 함께 받아낼 수 있었다.

회사는 2008년 12월 부동산 개발부문과 임대/매매 부문을 사업 분리 하고자 하였다. 신설법인을 물적분할의 형태로 세워서 보유하고 있는 토지전체를 이전하였다. 해당 토지 가격은 5년간 상승하여 양도 차익이 발생하였지만 법인세법상의 적격물적분할 요건을 충족한다고 판단하였다. 적격물적분할인 경우에는 발생하는 양도차익에 대한 법인세를 분할 시점이 아니라 나중에 제3자에게 토지를 매각하는 시점까지 미룰 수가 있다.

처분청은 비록 사업의 개시부터 분할등기일까지의 기간은 5년이 넘었지만, 그 사이에 소송 등으로 사업을 영위하지 못한 기간이 상당부분 있었기 때문에 적격물적분할이 아니라고 보고 양도차익에 대한 법인세를 추징하였다.

(쟁점)

분할시점에 회사의 사업영위기간이 5년 이상인지 여부

(적격물적분할 중 사업의 계속성 요건)

회사가 물적분할을 법인세법의 요건을 맞춰서 하려는 이유는 그만큼 과세 이연 혜택이 있기 때문이다. 즉, 오늘 낼 세금을 나중으로 미룰 수 있다. 내는 세금의 총액이 같아도 화폐의 현재가치를 고려하면 무조건 미루는 것이 이득이다. 따라서 회사는 적격분할의 요건을 충족하기 위해 많은 검토를 하게 된다. 이러한 요건 중에 하나가 사업의 계속성요건이다. 분할등기일(합병도 마찬가지다)부터 역산해서 5년 동안 당사자 회사가 사업을 영위했어야 한다. 5년 정도 사업을 해왔다면 분할 이후에도 특별한 문제없이 사업을 계속해 나갈 것이라는 보증이 된다. 업력이 최소 5년은 되어야 혜택을 주겠다는 것이다.

다만, 사업을 영위할 때 사업자등록을 해놓고 아무런 경제활동을 하지 않고 유령처럼 존재만 해서도 안 된다. 휴업기간은 사업의 영위기간으로 보지 않는다.

(외부의 사정에 의해 사업운영이 힘들 때)

쟁점의 사례와 같이 사업자가 사업을 하고 싶어도 외부요인으로 매출 실적이 없는 경우가 있다. 회사는 2003년 사업자등록을 하고 토지를 사서 임차인도 바로 구했지만 어이없게도 소유권분쟁에 휘말리게 되었다. 임차인도 2년간 계약을 했으니 그 기간 동안 임대료는 냈지만, 소유권 분쟁에 있는 부지에서 사업을 계속하기란 힘들었을 것이다. 결국 회사는 2005년부터 매출실적이 제로가 됐다. 그러다가 다행히 대법원에서 승소하면서 소유권이전과 손해배상금을 받아냈다. 2005년부터 대법원판결이 있는 2008년까지의 3년간, 회사는 사업을 영위한 걸로 보아야 할까?

(납세자의 행동에 주목한다)

심판원은 납세자의 행적에 주목하였다. 우선 회사는 스스로 휴업을 한 사실이 없었다. 휴업을 하려면 국세청에 휴업신고를 따로 하는 절차가 있다. 회사가 따로 신고한 적이 없기 때문에 우선 계속 사업하려는 의지가 있었다고 본 것이다.

소송 진행기간에 대해서는 부득이하게 매출 실적이 0인 시기가 되었지만 이때도 심판원은 사업의 준비기간으로 보았다. 사업용 부지가 있어야만 목적사업을 영위할 수 있는 회사 입장에서 소송은 부지 매입을 위한 절차 중에 하나였다고 본 것이다. 실질적으로 소송의 승소로 인하여 받아낸 손해배상금은 회사가 임대사업을 영위했더라면 벌어들였을 금액을 기초로 계산한 것이다. 또한 회사는 손해배상금을 정상적인 익금으로 계산하여 법인세를 납부했다.

이 사례는 회사가 아무 노력 없이 가만히 있어서 매출실적이 없었던 것이 아니고, 부득이한 외부 요인으로 인하여 사업의 의지는 있었으나 영위할 수는 없는 시기에 대해서 심판원이 어떤 관점을 취하고 있는지에 대한 참고가 될 수 있다.

체크 포인트

적격분할 또는 적격합병의 요건 중 5년 이상의 사업영위기간에 비정상적으로 사업이 진행되지 못한 시기가 있다면 유사 사례를 충분히 찾아보아야 한다.

사례2 피합병법인 의제사업연도 사업기간이 6일인 경우의 개월 수 환산은 어떻게 할까?

(조심2016서3579, 2016.12.29)

(현황)

A법인은 2016년 1월 6일을 합병등기일로 B법인에게 흡수합병되었다. 이 합병은 법인세법의 적격합병 요건을 충족하지 못했기 때문에 합병양도차익이 크게 발생하였다.(만약 적격합병의 요건을 충족하였다면 합병양도차익은 합병 시점이 아니라 나중에 합병법인에서 해당 자산이 매각될 때 과세하게 된다. 한마디로 과세를 나중으로 미룰 수 있다)

합병등기일이 1월 6일이므로 피합병법인은 사실상 1월 1일부터 단 5~6일 사업을 영위한 것이 된다. 이 기간에 발생한 손익이라고는 합병양도차익 뿐이었다. 그러나 의제사업연도에 대한 법인세 규정으로 인해 개월 수를 환산하여 산출세액을 계산하다보니 높은 세율을 적용받는 구간이 더 많아졌다.

회사는 우선 법 규정에 따라 보수적으로 계산하여 법인세를 신고납부하고, 이월결손금 등을 공제한 뒤 합병법인에 관련 자산부채를 이전하였다. 그리고 합병법인은 피합병법인의 법인세 신고납부기한이 경과하고 개월 수 환산이 불합리하다는 취지의 경정청구를 국세청에 제기하였다. 하지만 처분청은 인정해 주지 않았다.

(쟁점)

합병양도차익에 대한 법인세 과세표준 계산에 개월 수를 환산해서 세율을 곱하는 법인세법 규정을 적용하지 말아야 할까?

(의제사업연도의 법인세)

대한민국의 법인세법에서 정하는 사업연도는 1월 1일부터 12월 31일이다. 1년 단위로 끊어서 벌어들인 손익을 가지고 법인세를 계산하여 신고납부하도록 하고 있다. 하지만 사업을 하다보면 합병, 분할 등의 조직변경도 있을 수 있고, 폐업, 청산으로 사업을 정리하기도 하며, 회사를 한여름이나 가을에 설립할 수도 있다. 이런 경우에는 그 해의 사업영위기간이 1년이 안되고 이때를 의제사업연도라고 한다.

법인세를 계산할 때 세율은 구간에 따라 10%, 20%로 다르기 때문에 의제사업연도의 과세표준을 어떻게 계산하는지에 따라 산출세액이 달라진다. 법인세법에서는 의제사업연도의 개월 수가 1년이 안되기 때문에 정상적으로 사업을 영위하는 회사들하고 비교해서 유·불리한 경우가 벌어지지 않게 하기 위해 개월 수를 환산하는 규정이 있다. 쟁점 사례를 가지고 산출세액을 계산하는 2가지 방법과 그 때의 산출세액을 비교해보면 차이가 직관적으로 이해된다.

가정: 사업영위기간 1/1~1/6일(6일), 합병양도차익 5억 외에 다른 손익 없는 경우

경우1) 개월 수 환산 없이 그대로 세율 적용시:

과세표준	세율	산출세액
2억 원 까지	10%	20,000,000
나머지 3억 원	20%	60,000,000
소 계		80,000,000

경우2) 개월 수 환산하여 산출세액 계산(현행 법인세법 규정)

1단계: 사업영위기간의 개월 수를 12개월로 환산하여 가상의 과세표준 산정

과세표준	개월 수	환산 과세표준
500,000,000	1개월 → 12개월로 환산	6,000,000,000

2단계: 환산 과세표준으로 1년의 산출세액을 계산

과세표준	세율	1년 산출세액
2억 원 까지	10%	20,000,000
나머지 58억 원	20%	1,160,000,000
		1,180,000,000

3단계: 산출세액을 1개월 분 산출세액으로 재환산

1년 산출세액	개월 수	환산 산출세액
1,180,000,000	12개월 → 1개월로 환산	98,333,333

경우 1과 경우 2의 산출세액 비교

구분	경우 1(회사 주장)	경우 2(현행 법인세법)
산출세액	80,000,000	98,333,333

과연 단순 비교해보니 현행 법인세법에 따라 개월 수를 환산해본 결과 환산하지 않았을 때보다 납부할 세액이 늘어난 것을 알 수 있다. 하지만 이러한 계산방식은 법인세법에 명시하고 있기 때문에 이의를 제기하는 것조차 불가능하다. 그러면 회사는 어떤 논리로 이러한 계산 방식에 용감하게 이의를 제기한 것일까?

(합병양도차익은 특수하다)

회사가 억울한 가장 큰 이유는 개월 수 환산에 대한 법 취지에 쟁점 사례를 적용하니 모순된다는 점이다. 과세표준을 가지고 개월 수에 따라서 환산하여 산출세액을 계산하는 규정은, 의제사업연도의 사업을 수행하는 기간이 짧아서 세금이 불합리하게 작게 계산되는 것을 방지하기 위한 것이다. 하지만 회사는 단 6일만을 사업했고, 여기에서 발생한 합병양도차익은 합병으로 인하여 발생한 특수한 거래로 인한 것이다. 정상적인 영업의 결과로 발생한 손익이 아니라는 것이다. 회사가 억울해하다고 생각하는 점은 바로 여기다. 이런 경우에는 과세표준을 환산하지 않는 것이 합리적이라고 생각하였다. 일리가 있는 주장이다.

(법 규정은 엄격히 해석해야)

회사가 주장한대로 개월 수를 환산하는 법 규정의 도입 취지가 그러하다고 인정해보자. 그 법 규정이 본인의 사례에 적용했을 때 불합리하다면 국세청에서 인정해줄까? 그런 일은 발생하지 않는다. 법에서 규정하는 모든 내용이 오만가지 사례를 가진 전국의 내국법인에게 공평하게 적용되기는 힘들다. 그러면 회사만 억울하고 끝나는 문제인가? 그렇지만도 않다.

의제사업연도 규정을 적용받는 회사들도 모든 손익이 정상적인 영업활동에서 발생한 손익만 있는 것이 아닐 것이기 때문이다. 대부분의 회사들은 연중 정상적으로 발생하는 손익과, 어쩌다 보니 1회성으로 발생한 손익이 섞여있다. 회사의 주장대로라면 이런 회사들도 모두 억울해하고 경정청구를 해야 할 판이다.

만약, 법 규정으로 인해 불합리함을 겪는 회사들이 많아지고 이들이 지속적으로 국세청에 이의를 제기한다면 어떨까? 단서규정 등을 신설하여 경상적인 손익과 비경상적인 손익을 구분하여 환산하도록 하는 내용이 추가될지도 모르겠다.

체크 포인트

합병시 의제사업연도에 대한 개월 수 환산은 법 규정에 따라 엄격히 수행하여야 한다.

피합병법인의 소득금액이 산출되지 않아서 이월결손금의 공제가 부인된 사례

(조심2017부5228, 2018.02.06)

(현황)

A법인은 2004년 5월 설립하여 기계장치 제조업을 영위하여 왔다. 그러던 중 2014년 10월 B법인을 합병하였다. A법인에는 이월결손금이 없었지만, B법인은 사업부진으로 이월결손금이 쌓여있었다.

합병의 형태는 법인세법상의 적격합병 요건을 충족한 합병이었다. 또한 동일 업종인 제조업간의 합병으로 합병이후 구분경리의 의무가 없었다. 따라서 회사는 별도로 구분경리를 하지 않다가, 법인세 신고시 피합병법인에서 넘어온 이월결손금을 공제하기 위하여 소득금액을 구분하는 작업을 한 후 법인세를 신고납부 하였다.

2014년 회사의 손익은 합병등기일 전까지는 당기순이익이 존재하다가 합병등기일부터 사업연도종료일까지는 결손으로 돌아섰다.

처분청은 피합병법인에서 합병등기일 이후 발생한 소득금액이 없음에도 불구하고 과다하게 이월결손금 공제를 적용한 것으로 간주하고 법인세를 추징하였다.

(쟁점)

합병등기일 이후의 피합병법인으로부터 승계 받은 사업의 소득금액이 없는데도 승계한 이월결손금을 공제할 수 있는가?

(구분경리)

합병법인과 피합병법인의 장부를 구분하여 작성하는 구분경리가 필요한 이유는 내부 관리의 목적도 있지만, 특히 세무상 이월세액공제나 이월결손금이 양사 중 한 곳 이상에 존재할 때 필요하다. 적격합병이라는 제도를 통해 조직변경을 보다 수월하게 할 수 있게 배려했는데, 이를 악용하여 세금을 줄이려는 납세자가 워낙 많았나 보다. 예를 들면 잘 나가는 회사가 이월결손금이 막대하게 쌓여 껍데기만 남아있는 회사를 합병하고 그 이월결손금을 공제받아 법인세를 줄이는 방식이 과거에는 가능했다. 하지만 지금은 엄격히 막혀있다. 세무상의 이월결손금과 이월세액공제는 최소한 합병 이후 5년 동안은 꼬리표를 달아 관리하도록 되어있다. 따라서 구분하여 장부를 작성한 후 이월세액공제, 이월결손금이 공제 가능한지 개별적으로 판단하여야 한다.
다만 회사 규모 등을 고려해서 굳이 구분경리를 하지 않아도 되는 경우가 예외적으로 2가지 있다. 중소기업 간의 합병이거나 또는 동일 업종간의 합병시에는 구분경리를 안해도 된다. 이때는 구분경리하지 않고 소득금액을 합병등기일의 고정자산가액비율로 안분해서 산출할 수 있도록 편의를 봐 준다.

(구분경리의 의무가 없었던 쟁점 사례)

회사는 구분경리의 의무가 없는 상태였기 때문에 합병등기일의 고정자산가액비율로 안분했으면 아무 문제가 없었을지 모른다. 그런데 회사는 무리하게 구분경리하지 않은 장부를 비영리법인의 공통익손금 규정을 준용하여 안분하였다. 이 규정은 회사처럼 아무것도 구분하지 않는 경우에 사용하는 규정이 아니다. 대부분 계정과목이 구분경리가 되어 있는 장부 중에서 부득이하게 발생하는 구분이 어려운 몇 개의 계정, 그 일부 계정을 구분할 때 사용하는 계정이다. 전체 계정을 매출액비율 또는 고정자산가액비율로 안분하여 계산하니 처분청에서는 당연히 인정해줄리 없다.

(합병등기일 이후 손실이라면)

회사가 제시한 합병등기일까지의 손익계산서와 사업연도 전체의 손익계산서를 가지고 차액을 뽑았더니 합병등기일이후부터 사업연도 종료일까지는 당기순손실이 발생하였다. 처분청과 심판원은 바로 이점을 주요 근거로 들었다. 즉 합병등기일 이후기간에 당기순손실인 상태였기 때문에 피합병법인의 소득금액은 어떻게 계산하더라도 0이하라는 점이다. 그러니 피합병법인이 가지고 온 이월결손금은 사용이 불가능하다는 것이다. 이러한 판단은 회사의 구분경리 방식을 인정하지 않은 것이다. 만약, 소득금액을 합병등기일의 고정자산가액비율로 안분하였다면 이야기가 달라지지 않았을까 다시 한 번 생각이 든다. 물론 회사가 무리하게 구분경리를 수행한 것으로 추정해보면 피합병법인의 고정자산이 거의 없었을 것이라는 추리를 할 수 있다.

체크 포인트

합병 후 이월세액공제, 이월결손금을 지속적으로 관리하여 공제하고자 한다면 구분경리가 필수다. 시간이 흘러서 작업하면 배로 노력이 필요하기 때문에 합병 시점에 구분경리에 대해 충분히 고민하고 설계하는 시간을 충분히 들여야 한다.

합병이후 사후관리 위반으로 합병양도차익이 일시에 과세된 사례

(서울행법2018구합53009, 2019.03.22)

(현황)

A법인은 2008년 12월 대형마트 사업을 하던 B법인을 흡수합병하였다. 이 합병은 법인세법의 적격합병 요건을 갖춘 합병이다. 피합병법인에는 부동산 등 유형고정자산이 많은 상태였고, 따라서 승계한 자산의 시가와 장부가액의 차이만큼을 합병평가차익으로 손금산입하여 과세를 이연하였다.
이후 회사는 2011년 5월 대형마트사업부문을 다시 인적분할하여 새로운 법인 C를 신설하였다. 이때에도 회사는 법인세법의 적격분할 요건을 갖춘 분할에 해당한다고 판단하고 관련된 자산부채를 모두 이전하면서 과거에 발생한 합병평가차익도 함께 이전하였다.
처분청은 이러한 분할이 법인세법에서 규정하는 적격합병의 사후관리를 위반한 것으로 보고 합병평가차액을 일시에 익금으로 산입하여 법인세를 추징하였다.

(쟁점)

회사의 쟁점 인적분할이 적격합병의 사후관리를 위반한 것인지 여부

(적격합병의 사후관리)

법인세법에는 적격합병의 요건만 열거되어 있는 것이 아니다. 합병 이후 일정기간 준수해야 하는 사후관리 규정도 있다. 그 이유는 적격합병이라는 제도를

만든 취지를 훼손하는 경우에는 가차 없이 그 혜택을 거두겠다는 의미가 되겠다.

사후관리를 구성하는 몇 개 항목 중 이번 사례에서 문제가 되는 것은 피합병법인의 승계한 고정자산을 3분의 2이상 처분하는 경우다. 합병등기일 이후 3년 동안 승계한 자산의 절반이상이 매각된다면 정상적인 사업이 가능할까? 당연히 불가능하다. 적격합병을 통해서 당장 낼 세금을 미래로 이전시켜준 이유는 2개 회사가 합병으로 시너지를 내서 더 열심히 사업을 하라는 이야기다. 처분청은 회사가 B법인을 합병한 이후 사후관리 기간 내에 또다시 분할을 하는 행위는 자산 대부분이 외부로 처분된 것이나 마찬가지라고 보았다. 한마디로 사후관리를 위반한 것이다.

(적격합병 이후의 적격분할)

하지만 회사 입장에서 생각해보자. 합병 이후에 다시 분할을 한 것은 회사의 전략상 지배구조를 다듬고, 변화하는 영업환경에 유기적으로 대응하기 위해서였다. 사업을 정리할 목적이 아니라는 것이다. C법인이 분할을 통해 신설되기는 했지만 여전히 A법인의 주주가 지배하고 있으므로 고정자산이 처분된 걸로 해석하면 안 된다는 주장이다. 적격합병의 취지를 전혀 훼손하는 것이 아니라는 말이다. 물론 회사의 주장도 충분히 일리가 있다.

그러면 법 규정이 어떻게 되어 있는지를 확인해보자.

(법 규정의 유추해석, 확장해석은 무리수)

사후관리에 관한 규정은 엄격히 준수해야 한다. 다만, 규정에서도 일정의 여지를 두는 경우가 있다. 그런 경우에는 법 문구에 "다만,~"이라는 내용이 추가된다. 이것을 단서규정이라고 하는데 회사가 빠져나갈 수 있는 일종의 숨구멍과도 같은 역할이 된다. 여기에 해당하지 않는 경우는? 예외 없이 사후관리를 해야 하는 것이다.

회사는 적격분할이나 적격합병의 요건을 충족했다면 사업의 연속성이 유지된 것이니 자산을 판 것이 아니라는 확장된 해석을 했다. 하지만, 사후관리 요건 중 쟁점이 되는 자산매각에 대한 부분의 단서규정에는 적격합병 후에 분할하는 경우 자산의 처분으로 보지 않는다는 내용은 없다.

유추해석, 확장해석은 가능한 한 하지 않는 것이 좋다. 지금의 결과를 봐도 알 수 있다. 2011년에 일어난 사건으로 2017년 심판원에서 패소한 뒤 2019년 행정법원에서도 패소라는 결과를 얻었다.

체크 포인트

적격합병, 적격분할은 요건만 충족한다고 끝이 아니다. 합병 이후의 평가차손익 유보에 대한 관리, 그리고 사후관리 기간 동안 지속적인 모니터링이 필요하다.

분할하는 회사의 자산 일부가 이전되지 않은 것으로 보아 적격분할이 취소된 사례

(조심2013중3306, 2014.06.03)

(현황)

A법인은 1976년에 설립되어 염가공, 무기화학약품 제조 및 도소매, 부동산임대업을 영위하여 왔다. 2006년은 사업영역을 확장하고자 합성수지 제조 판매업을 추가하였다가, 2007년 부동산 임대부문과 합성수지 제조 판매부분을 떼어내서 물적 분할하였다.

회사는 적격분할요건을 충족시키기 위해 분할 부문의 자산 부채를 포괄적으로 이전시키되, 이해관계로 인해 권리의무의 승계가 어려운 받을어음은 이전대상에서 제외하였다. 이것을 부득이한 사유로 보고 여전히 적격분할 요건이 충족되었다고 판단하여 법인세 신고시 과세 이연하였다. 그러나 처분청은 자산부채가 포괄적으로 이전되지 않은 형식적 분할에 불과하다고 보고 법인세를 추징하였다.

(쟁점)

받을어음을 이전하지 않은 사실이 적격분할요건을 위배한 것인가?

(자산과 부채의 포괄적 이전)

적격합병이든, 적격분할이든 대상 사업부문의 자산과 부채가 포괄적으로 이전될 것을 기본 전제조건으로 달고 있다. 원하는 자산, 부채만 승계하는 합병, 분할에 혜택은 없다. 또한 조직변경에 가장 민감한 것은 인력의 승계다. 조직변경을 이유로 인력을 대량 해고하는 사태가 벌어지면 안 되기 때문이다. 이런 기업에 혜택까지 준다면 비난이 빗발칠 것이다. 따라서 기본적으로 자산부채는 전부 승계가 원칙이다. 다만, 실제 실무를 하다보면 권리이전이 어려운 몇몇 자산부채가 존재한다. 그것이 법적인 이유이든 또는 거래처와의 사적계약 관계 때문이든 분명히 존재한다. 이러한 경우를 법인세법에서 완전히 무시한다면 반대로 요건을 충족하지 못한 기업들은 조직변경을 포기할 것이다. 그래서 존재하는 것이 단서 규정이다.

(일부 자산 부채는 남겨두어도 된다)

오직, 법인세법에서 규정하는 단서규정에 따라서, 열거하는 항목에 존재하지 않는다면 그 자산 부채는 이전해야 하는 것이다. 법인세법에서 이렇게까지 열거하는 정도로 규정을 만들었다면 그것은 열거한 항목만 인정해준다는 것이다. 항목 중에는 지급어음이 있다. 지급어음은 부채다. 회사가 이전하지 않은 자산은 받을어음이다. 지급어음이 예외항목으로 열거되어 있으니 받을어음도 되겠지, 라고 판단해서는 안 된다. 앞서 소개한 4번째 사례에서도 봤지만 법조문을 확장해석 했을 때는 역시나 안 좋은 결과를 얻게 될 뿐이다.

체크 포인트

조직변경의 기본 요건인 자산부채의 포괄적 이전규정은 엄격히 해석해야 한다. 특히 열거주의 방식을 사용한 법 규정은 오직 열거된 항목만 인정된다는 것을 주의하자.

■ 정리

합병 및 분할 관련 법조문*

법인세법 제44조【합병 시 피합병법인에 대한 과세】 ALL

① 피합병법인이 합병으로 해산하는 경우에는 그 법인의 자산을 합병법인에 양도한 것으로 본다. 이 경우 그 양도에 따라 발생하는 양도손익(제1호의 가액에서 제2호의 가액을 뺀 금액을 말한다. 이하 이 조 및 제44조의 3에서 같다)은 피합병법인이 합병등기일이 속하는 사업연도의 소득금액을 계산할 때 익금 또는 손금에 산입한다.

1. 피합병법인이 합병법인으로부터 받은 양도가액
2. 피합병법인의 합병등기일 현재의 자산의 장부가액 총액에서 부채의 장부가액 총액을 뺀 가액(이하 이 관에서 "순자산 장부가액"이라 한다)

② 제1항을 적용할 때 다음 각 호의 요건을 모두 갖춘 합병(이하 "적격합병"이라 한다)의 경우에는 제1항 제1호의 가액을 피합병법인의 합병등기일 현재의 순자산 장부가액으로 보아 양도손익이 없는 것으로 할 수 있다. 다만, 대통령령으로 정하는 부득이한 사유가 있는 경우에는 제2호·제3호 또는 제4호의 요건을 갖추지 못한 경우에도 적격합병으로 보아 대통령령으로 정하는 바에 따라 양도손익이 없는 것으로 할 수 있다.

1. 합병등기일 현재 1년 이상 사업을 계속하던 내국법인 간의 합병일 것. 다만, 다른 법인과 합병하는 것을 유일한 목적으로 하는 법인으로서 대통령령으로 정하는 법인의 경우는 제외한다.
2. 피합병법인의 주주등이 합병으로 인하여 받은 합병대가의 총합계액 중 합병법인의 주식등의 가액이 100분의 80 이상이거나 합병법인의 모회사(합병등기일 현재 합병법인의 발행주식총수 또는 출자총액을 소유하고 있는 내국법인을 말한다)의 주식등의 가액이 100분의 80 이상인 경우로서 그 주식등이 대통령령으로 정하는 바에 따라

* 2019년 12월 31일 시점에 적용중인 법조문임

배정되고, 대통령령으로 정하는 피합병법인의 주주등이 합병등기일이 속하는 사업연도의 종료일까지 그 주식등을 보유할 것

3. 합병법인이 합병등기일이 속하는 사업연도의 종료일까지 피합병법인으로부터 승계받은 사업을 계속할 것
4. 합병등기일 1개월 전 당시 피합병법인에 종사하는 대통령령으로 정하는 근로자 중 합병법인이 승계한 근로자의 비율이 100분의 80 이상이고, 합병등기일이 속하는 사업연도의 종료일까지 그 비율을 유지할 것

③ 다음 각 호의 어느 하나에 해당하는 경우에는 제2항에도 불구하고 적격합병으로 보아 양도손익이 없는 것으로 할 수 있다.

1. 내국법인이 발행주식총수 또는 출자총액을 소유하고 있는 다른 법인을 합병하거나 그 다른 법인에 합병되는 경우
2. 동일한 내국법인이 발행주식총수 또는 출자총액을 소유하고 있는 서로 다른 법인 간에 합병하는 경우

④ 생략

법인세법 제45조【합병 시 이월결손금 등 공제 제한】 사례3

① 합병법인의 합병등기일 현재 제13조 제1항 제1호에 따른 결손금은 합병법인의 각 사업연도의 과세표준을 계산할 때 피합병법인으로부터 승계받은 사업에서 발생한 소득금액[제113조 제3항 단서에 해당되어 회계를 구분하여 기록하지 아니한 경우에는 그 소득금액을 대통령령으로 정하는 자산가액 비율로 안분계산(按分計算)한 금액으로 한다. 이하 이 조에서 같다]의 범위에서는 공제하지 아니한다.

② 제44조의 3 제2항에 따라 합병법인이 승계한 피합병법인의 결손금은 피합병법인으로부터 승계받은 사업에서 발생한 소득금액의 범위에서 합병법인의 각 사업연도의 과세표준을 계산할 때 공제한다.

③ 생략

법인세법 제46조【분할 시 분할법인등에 대한 과세】

① 내국법인이 분할로 해산하는 경우[물적분할(物的分割)은 제외한다. 이하 이 조 및 제46조의 2부터 제46조의 4까지에서 같다]에는 그 법인의 자산을 분할신설법인 또는 분할합병의 상대방 법인(이하 "분할신설법인등"이라 한다)에 양도한 것으로 본다. 이 경우 그 양도에 따라 발생하는 양도손익(제1호의 가액에서 제2호의 가액을 뺀 금액을 말한다. 이하 이 조 및 제46조의 3에서 같다)은 분할법인 또는 소멸한 분할합병의 상대방 법인(이하 "분할법인등"이라 한다)이 분할등기일이 속하는 사업연도의 소득금액을 계산할 때 익금 또는 손금에 산입한다.

1. 분할법인등이 분할신설법인등으로부터 받은 양도가액
2. 분할법인등의 분할등기일 현재의 순자산 장부가액

② 제1항을 적용할 때 다음 각 호의 요건을 모두 갖춘 분할(이하 "적격분할"이라 한다)의 경우에는 제1항 제1호의 가액을 분할법인등의 분할등기일 현재의 순자산 장부가액으로 보아 양도손익이 없는 것으로 할 수 있다. 다만, 대통령령으로 정하는 부득이한 사유가 있는 경우에는 제2호·제3호 또는 제4호의 요건을 갖추지 못한 경우에도 적격분할로 보아 대통령령으로 정하는 바에 따라 양도손익이 없는 것으로 할 수 있다.

1. 분할등기일 현재 5년 이상 사업을 계속하던 내국법인이 다음 각 목의 요건을 모두 갖추어 분할하는 경우일 것(분할합병의 경우에는 소멸한 분할합병의 상대방법인 및 분할합병의 상대방법인이 분할등기일 현재 1년 이상 사업을 계속하던 내국법인일 것)
   가. 분리하여 사업이 가능한 독립된 사업부문을 분할하는 것일 것
   나. 분할하는 사업부문의 자산 및 부채가 포괄적으로 승계될 것. 다만, 공동으로 사용하던 자산, 채무자의 변경이 불가능한 부채 등 분할하기 어려운 자산과 부채 등으로서 대통령령으로 정하는 것은 제외한다.
   다. 분할법인등만의 출자에 의하여 분할하는 것일 것
2. 분할법인등의 주주가 분할신설법인등으로부터 받은 분할대가의 전액이 주식인 경우(분할합병의 경우에는 분할대가의 100분의 80 이상이 분할신설법인등의 주식인 경우 또는 분할대가의 100분의 80

이상이 분할합병의 상대방 법인의 발행주식총수 또는 출자총액을 소유하고 있는 내국법인의 주식인 경우를 말한다)로서 그 주식이 분할법인등의 주주가 소유하던 주식의 비율에 따라 배정(분할합병의 경우에는 대통령령으로 정하는 바에 따라 배정한 것을 말한다)되고 대통령령으로 정하는 분할법인등의 주주가 분할등기일이 속하는 사업연도의 종료일까지 그 주식을 보유할 것

3. 분할신설법인등이 분할등기일이 속하는 사업연도의 종료일까지 분할법인등으로부터 승계받은 사업을 계속할 것

4. 분할등기일 1개월 전 당시 분할하는 사업부문에 종사하는 대통령령으로 정하는 근로자 중 분할신설법인등이 승계한 근로자의 비율이 100분의 80 이상이고, 분할등기일이 속하는 사업연도의 종료일까지 그 비율을 유지할 것

③ 생략

법인세법 제46조의 4【분할 시 이월결손금 등 공제 제한】

① 분할합병의 상대방법인의 분할등기일 현재 제13조 제1항 제1호의 결손금은 분할합병의 상대방법인의 각 사업연도의 과세표준을 계산할 때 분할법인으로부터 승계받은 사업에서 발생한 소득금액(제113조 제4항 단서에 해당되어 회계를 구분하여 기록하지 아니한 경우에는 그 소득금액을 대통령령으로 정하는 자산가액 비율로 안분계산한 금액으로 한다. 이하 이 조에서 같다)의 범위에서는 공제하지 아니한다.

② 제46조의 3 제2항에 따라 분할신설법인등이 승계한 분할법인등의 결손금은 분할법인등으로부터 승계받은 사업에서 발생한 소득금액의 범위에서 분할신설법인등의 각 사업연도의 과세표준을 계산할 때 공제한다.

③ 이하 생략

법인세법 제8조【사업연도의 의제】 사례2

① 내국법인이 사업연도 중에 해산(합병 또는 분할에 따른 해산과 제78조 각 호에 따른 조직변경은 제외한다)한 경우에는 다음 각 호의 기간을

각각 1사업연도로 본다.

1. 그 사업연도 개시일부터 해산등기일(파산으로 인하여 해산한 경우에는 파산등기일을 말하며, 법인으로 보는 단체의 경우에는 해산일을 말한다. 이하 같다)까지의 기간

2. 해산등기일 다음 날부터 그 사업연도 종료일까지의 기간

② 내국법인이 사업연도 중에 합병 또는 분할에 따라 해산한 경우에는 그 사업연도 개시일부터 합병등기일 또는 분할등기일까지의 기간을 그 해산한 법인의 1사업연도로 본다.

원천징수

Chapter 10. 지출증빙과 맞물려 고민하는 습관을 갖자

세무와 회계의 실무 담당자가 업무를 수행하면서 하루빨리 몸에 익혀야 하는 습관이 있다. 회사의 돈을 외부로 내보낼 때 지출증빙으로 어떤 것을 챙겨야 하는지를 자동으로 떠올리는 것이다. 돈을 쓰고 지출증빙을 챙기는 게 뭐 어려운 일인가 생각할지 모른다. 세금계산서, 신용카드 매출전표, 현금영수증과 같은 지출증빙은 보통 사업자에게 물건을 사거나 서비스를 받은 경우에 수취할 수 있다. 지금부터 하는 이야기는 그 외의 다른 비용의 지출에 대한 것이다.

원천징수를 하는 대표적인 항목은 임직원에게 지급하는 인건비다. 실무담당자는 매월 근로소득간이세액표에 의해 정해진 금액을 원천징수하여 다음 달에 세무서에 신고납부한다.

가끔은 사업자등록증이 없는 프리랜서에게 서비스를 받기도 한다. 이때는 사업소득에 대한 원천징수를 수행해서 신고 납부한다. 어쩌다 회사가 판촉활동의 일환으로 경품을 추첨하여 소비자에게 주는 행사를 하기도 한다. 이때는 기타소득으로 분류된다.

이렇게 원천징수를 수행하고 난 후에 보관하는 원천징수영수증도 하나의 지출증빙이 된다. 법인의 실무자는 비경상적으로 발생하는 자금의 유출에 특히 주의를 기울여야 한다. 원천징수의무자인 법인이 원천징수를 하지 않을 경우에는 가산세가 부과되기 때문이다.

다음부터 소개하는 사례는 일반적이지 않게 발생한 원천징수와 관련된 분쟁에 대한 이야기들이다.

국내 소재한 지점에서 국외 본점에 지불한 로열티를 사용료소득으로 보아 원천징수대상으로 본 사례

(조심2018서4050, 2019.07.23)

(현황)

A법인은 마케팅 전문 업체로 본사는 외국에 있으며 국내에 지점을 두고 사업을 영위하고 있다. 회사는 2014년부터 본사와 기술, 노하우 이전에 대한 라이선스 계약을 체결하고 매출액의 10%를 매년 지급하기로 하였다. 지급하는 과정에서 별도로 원천징수를 수행하지 않았고 계산 내역 외에는 별다른 증빙이 없었다.
처분청은 이러한 로열티 지급을 사용료 소득으로 보아 회사가 원천징수를 이행하지 않았다고 간주하고 원천세 본세 및 가산세를 추징하였다.

(쟁점)

국내 본점에서 해외지점으로 송금한 로열티가 원천징수 대상인 사용료소득인가?

(법인세법과 국제조세조정에 관한 특별법과의 관계)

서울에 본사를 둔 법인이 부산에 지점을 하나 설치했다고 가정해보자. 지점에서도 사업 활동을 한다고 하면 사업자등록을 별도로 할 것이다. 그러나 법인세 신고는 합쳐서 이루어진다. 본점이나 지점이나 동일한 사업주체라고 보기 때문이다. 본점에서 지점으로 얼마를 송금하던지, 반대로 지점에서 본점에 얼마를 송금하건 법인세법의 관점에서는 오른쪽 주머니에 있는 돈을 왼쪽주머니로 옮기는 것과 같다고 본다.
그러나 사례와 같이 국내에 사업자등록을 하고 지점을 설치한 해외 법인이라면 이야기가 복잡하다. 실질에 따른다면 본점과 지점은 동일 사업주체이긴 하지만, 서로 적용되는 세법에 차이가 있어서 국가마다 다른 문제가 생긴다. 이런 문제를 조정하기 위해 국제조세조정에 관한특별법(이하 "국조법")이 마련되어 있다(국조법 제3조 제1항). 이법은 국가 간의 조세문제는 조세조약에 따를 것을 규정하고 있다.

즉 국내의 법인세법의 관점에서는 본점과 지점에 대한 자금송금이 원천징수 대상이 아니지만, 국조법 및 조세조약에서 원천징수대상임을 규정하면 거기에 따라야 한다.

(해외의 본점과 국내의 지점)

실체가 동일하지만 국내와 해외에 사업장이 있는 경우에는 복잡한 문제가 된다. 특히 과세권에 대한 침해가 있다면 더욱 그렇다. 한국에 있는 지점은 돈을 송금하면서 지급수수료로 손금 처리하였다. 해외에 있는 본점은 돈을 받아서 수익으로 처리할 것이다. 하지만 국가입장에서 본다면 어떨까? 한국의 국세청 입장에서는 지급수수료만큼 세금 징수를 못한 게 된다. 그만큼 해외의 본점에서 수익으로 계상하여 세금을 더 낼 것이다. 본점과 지점이 국내에 있었다면 발생하지 않았을 과세권에 관한 문제가 국가 간에는 발생하는 것이다.

(쟁점 로열티를 본지점의 자금이동이라고 주장한 것은 모순)

회사는 지속적으로 해당 거래는 지점에서 본점으로 자금을 이전시킨 것에 불과하다는 주장을 펴고 있다. 만약 정말 그런 이유라면 본점에서 필요할 때마다 정해지지 않은 금액을 인출해가면 되는 것이 정상이다. 하지만 양측은 동일 사업주체라는 주장을 하면서도, 별도의 라이선스 계약을 체결하고 매출액의 10%만큼을 규칙적으로 송금하였다. 심판원은 회사의 주장과 실질이 맞지 않는 행위라고 판단하였다.

(노하우의 이전은 사용료소득)

조세 조약에 따라서 노하우를 이전하는 형태의 소득은 사용료소득에 해당한다. 또한 원천징수 대상이므로 해외에 돈을 송금할 때 국가 간 조세조약에 따른 세율만큼 원천징수를 하고 보내야 한다. 결국 회사는 국가 간의 조세조약과 국제조세조정에 관한 법률의 이해가 부족한 상태에서 의사결정이 이루어졌고 처분청과의 다툼에서도 지게 되는 결과를 초래했다.

체크 포인트

해외로 송금하는 계약이 존재할 때에는 사전에 반드시 원천징수 대상인지 여부를 검토하고, 원천세를 누가 부담해야 하는지까지 계약사항에 포함시키는 것이 과세관청과 거래당사자 간에 발생 가능한 분쟁을 사전에 예방할 수 있는 방법이다.

비용을 부인당한 이후에는 지급명세서불성실 가산세 적용대상이 아니라는 사례

(조심2015중4831, 2016.01.07)

(현황)

A법인은 샌드위치판넬을 제조해서 건설현장에 납품하고 시공하는 업체다. 실제 시공은 회사 임직원이 수행하지만 공사가 밀려들 때에는 하청업체에 의뢰하기도 한다. 2010년도에도 실적이 좋아 외주업체와 함께 용역을 다량 수주하여 진행한 적이 있었다. 이때 일부 용역에 대해서 용역대금의 지급을 변칙적으로 하였는데 방식은 이랬다. 용역료 중 일부는 정상적인 세금계산서를 수취하여 지불하고, 나머지 일부는 하청업체의 직원을 마치 회사가 일용직으로 고용한 것처럼 해서 일용직원천징수를 하고 지불한 것이다. 왜 그랬냐고? 필자가 추측컨대 이렇게 하면 부가가치세가 발생하지 않는다.
2015년에 국세청은 이러한 사실을 포착하고 일용직으로 지불된 용역료 만큼 적격 증빙을 수취하지 않았다고 보고 적격증빙미수취가산세를 부과하였다. 동시에 지급명세서를 불성실하게 제출한 점에 대해 지급명세서제출불성실가산세를 부과하였다.

(쟁점)

가공의 일용근로소득 지급분에 포함되어 제출된 지급명세서가 가산세 부과처분 대상인가?

(원천징수와 지급명세서는 한 팀으로 움직인다)

사업자는 근로자에게 월급을 줄 때 일정 금액을 원천징수하여 다음달 10일까지 국세청에 납부한다. 이렇게 1년 동안 원천징수한 사실을 전체적으로 취합해서 다음연도 3월 10일에 제출하는 서류가 지급명세서다. 사례는 근로소득만 해당하지만 지급명세서에는 1년 동안의 인건비성 소득에 대한 원천징수 내용을 기재하도록 되어 있다. 만약에 지급명세서를 제출하지 않거나 불분명하게 제출한다면? 가산세를 내야한다. 처분청은 회사가 업체에게 지급할 외주용역비를 일용직근로자에게 지급한 인건비로 둔갑시켰고, 이 때문에 지급명세서가 불분명하게 작성되었다고 간주하였다.

(회사는 지급명세서의 제출의무가 있는가?)

심판원이 납세자의 손을 들어준 핵심은 이것이다. 회사가 지불한 비용의 실질이 외주용역비라는 점이다. 즉, 일용직 인건비로 신고는 했지만 원래는 세금계산서를 수취했어야 하는 거래였으므로 처음부터 해당 금액에 대한 지급명세서를 제출할 의무가 없었다. 그럼에도 지급명세서를 제출하였고 거기에 기재된 일용직 인건비는 부풀려져 있었다.

처분청의 의견대로 부풀려진 지급명세서를 불분명하게 표시되었다고 보는 것은 분명히 맞다. 그러나 그 전에 회사는 원천적으로 지급명세서의 제출의무가 없는 자였던 것이다. 해당가산세는 지급명세서 제출 의무자에게 부과되는 세금이라는 것이 심판원의 판단이다.

(변칙 처리방식을 초기에 인정한 회사)

회사의 대응 방식은 매우 적절했다고 생각된다. 자신이 변칙적으로 처리한 사실을 초기에 순순히 인정했다. 그리고 가산세는 한 가지만 적용받는 것이 맞다는 주장을 일관되게 했다. 이에 따라 처분청이 세금계산서를 수취하지 않은 점에 대해 적격증빙미수취가산세를 부과하면서 해당 비용이 인건비가 아니라는 것을 양측이 모두 인정한 것이 된 것이다. 이로써 회사는 자연스럽게 지급명세서 제출의무자가 아니게 되었다.

체크 포인트

지급명세서의 제출은 원천징수의무자에게 있다. 같은 맥락에서 지급명세서 미제출 또는 불분명하게 기재함으로 인해 발생한 가산세도 원천징수의무자에게 있다. 돈을 지불하는 측이 자체로 지출증빙을 만드는 셈이니 보다 엄격한 법 규정이 적용된다.

회사가 사업소득으로 분류한 인건비의 실질을 근로소득으로 보아 지급명세서불성실가산세가 부과된 사례

(조심2018소2647, 2018.12.10)

(현황)

A법인은 2011년부터 서울에서 대출중개업을 영위하는 회사다. 회사는 다른 회사와는 조금 다른 인건비 산정제도를 가지고 있는데 “사업가형 근로자 위촉계약”이 그것이다. 인건비의 산정을 대출모집 실적에 연동하고, 이를 사업소득으로 분류하여 원천징수하는 제도다. 보통 사업실적이 중요하고 독립적으로 영업이 필요한 사업장에 이와 유사한 제도가 많다. 하지만 이 회사는 특이하게도 대표이사까지 이러한 계약이 체결되어 있다는 점이다. 다만 최소 고정급여에 대하여는 형식적으로 근로소득으로 신고하되 실제 지급금액은 100% 대출모집실적에 연동하여 산정해왔다.

이러한 회사의 지급관행에 국세청이 제동을 걸었다. 실질적으로는 근로소득임에도 불구하고 4대보험이나 퇴직금 지급 의무를 회피하기 위해서 사업소득으로 분류했다는 것이다. 이에 대해서는 2018년 1월 심판청구에서 납세자가 패소함으로써 근로소득으로의 분류가 정당하다는 판결이 있었다. 처분청은 이러한 근거를 가지고 회사가 대표이사에게 지급한 인건비가 근로소득인데도 불구하고 사업소득으로 분류해서 지급명세서를 작성했고, 이 때문에 지급명세서가 불분명하게 제출되었다고 보아 추가로 지급명세서제출불성실가산세를 추징하였다.

(쟁점)

회사가 근로소득을 사업소득으로 잘못 분류하여 제출한 지급명세서에 대해 지급명세서불성실가산세 부과가 정당한가?

(첫 번째 쟁점은 이미 결론이 난 사안)

회사는 이번 심판청구 이전에 이미 대표이사에게 지급한 인건비가 사업소득이라고 주장하는 심판청구를 제기 했으나 패소했다. 몇 가지 사실관계만 봐도 회사의 그동안의 인건비 지급방식이 변칙적이라는 의구심이 든다. 예를 들어 사실상 프리랜서라고 주장하는 대표이사에게 별도의 법인카드를 지급한 점이나, 형식적이라고 주장하면서 고정급여를 근로소득으로 신고한 부분은 문제의 소지가 충분히 있다. 회사 소속의 근로자도 아닌데 회사의 법인카드를 지급하는 것은 상식에 어긋난다. 그리고 형식적인 근로소득은 또 무엇인가? 마지막으로, 대표이사까지 프리랜서라면 도대체 나중에 그 회사에 분쟁이 생겼을 때 책임은 누가 져야 하는가?

따라서 그동안 대표이사에게 지급한 인건비가 모두 근로소득으로 간주되었고 그에 대한 1차적인 세금추징이 이루어졌다.

(두 번째 세금추징은 지급명세서제출불성실가산세)

처분청이 보기에 회사가 많이 괘씸했나 보다. 단순히 소득분류를 조정한 것에 그치지 않았다. 회사가 변칙적인 처리를 했고, 근로소득에 해당하는 금액을 사업소득으로 표시하여 지급명세서를 제출했으니 결과적으로 불분명하게 작성되어 제출됐다고 본 것이다. 법인사업자가 1년에 한번 제출하는 지급명세서는 미제출했을 때도 가산세가 있지만 불분명하게 제출해도 가산세를 내야 한다. 사례를 찾아보면 어떤 경우에 불분명하게 제출한 것으로 보는지 알 수 있다. 그리고 이번사례도 심판원이 처분청의 주장을 받아들이면서 지급명세서가 불분명하게 제출된 새로운 사례로 추가되었다.

(원천징수 의무자인가에 대한 생각)

이번사례는 앞서 소개한 2번째 사례와 비교해서 이해하면 좋다. 앞선 사례는 처분청이 지급명세서불성실가산세를 부과하였으나 심판원은 인정하지 않았다.

반면 이번 사례는 처분청의 손을 들어주었다. 그 차이는 무엇일까?
바로 납세자가 원천징수의무자인지에 대한 원천적인 부분에서 차이가 존재한다. 앞선 사례에는 회사가 처리한 비용이 인건비가 아니라 업체에게 세금계산서를 발행받고 처리했어야 할 용역비라고 간주한 것이다. 회사는 원천징수의무자가 처음부터 아니었던 것이다. 그러나 이번 사례는 회사가 주장한 사업소득이나 처분청이 주장하는 근로소득은 소득의 종류는 바뀌지만 모두 원천징수 대상소득이다. 회사는 결과에 상관없이 여전히 지급명세서제출의무가 있다. 두 가지 사례의 원천적인 차이가 최종적으로는 가산세부과 여부에까지 영향을 미치는 결과로 이루어졌다. 물론 두 사례 모두 회사에 좋지 않은 의도가 있었다고 생각한다.

체크 포인트

쟁점이 발생했을 때는 그 쟁점만 가지고 보기보다는 보다 원천적인 부분에서 출발하는 것이 좋다. 용어의 정의, 해당 서류의 제출의무가 있는지부터 하나씩 짚어가다 보면 사안에 대한 이해가 깊어진다.

대표이사 가지급금에 대한 미수이자를 1년 이내에 회수하지 못해서 인정상여 처분된 사례

(조심2019서2067, 2019.09.25)

(현황)

A법인은 1992년부터 건설업을 영위하고 있는 법인이다. 회사에는 대표이사 가지급금이 조금씩 쌓여갔는데, 시간이 흐르자 상환이 부담스러울 만큼 규모가 커져버렸다. 그대로 두면 매년 법정 이자 상당액만큼 회사에게 익금이 늘어나고, 그만큼 대표이사에게는 무이자로 혜택을 받았으니 상여로 간주된다. 즉 법인세와 소득세가 동시에 발생한다.

회사는 금액적 부담을 고려해서 법정 이자 만큼 수익을 계산하고 미수이자로 회계처리 했다. 이렇게 하면 회사가 자진해서 채권을 계상했으니 당장 소득세 부과를 하지 않을 수 있다. 처분청은 회사가 미수이자로 계상한 후 1년 이내에 채권회수를 하지 않았다고 간주하고 2013년부터 3년간의 법인세 및 소득세를 추징하였다.

(쟁점)

특수관계자에 대한 가지급금 미수이자가 1년 이내에 회수되지 않은 경우 세금의 추징이 정당한가?

(1년 이내에 회수되지 않은 미수이자)

가지급금에 대한 이자를 그 다음해 사업연도 종료일까지 회수하지 않으면 그 이자를 익금으로 간주하는 내용은 법인세법에 명시되어 있다. 쟁점 자체는 다툼의 여지조차 없는 것이다. 따라서 회사는 이 쟁점이 익금이 아니라고 주장한 것이 아니라(주장 할 수도 없다) 미수이자로 계상했다가 대금을 회수했다는 주장을 했다. 그리고 제시한 자료는 계정별원장과 입금전표였다. 이 자료가 회사의 주장을 입증하기에 충분할까? 그렇지 않다. 계정별원장이나 입금전표는 모두 회사가 작성한 장부다. 회사는 필요에 따라 특정일자의 계정원장에 분개를 한줄 추가해서 대표이사에게 돈을 받았다고 조작할 수 있는 것이다. 처분청이나 심판원도 같은 관점이었다. 보다 확실한 증거, 예를 들면 대표이사의 예금계좌에서 회사로 자금을 보낸 금융거래 내역 같은 자료를 원했으나 회사는 제시하지 못했다. 결론은 너무 쉽게 내려졌다. 처분청의 주장이 인정되었다.

(인정이자의 처리)

대표이사 가지급금은 한 번 발생하면 회수할 때까지 철저히 관리해야 한다. 보통 대표이사가 최대주주인 중소기업에 가지급금이 많이 쌓여있는데, 안타깝지만 회사 자금과 본인 자금을 혼동하기 때문에 이런 일이 발생한다. 돈이 필요한데 세금은 내기 싫을 때도 쉽게 자금을 조달할 수 있는 방법이다. 가지급금은 한번 발생하면 쉽게 줄어들지 않는다. 처음에 조금 생겨난 가지급금의 인정이자는 별로 부담스럽지 않다. 일 년에 4.6% 이자를 계산해서 대표이사의 근로소득 연말정산 때 총급여에 합쳐주면 된다. 세금은 아주 약간 늘어날 뿐이다. 그러나 점점 그 세금조차 부담스럽게 느껴지는 순간이 온다. 이쯤 되면 회사는 세무조정하기 전 회계 결산을 하면서 자진해서 이자수익과 미수이자를 계상한다. 법인의 입장에서 채권을 인식한 것이니 1차적으로 세무조정할 것이 따로 없다. 세무조정하지 않으니 인정상여로 소득처분 하지 않아도 된다. 적어도 미수이자가 발생한 첫 해에는 그렇다.
실무 담당자가 가끔 놓치는 부분이 여기서부터다. 특수관계자에게 발생한 미수이자는 발생한 그 다음해에는 무조건 정리되어야 한다. 왜냐하면 앞서 검토한 것처럼 법인세법에 명시되어 있기 때문이다. 하지만 놓친다. 일단 미수수익을 계상해놓고 나면 법인의 입장에서는 추가로 세금을 부담할 리스크는 사라진다. 세무리스크가 사라지면 실무담당자의 머리속에서 잊혀지는 것은 시간문제다.

(미수수익 세무조정)

법인의 입장에서 올해 계상한 미수수익이 다음 사업연도 말까지 회수되지 않았다고 가정하고, 결산 때도 특별히 채권을 제각하는 등의 회계처리 없이 그대로 두었다면 세무조정할 때 다음과 같이 양편 세무조정이 반영된다.

미수수익 계상 첫해	이듬해
회계상 수익 계상되었으므로 세무조정 X	(손금산입) 미수수익 XX (△유보)
	(익금산입) 미수수익 XX (상여 등)

세무상으로 미수수익이 그 다음해까지 넘어가는 것이 인정되지 않으므로 채권을 감소시키는 세무조정과, 소득처분을 위해 익금산입시키는 세무조정이 동시에 발생한다. 즉 법인 입장에서는 해마다 이자만 잘 계산해서 수익으로 올렸으면 그 다음부터 아무런 세효과가 발생하지 않는다. 이런 이유로 회사의 실무담당자는 세무리스크가 낮다고 생각하고 시간의 흐름과 함께 잊어버리곤 한다. 하지만 법인의 입장에서는 그렇다고 해도, 채무자의 관점에서는 여전히 리스크가 도사리고 있는 것이다. 특히 대표이사 개인의 경우에는 갚지 않은 돈의 이자는 그 다음해까지 안 갚을 경우에는 누락 없이 상여로 소득처분 시켜줘야 한다. 가지급금이 한번 발생하면 세무담당자는 원천징수까지 충실히 챙겨야 한다.

체크 포인트

특수관계자 가지급금은 한번 발생하면 채권자, 채무자 모두 주의를 기울여 관리를 해야 한다. 법인은 이자소득에 대한 원천징수, 근로자라면 근로소득, 주주라면 배당소득에 대한 원천징수 이슈를 연관지어 고민하는 습관이 필요하다.

비상근임원에게 지급한 급여가 처분청에서 부인되었다가 심판원에서 인정된 사례

(조심2013서4486, 2014.09.16)

(현황)

A법인은 시내버스 운송업을 영위하는 회사로 대표이사 B는 A법인 외에도 LPG충전소, 기타 연관 사업을 영위하는 사업장을 계열사로 보유하고 있다. 대표이사의 친동생 C는 회사의 비상근이사로 등재되어 있고, 마찬가지로 다른 계열사의 등기이사 또는 감사로 되어 있으며 계열사중 한곳에 상근임원으로 재직 중이다. A회사의 입장에서 C는 비상근이사이므로 정기적인 출퇴근기록은 따로 없으나 이사회결의 및 주요 의사결정에 참여한 사실이 회의록 등

을 통해서 존재한다. 회사는 C에게 정기적으로 급여를 지급하여왔고, 근로소득으로 구분하였다.
처분청은 상근이사로 다른 계열사에 이미 재직 중인 C가 A회사의 비상근임원의 역할을 수행하는 것이 현실적으로 불가능하다고 보고 그동안 지급한 인건비를 업무무관 비용으로 보아 손금불산입 처분하였다.

(쟁점)

회사와 계약한 비상근이사의 인건비는 어떤 경우에 손금으로 인정되는가?

(비상근임원에게 지급한 인건비)

실무담당자의 입장에서 비상근임원의 소득분류는 매우 어렵지만 중요하다. 소득분류에 따라 원천징수 세율이 달라지기 때문이다. 다음과 같이 3가지의 처리 방안이 존재한다.

① 근로소득으로 분류된다면 회사는 근로소득간이세액표에 따른 세율로 원천징수를 해야 한다. 여기에 더해 4대 보험가입도 함께 처리해야 한다.
② 사업소득으로 분류된다면 회사는 사업소득에 따른 원천징수를 수행하여야 한다.
③ 기타소득으로 분류된다면 회사는 기타소득에 따른 원천징수를 수행하여야 한다.

이러한 고민은 처음에는 해당인원이 상근이 아니라 비상근이기 때문에 발생한다. 상근이사는 통상적으로 출퇴근시간이 정해져 있고 근로를 제공한 사실에 이견이 없으므로 근로소득으로 처리하면 된다. 하지만 한두 달에 한번 나와서 업무상 노하우만 잠시 전달해주는 비상근이사라면? 또는 회의가 있을 때만 참석해서 의견을 개진하고 그 이후에는 출근하지 않는다면? 이때는 근로소득으로 분류하는 게 맞는지 의문이 든다. 이런 경우에는 유사 사례를 충분히 찾아본 후 해당 임원과의 계약 내용에 따라 소득분류를 잘 판단해야 한다. 현황에 따라서 판단해야 할 문제이기 때문에 답은 없다.
통상적으로 사내이사라면 상근과 비상근을 구분할 것 없이 근로의 성격이 강하므로 근로소득으로 분류한다. 반면 사외이사인 경우 비상근인 경우가 거의 대부분이고 대학 교수와 같이 다른 직종에서 이미 경제활동을 하고 있는 자들일 경우가 많다. 이때는 사업소득이나 기타소득으로 분류될 가능성이 크다.

쟁점 사례의 비상근이사 C는 사내이사에 해당한다. 또한 대표이사와 혈연관계에 있다.

(근로를 제공한 사실이 있는가)

회사가 지급한 급여를 인정할 것인가 말 것인가에 대한 다툼은 심플하게 정리 할 수 있다. 그 사람이 회사에 근로를 제공했는가? 이거 하나만 입증하면 되는 문제인 것이다. 위에서 정리했던 사외이사냐 사내이사냐, 또는 상근이냐 비상근이냐를 보는 이유도 그 사람이 근로를 제공할만한 상황과 계약관계에 있는지를 추측하기 위함이다. 본격적으로 문제가 제기된 이후부터는 회사는 근로를 제공받았다는 주장을 객관적인 증거를 통해서 입증해 나가야 한다. 처분청은 반대로 왜 그 사람이 근로를 제공받지 않았다고 판단했는지를 주장해야 한다.

(이사회 결의, 그리고 노동조합장의 확인서)

C씨는 비상근이사이기 때문에 근로사실의 대표적인 입증자료인 근태기록은 의미가 없다. 따라서 임원으로서 근로제공사실의 주요 입증자료는 각종 임원회의 및 주주총회의 참석사례, 직원과의 주요업무 협의사실 등이 될 수 있다. C는 처분청이 급여로 인정하지 않은 2008년~2011년 4년 동안 10차례 이상의 임원회의 및 주주총회에 참석하여 의견을 개진한 사실이 존재했다. 추가로 노동조합장의 확인서가 제출된 바 있는데, 그 내용은 C씨가 운송업계에 20년 이상 재직한 경험을 바탕으로 회사 차량의 운행실태를 점검하거나 노조와의 업무협의, 조율 등에 지속적으로 관여하여 왔다는 것이다.

이에 대해 처분청은 C씨가 해외출장기간 중인데도 불구하고 이사회에 참여하여 서명날인 한 사례를 통해 해당 이사회가 단지 형식적인 서류작업일 뿐이라는 주장을 했다. 또한 노동조합장 역시 회사의 임직원에 불과하므로 그가 확인해준 내용이 객관적인 자료가 될 수 없다는 주장도 함께 했다.

(임원에게 지급한 인건비)

회사의 주요의사결정에 권한이 있는 임원에게 지급하는 급여는 사용인처럼 정해져 있지 않다. 실적이 악화되면 급여가 거의 없다가도 개선되면 한꺼번에 보상이 이루어지기도 한다. 외부미팅이 자주 있어 직원이 보기에는 출근을 점심때 하는 것처럼 보여도 오전에 다른 사업장에서 회의를 마치고 들어오는 경우일 수 있다. 퇴근을 3시에 하는 것도 외부 일정 때문일 수 있는 것이다. 처분청은 C씨가 비상근임원임과 동시에 대표이사와의 혈연관계에 있는 사실 때문에 처음부터 색안경을 끼고 접근한 것처럼 보인다. 또한 물리적으로 다른 계열사에서 상근임원으로 재직하면서 회사의 비상근임원을 겸하는 것이 불가능하다고 생각했다. 하지만 만약에 반대로 비상근임원인 C씨에게 아무런 인건비가 지불되지 않았다면 어땠을까? 처분청은 이것도 분명 문제 삼았을 것이다. 겸직임원에게는 인건비를 안분해서 지급했어야 하는데 계열사 어느 한 곳에서 몰아서 지급한 점 또한 부당행위의 소지가 있기 때문이다.
심판원은 C씨가 비상근이사였지만 업계의 깊은 이해를 바탕으로 회사의 주요 의사결정에 참여한 사실이 있고, 노조와의 협의, 근로환경, 업무실태 개선에 지속적으로 관여한 사실도 인정하였다. 이정도의 근로에 비해 지불된 급여가 과다하지 않다고 보고 처분청의 처분을 취소하는 결정을 내렸다.

체크 포인트

비상근이사나 사외이사의 경우에는 계약의 성격에 따라 소득의 구분을 명확히 내리는 것이 첫 단추다. 첫 단추를 잘못 꿰면 나머지 단추가 어떻게 될지 쉽게 예측이 가능하다.

■ 정리

원천징수 관련 법조문*

원천징수 분야가 어려운 이유는 근거규정이 법인세법 소득세법 국제조세조정에 관한 법률 등에 산재해 있기 때문이다. 거래 상대방이 내국 법인이라면 법인세법을, 해외 법인이면 법인세법과 국조법을, 개인이라면 소득세법의 규정을 함께 참고해야 한다.

법인세법 제73조【내국법인의 이자소득 등에 대한 원천징수】 ALL

① 내국법인(대통령령으로 정하는 금융회사 등은 제외한다)에 다음 각 호의 금액을 지급하는 자(이하 이 조에서 "원천징수의무자"라 한다)는 그 지급하는 금액에 100분의 14(「소득세법」 제16조 제1항 제11호의 비영업대금의 이익인 경우에는 100분의 25)의 세율을 적용하여 계산한 금액에 상당하는 법인세(1천 원 이상인 경우만 해당한다)를 원천징수하여 그 징수일이 속하는 달의 다음 달 10일까지 납세지 관할 세무서등에 납부하여야 한다.

1. 「소득세법」 제16조 제1항에 따른 이자소득의 금액(금융보험업을 하는 법인의 수입금액을 포함한다)
2. 「소득세법」 제17조 제1항 제5호에 따른 집합투자기구로부터의 이익 중 「자본시장과 금융투자업에 관한 법률」에 따른 투자신탁의 이익(이하 "투자신탁의 이익"이라 한다)의 금액

② 제1항에도 불구하고 법인세가 부과되지 아니하거나 면제되는 소득 등 대통령령으로 정하는 소득에 대해서는 법인세를 원천징수하지 아니한다.

③항 이하 생략

법인세법 제98조【외국법인에 대한 원천징수 또는 징수의 특례】

→ 필자 주: 이 규정은 해당 국가의 조세조약과 함께 보면서 제한 세율을 확인해야 함

---

* 2019년 12월 31일 시점에 적용중인 법조문임

① 외국법인에 대하여 제93조 제1호·제2호 및 제4호부터 제10호까지의 규정에 따른 국내원천소득으로서 국내사업장과 실질적으로 관련되지 아니하거나 그 국내사업장에 귀속되지 아니하는 소득의 금액(국내사업장이 없는 외국법인에 지급하는 금액을 포함한다)을 지급하는 자(제93조 제7호에 따른 국내원천 부동산등양도소득의 금액을 지급하는 거주자 및 비거주자는 제외한다)는 제97조에도 불구하고 그 지급을 할 때에 다음 각 호의 구분에 따른 금액을 해당 법인의 각 사업연도의 소득에 대한 법인세로서 원천징수하여 그 원천징수한 날이 속하는 달의 다음 달 10일까지 대통령령으로 정하는 바에 따라 납세지 관할 세무서등에 납부하여야 한다.

1. 제93조 제1호에 따른 국내원천 이자소득: 다음 각 목의 구분에 따른 금액
   가. 국가·지방자치단체 및 내국법인이 발행하는 채권에서 발생하는 이자소득: 지급금액의 100분의 14
   나. 가목 외의 이자소득: 지급금액의 100분의 20
2. 제93조 제2호에 따른 국내원천 배당소득: 지급금액의 100분의 20
3. 제93조 제4호에 따른 국내원천 선박등임대소득 및 같은 조 제5호에 따른 국내원천 사업소득(조세조약에 따라 국내원천 사업소득으로 과세할 수 있는 소득은 제외한다): 지급금액의 100분의 2
4. 제93조 제6호에 따른 국내원천 인적용역소득: 지급금액의 100분의 20. 다만, 국외에서 제공하는 인적용역 중 대통령령으로 정하는 인적용역을 제공함으로써 발생하는 소득이 조세조약에 따라 국내에서 발생하는 것으로 보는 소득에 대해서는 그 지급금액의 100분의 3으로 한다.
5. 제93조 제7호에 따른 국내원천 부동산등양도소득: 지급금액의 100분의 10. 다만, 양도한 자산의 취득가액 및 양도비용이 확인되는 경우에는 그 지급금액의 100분의 10에 상당하는 금액과 그 자산의 양도차익의 100분의 20에 상당하는 금액 중 적은 금액으로 한다.
6. 제93조 제8호에 따른 국내원천 사용료소득: 지급금액의 100분의 20

사례1

7. 제93조 제9호에 따른 국내원천 유가증권양도소득: 지급금액(제92조 제2항 제2호에 해당하는 경우에는 같은 호의 "정상가격"을 말한다. 이하 이 호에서 같다)의 100분의 10. 다만, 제92조 제2항 제1호 단서에 따라 해당 유가증권의 취득가액 및 양도비용이 확인되는 경우에는 그 지급금액의 100분의 10에 상당하는 금액과 같은 호 단서에 따라 계산한 금액의 100분의 20에 상당하는 금액 중 적은 금액으로 한다.
8. 제93조 제10호에 따른 국내원천 기타소득: 지급금액(같은 호 다목의 소득에 대해서는 대통령령으로 정하는 금액)의 100분의 20

② 이하 생략

국제조세조정에 관한 법률 제3조【다른 법률과의 관계】 사례1

① 이 법은 국세와 지방세에 관하여 규정하는 다른 법률보다 우선하여 적용한다.

소득세법 제127조【원천징수의무】 사례2,3

① 국내에서 거주자나 비거주자에게 다음 각 호의 어느 하나에 해당하는 소득을 지급하는 자(제3호의 소득을 지급하는 자의 경우에는 사업자 등 대통령령으로 정하는 자로 한정한다)는 이 절의 규정에 따라 그 거주자나 비거주자에 대한 소득세를 원천징수하여야 한다.

1. 이자소득
2. 배당소득
3. 대통령령으로 정하는 사업소득(이하 "원천징수대상 사업소득"이라 한다)
4. 근로소득. 다만, 다음 각 목의 어느 하나에 해당하는 소득은 제외한다.
   가. 외국기관 또는 우리나라에 주둔하는 국제연합군(미군은 제외한다)으로부터 받는 근로소득
   나. 국외에 있는 비거주자 또는 외국법인(국내지점 또는 국내영업소는 제외한다)으로부터 받는 근로소득. 다만, 다음의 어느 하나에 해당하는 소득은 제외한다.

1) 제120조 제1항 및 제2항에 따른 비거주자의 국내사업장과 「법인세법」 제94조 제1항 및 제2항에 따른 외국법인의 국내사업장의 국내원천소득금액을 계산할 때 필요경비 또는 손금으로 계상되는 소득

2) 국외에 있는 외국법인(국내지점 또는 국내영업소는 제외한다)으로부터 받는 근로소득 중 제156조의 7에 따라 소득세가 원천징수되는 파견근로자의 소득

5. 연금소득

6. 기타소득. 다만, 다음 각 목의 어느 하나에 해당하는 소득은 제외한다.

가. 제8호에 따른 소득

나. 제21조 제1항 제10호에 따른 위약금·배상금(계약금이 위약금·배상금으로 대체되는 경우만 해당한다)

다. 제21조 제1항 제23호 또는 제24호에 따른 소득

7. 퇴직소득. 다만, 제4호 각 목의 어느 하나에 해당하는 근로소득이 있는 사람이 퇴직함으로써 받는 소득은 제외한다.

8. 대통령령으로 정하는 봉사료

②항 이하 생략

법인세법 제120조【지급명세서의 제출의무】 사례2,3

① 내국법인에 「소득세법」 제127조 제1항 제1호 또는 제2호의 소득을 지급하는 자(제73조 제4항부터 제6항까지 및 제73조의 2에 따라 원천징수를 하여야 하는 자를 포함한다)는 대통령령으로 정하는 바에 따라 납세지 관할 세무서장에게 지급명세서를 제출하여야 한다. 이 경우 「자본시장과 금융투자업에 관한 법률」의 적용을 받는 법인의 신탁재산에 귀속되는 소득은 제5조 제2항에도 불구하고 그 법인에 소득이 지급된 것으로 보아 해당 소득을 지급하는 자는 지급명세서를 제출하여야 한다.

② 제1항에 따른 지급명세서의 제출에 관하여는 「소득세법」 제164조를 준용한다.

법인세법 시행령 제11조【수익의 범위】 사례4

법 제15조 제1항에 따른 이익 또는 수입[이하 "수익"(收益)이라 한다]은 법 및 이 영에서 달리 정하는 것을 제외하고는 다음 각 호의 것을 포함한다.

9. 법 제28조 제1항 제4호 나목에 따른 가지급금 및 그 이자(이하 이 조에서 "가지급금등"이라 한다)로서 다음 각 목의 어느 하나에 해당하는 금액. 다만, 채권·채무에 대한 쟁송으로 회수가 불가능한 경우 등 기획재정부령으로 정하는 정당한 사유가 있는 경우는 제외한다.
   가. 제2조 제5항의 특수관계가 소멸되는 날까지 회수하지 아니한 가지급금등(나목에 따라 익금에 산입한 이자는 제외한다)
   나. 제2조 제5항의 특수관계가 소멸되지 아니한 경우로서 법 제28조 제1항 제4호 나목에 따른 가지급금의 이자를 이자발생일이 속하는 사업연도 종료일부터 1년이 되는 날까지 회수하지 아니한 경우 그 이자

Chapter 11. 조세절감에 필수, 그러나 접근은 최대한 신중하게

세액감면이나 공제는 납부세액을 줄이는데 매우 중요한 역할을 한다. 회사는 조세절감을 위해서 적용 가능한 세액공제나 감면이 있는지를 연중 수시로 검토하는 것이 현명하다.

실무담당자는 검토과정에서 다음을 반드시 하나씩 짚고 넘어가야 한다.

1. 공제 또는 감면의 요건을 충족하는가? 또는 충족시키기 위해 어떤 준비를 해야 하는가?
2. 공제/감면 세액이 정확히 산출되었는가?
3. 사후관리 조항이 존재한다면 향후 어떻게 관리해야 하는가?

가끔 실무 담당자는 가만히 있다가 법인세 신고까지 다 마친 뒤에 나중에 돼서야 왜 세액공제나 감면을 하나도 적용받지 못했는지에 대해서 세무대리인을 탓하는 경우가 있다. 과세표준의 윗부분은 세무대리인이 주어진 자료를 통해서 어느 정도 세무조정이 가능하다. 그러나 세액공제나 감면은 회사의 현황을 속속들이 파악하고 있는 회사담당자가 아니면 알 수 없는 경우가 많다. 특정한 업종, 특정한 상황, 특정한 투자에 대해서 공제나 감면을 해주는 경우가 많기 때문이다. 따라서 세무대리인과 효과적으로 업무교류를 하기 위해서는 상기에서 언급한 3가지 포인트에 대해서 실무자가 사전에 검토를 해야 한다. 그리고 그 중에서 막히는 부분이나 애매한 부분을 짚어내서 구체적으로 세무대리인의 협조를 구하면 분명 많은 도움을 얻을 수 있다.

법인세 신고할 때 세액공제나 감면을 반영하기는 쉽다. 그냥 계산해서 서식에 넣어버리면 된다. 하지만 엉터리로 검토하여 반영한 공제감면은 나중에 반드시 독이 된다. 본세는 물론 가산세가 함께 추징될 위험에 노출된다.

다음에서 소개하는 사례들은 회사들이 일반적으로 많이 적용하는 세액공제나 감면에 대한 분쟁 사례다. 세액공제 및 감면의 대부분은 조세특례제한법에서 규정하고 있으나 법인세 신고에 최종적으로 영향을 미치므로 구분 없이 소개하도록 한다.

도소매업을 영위하는 서울사무소의 존재로 인해 중소기업특별세액감면 신청액 일부가 배제된 사례

(조심2017구3099, 2018.01.17)

(현황)

A법인은 지방에서 화공약품 제조 및 판매업을 영위하는 사업자로 1976년 설립하였다. 이후 수도권에서 적극적인 영업활동을 위해 1985년 서울에 사무소를 개설했다. 여기에는 5~6명의 영업사원이 근무하고 있고, 수도권 신규거래처 발굴, 기존 고객관리 등의 업무를 수행한다. 사업자등록증을 발급받고 업종은 도소매업으로 신고하였다.

회사는 2014년 중소기업특별세액감면을 적용하여 법인세를 신고하였다. 수도권 외에 위치한 중기업으로 전체 소득금액을 대상으로 법정 감면세율을 적용하였다. 그러나 처분청은 서울사무소에서 발생한 소득은 감면대상이 아니라고 보고 일부 감면세액을 인정하지 않았다.

(쟁점)

서울에서 도소매업을 영위하고 있는 사무소가 있다면, 중소기업특별세액감면 대상이 아닌가?

(중소기업특별세액감면 적용시 주의사항)

중소기업특별세액감면은 중소기업의 실무담당자가 가장 처음 검토하는 세액감면으로 조세특례제한법에서 상세한 요건, 세율, 그리고 감면한도 등을 규정하고 있다. 감면율이 적게는 5%에서 많게는 30%까지이므로 요건충족이 된다면 누락 없이 적용하여야 절세효과를 누릴 수 있다.

이 감면을 적용할 때 가장 혼란스럽고 오류가 많은 부분은 회사의 규모에 대한 부분과, 업종에 대한 부분이다. 중소기업 중 중기업이냐 소기업이냐에 따라 감면율이 달라지는데 이에 대한 판단을 잘못하는 경우가 많다. 또한 업종도 회사가 여러 가지 업종을 영위하는데 일부 업종은 감면 대상이지만 나머지는 대상이 아닌 업종을 영위하는 경우 업종에 따라 소득구분을 잘 해야 한다. 그래서 감면 대상인 업종의 소득만을 잘 구별해서 감면율을 반영해야 한다. 사례의 경우 회사는 본사의 제품을 받아서 판매만 하는 서울 사무소의 존재는 중소기업특별세액감면을 적용받는 것에 아무런 영향을 주지 않는다고 생각했다.

(서울사무소의 역할)

서울사무소는 회사의 지점이지만 엄밀한 독립 사업장이다. 세무서에 도소매업으로 신고하고 별도의 사업자등록증을 발급받았다. 영업직원은 독립적인 영업활동을 수행한다. 물건은 본사에서 들여올 때 세금계산서를 끊고 매입하는 형태를 취한다. 회사 입장에서는 부가가치세법상 어쩔 수 없이 사업자등록을 하고 형식적으로 본사의 물건을 세금계산서를 통해 사들이는 형태를 취하지만, 실질은 동일 사업장이라고 생각한다. 회사가 이렇게 주장하려면 서울사무소는 사업자등록을 하지 말고, 물건만 보관하는 단순 창고의 기능만 수행했어야 한다. 그래야 회사는 서울에 도소매업을 영위하는 사업장이 없는 것이다. 영업직원이 존재하고, 물건을 사온다음 마진을 붙여서 되파는 행위가 발생했다면 서울사무소는 엄연히 도소매업을 영위하는 사업장인 것이다.

(감면 업종과 비감면 업종)

회사를 설립해서 운영하다보면 처음에 생각했던 한 가지 업종만 가지고는 먹고살기 힘들 때가 있다. 또는 운영하다보니 새로운 사업영역에서 성장의 기회를 잡을 수도 있다. 이때 고민을 한다. 회사 내에 새로운 사업부를 하나 신설할 것인가? 아니면 해당 업종을 영위하는 자회사를 설립할 것인가? 이미 사업 중인 다른 회사의 지분을 매입할 것인가?
이중에서 조직 안에 새로운 사업부를 신설하는 의사결정을 했다고 가정하자. 만약 회사가 중소기업특별세액감면을 적용받고 있던 회사라면, 반드시 새로운 사업부의 업종이 지속적으로 세액감면을 적용받을 수 있는 업종인가를 검토해야 한다. 만약 업종 중 하나는 감면대상이지만, 다른 하나는 감면 대상이 아니라면? 사업부별 손익을 엄격하게 구분할 수 있도록 사전에 작업을 해둬야 한다. 사전에 작업하지 않는다면 연말에 결산할 때는 손을 쓰기 힘든 만큼 업무량이 늘어나 있게 되는 것을 경험할 것이다. 그러면 결국 세액감면 신청을 포기하는 결론에 도달하게 된다. 실무담당자의 역량과 역할이 중요한 이유가 바로 이런 경우 때문이다.

체크 포인트

중소기업특별세액감면의 업종과 규모에 대한 검토는 처음 적용할 때 당연히 수행되어야 하고 매 사업연도마다 변동이 없는지를 검토하는 것이 중요하다. 연중 새로운 업종의 추가여부, 감면 관련 세법의 개정내용도 빠짐없이 확인하고 넘어가야 한다.

법인의 사업부 일부를 아웃소싱 형태로 운영하기 위해 신설한 법인의 창업중소기업특별세액감면 적용을 불인정한 사례

(심사법인2015-8, 2015.04.27.)

(현황)

A법인은 경기도에서 전자부품 제조업을 영위하기 위해 2012년 설립되었다. 이 회사의 주주는 아버지와 아들로 가족기업의 형태를 취하고 있다. 이들은 과거부터 사업을 영위해오던 전자부품 제조판매 법인 B의 최대주주이기도 하다. 규모는 A법인보다 훨씬 크다. 초기자본금이 1억 원에 불과한 A회사는 재고자산이나 기계장치를 취득할 때 가격협상력이 거의 없었다. 신용이 없으니 주문제작하는 기계장치는 대금의 선결제를 요구하기도 했다. 그래서 B에게 요청하여 B가 대신 기계장치 제작을 의뢰하고, 완성 후에 인도 받는 형식을 취했다. 한편, 설립시 채용한 인원의 대부분은 B법인에서 퇴사한 직원이다.

회사는 2012년 창업한 회사의 법인세 신고시 창업중소기업에 대한 특별세액감면을 적용하였다. 그러나 처분청은 이러한 회사의 설립방식은 창업이라고 보기 어렵다고 판단하여 감면세액을 추징하였다.

(쟁점)

회사의 설립방식 및 과정이 실질적인 창업에 해당하지 않는 것일까?

(창업중소기업특별세액감면)

창업중소기업에게 설립초기 세금 부담을 줄여주고, 사업이 안정적인 궤도에 오르도록 지원하기 위한 취지로 도입된 이 세액감면은 효과가 엄청 크다. 납부세액의 적게는 50% 많게는 100%까지 감면되기 때문이다. 잘만 적용하면 설립하고 5년 동안 돈을 아무리 벌어도 세금을 안낼 수 있다니!

그러나 안타깝게도 이 조문을 가볍게 보고 쉽게 적용했다가 낭패를 보는 법인이 주변에 너무 많다. 창업의 의미를 단순히 새로운 법인 하나가 만들어지면 되는 것으로 쉽게 생각하기 때문인 듯하다. 이 감면에서 창업은 '실질적인 창업'을 의미한다.

(실질적인 창업에만 감면 혜택을)

개인사업자로 돈을 벌다 보면 세금부담이 갑자기 커지는 때가 있다. 6%에서 최대 40%까지 늘어가는 누진세율 때문이다. 처음에 100만 원 벌면 6만 원만 세금으로 내면 됐는데 매출액이 쌓이다보니 어느 순간 100만 원을 벌면 40만 원을 세금으로 내야 한다. 40만 원 세금을 내고 사업장 운영이 가능할까? 이쯤 되면 개인사업자를 법인으로 전환하려는 동기가 생긴다. 법인사업자는 처음 2억까지는 10%, 200억까지는 20%의 세율을 적용받는다. 이렇게 법인으로 전환하면 어쨌든 신설법인이 된다. 법인으로 창업했으니 창업중소기업세액감면을 적용할 수 있을까? 안 된다. 이런 창업은 가게 이름만 바꾼 형식적인 창업으로 본다.

지금 사례를 살펴보자. 먼저 설립해서 잘 운영중인 법인 B가 있다. 전자부품의 제조에서 판매 등 다양한 업종을 영위하고 있는데, 갑자기 사업부문을 떼어내서 외주화 할 동기가 생긴 것이다(그 동기는 회사 내부에 있기 때문에 임직원이 아닌 한 외부인이 알 수는 없다). 그래서 전자부품을 제조만 하는 법인 A를 새로 만들었다. 회사의 주주구성은 A법인, B법인 모두 아버지와 아들로 똑같다. 신설법인의 직원도 대부분 이전법인에서 퇴사시키고 재입사 하였다. 심지어 재고자산이나 유형자산도 이전법인에서 사들였다면, 이 모든 사실관계가 무엇을 의미하는가? 이름만 바뀌었지 사실상 이전법인의 사업부가 법인화된 것으로 보지 않겠는가? 따라서 이런 형식적인 창업에는 감면혜택을 부여하지 않겠다는 것이 국세청의 입장이다. 그 외 사업자등록증에 새로운 업종을 추가하는 경우, 법인을 청산하자마자 새로운 법인을 다시 설립하는 경우 모두 실질적 창업으로 인정하지 않는다. 그 이유는 조세특례제한법에 명문화되어 있는 하기의 규정 때문이다.

조세특례제한법 제6조【창업중소기업 등에 대한 세액감면】

⑩ 제1항부터 제9항까지의 규정을 적용할 때 다음 각 호의 어느 하나에 해당하는 경우는 창업으로 보지 아니한다.

1. 합병·분할·현물출자 또는 사업의 양수를 통하여 종전의 사업을 승계하거나 종전의 사업에 사용되던 자산을 인수 또는 매입하여 같은 종류의 사업을 하는 경우 (단서 문구 생략)
2. 거주자가 하던 사업을 법인으로 전환하여 새로운 법인을 설립하는 경우
3. 폐업 후 사업을 다시 개시하여 폐업 전의 사업과 같은 종류의 사업을 하는 경우
4. 사업을 확장하거나 다른 업종을 추가하는 경우 등 새로운 사업을 최초로 개시하는 것으로 보기 곤란한 경우

(감면의 요건과 배제사례를 충분히 검색)

다른 항목도 마찬가지지만 세액감면이나 공제요건을 검토할 때는 법조문을 있는 그대로 해석하되, 그 정의를 명확하게 이해해야 한다. 지금과 같은 사례는 '창업'의 정의를 납세자가 너무 좁게 해석한 것이다. 물론 새로운 법인이 설립되었고, 사업기수가 1기라면 당연히 창업이 맞기는 맞다. 하지만 창업중소기업특별세액감면에서 혜택을 주는 '창업'에는 해당하지 않는다. 단어 하나하나가 갖는 의미는 적용하고자 하는 세액감면 및 공제에서 정의하는 바를 1차적으로 따르고, 조문의 내용만으로 불분명할때는 유권해석이나 심판례를 충분히 읽어봐야 한다. 다양한 사례를 통해 간접적인 경험을 하고 나면 실전에서 현명한 판단을 하도록 도움을 얻을 수 있다.

체크 포인트

세액감면 및 공제를 적용할 때는 단어의 정의를 해당 법조문에서 찾는 노력을 해야 한다. 자의적인 해석은 금물이다.

창업중소기업등세액감면(벤처기업)의 벤처기업인증서 유효기간이 만료되어 세금을 추징당했으나 심판원에서 취소된 사례

(조심2018서2607, 2018.12.27)

(현황)

A법인은 2011년 7월에 설립하여 소프트웨어 개발 및 공급업을 영위하고 있다. 회사는 2012년 기술신용보증기금으로부터 벤처기업으로 인증 받았다. 인증서의 유효기간은 2년이다. 회사는 2014년 만기가 도래했을 때 기한 내에 갱신을 요청하여 한차례 갱신하였다. 회사의 기술력이나 요건에 하자가 있을 만한 사항이 없었기 때문에 갱신에는 무리가 없었다. 그러나 2번째 유효기간 만기가 도래한 2016년에는 담당자의 실수로 갱신을 놓쳤다. 이러한 사실을 2017년에 파악한 회사는 즉시 인증을 재신청하여 인증서를 새롭게 발급 받았다.

2016년 회사는 창업중소기업등세액감면의 벤처기업에 해당하는 세액감면을 적용하여 법인세를 신고 납부하였다. 그러나 처분청은 2016년 말 시점으로 벤처기업 인증서의 유효기한이 만료된 상태기 때문에 세액감면이 불가하다는 입장을 내고 세금을 추징하였다.

(유효기간 만료가 추징사유가 되는지)

이 사례는 다소 혼란스러운 사례라고 생각한다. 결론부터 이야기하면 심판원은 납세자의 손을 들어줬다. 그 이유는 다음과 같다.

- 관련 법 조문에 벤처기업의 확인이 취소된 경우에는 감면을 적용하지 않는다는 문구가 명시되어 있다. 그러나 지금 사례는 담당자의 실수로 벤처기업 인증서의 갱신을 누락한 것 뿐, 취소 된 것은 아니라는 점이다.
- 바로 다음해에 회사는 벤처기업 인증 재신청을 하여 다시 인정받았다는 점이 이를 증명한다.

납세자 입장에서는 안도의 한숨을 쉬는 것이 당연하다. 벤처기업 세액감면의 효과는 최소 납부세액의 50%다.

(세액감면의 전제조건)

하지만 법조문을 조금 더 살펴보면 고개를 갸우뚱할지 모른다. 이 세액감면의 대상은 다음과 같다.

"~대통령령으로 정하는 기업으로서 창업 후 3년 이내에 벤처기업으로 확인받은 기업"

'벤처기업으로 확인받은 기업'을 입증하는 자료가 바로 벤처기업 인증서다. 그리고 이 인증서는 유효기간이 2년으로 명시되어 있다. 회사처럼 유효기간이 경과해 버렸을 때 과연 이 회사를 벤처기업으로 확인받은 기업이라고 할 수 있을까? 독자께서 만약 처분청의 세무공무원이라면 어떤 입장이겠는가?

한번쯤 생각해 볼 부분이다.

(심판례가 중요한 이유)

각종 유권해석과 심판례가 중요한 이유가 바로 이런 사례들 때문이다. 회사 담당자는 실무를 하면서 생각지도 못한 문제에 직면하는 경우가 많다. 문제를 사전에 발견했다면 더 큰 문제가 생기지 않도록 손 쓸 여지가 존재하지만 사후에 발견된 문제는 대책이 없다. 이때 심판례를 참고해야 한다. 정신 차리고 보다보면 회사가 직면한 문제와 동일하지는 않아도 매우 유사한 상황에서 국세청과 분쟁이 있었던 사례가 반드시 있다. 그 사례에서 바로 문제 해결의 실마리를 얻을 수 있다.

(회사의 대체적 입증방법에 대해)

회사는 유효기간이 만료된 사업연도의 이듬해 바로 다시 벤처기업 인증서를 발급받았다. 물론 원천적으로 처분청을 설득할 수 있었을지는 모르겠지만, 다음의 대응방식도 나쁘지 않았을 수 있다. 유효기간이 만료된 사업연도의 말 시점에도 여전히 벤처기업 인증을 받는 데에 하자가 없었다는 것을 객관적인 자료로 입증하는 것이다. 기한 내에 그저 신청만 했다면 되는 문제였다는 점을 강조하는 것이다. 물론 처분청이 '그렇다고 해서 벤처기업으로 확인받은 것이 아니지 않은가'라고 반문한다면 할 말은 없다.

(과세의 형평성)

납세자가 인간적인 실수를 해서 서류의 제출기한을 놓친 점은 매우 안타깝다. 하지만, 그렇다고 해도 원칙을 지켜야 하는 중요한 이유는 과세의 형평성 때문이다. 전국의 모든 납세자는 제출 기한을 맞추기 위해 많은 노력을 했을 것이다. 만약 며칠, 몇 개월 늦어져도 불이익을 당하지 않았을 수 있다는 것을 안다면, 그런 사례가 있다면 어떻게 할까? 분개하는 납세자가 생기지 않을까? 서류 제출이 늦어도 큰 문제가 되지 않을 테니 천천히 내는 또 다른 사례가 생기지 않을까? 원칙이 중요하고 지켜져야 하는 이유가 이런 혼란을 방지하기 위한 데에 있다. 비록 이 사례는 납세자에 유리한 하나의 사례로 남았지만, 이로 인해 유사한 또 다른 사례가 발생할 여지를 주었다는 점도 분명하다.

체크 포인트

벤처기업의 유효기간이 만료되었다는 사실을 나중에 알았더라도 벤처기업에 대한 세액감면은 여전히 적용 가능할 수 있다. 본 사례를 꼼꼼히 읽고 사실관계를 잘 비교해보자.

사례4 기술유출방지설비의 정의를 넓게 해석해서 세금이 추징된 사례

(조심2018서4277, 2019.01.28)

(현황)

A법인은 금융보험업을 영위하는 회사로, 2012년 악성코드 방지, 방화벽, 보안솔루션 등의 정보보호시스템을 대량으로 도입하였다. 그리고 법인세 신고시에 해당 투자금액이 안전설비투자세액공제의 대상 설비 중 기술유출방지에 해당한다고 보고 세액공제를 반영하여 납부하였다. 그러나 2018년 세무조사를 나온 처분청은 해당 설비가 안전설비투자세액공제에 해당하지 않는다고 보고 법인세를 추징하였다.

(쟁점)

회사가 신청한 설비가 안전설비투자세액공제 대상인지 여부

(기술유출방지설비)

세액공제를 적용할 때 실무담당자가 벌이는 흔한 실수는 법조문을 자의적으로 해석하는 것이다. 회사는 업종의 특성상 보험에 가입한 고객의 신상정보, 거래처의 거래내용과 같은 정보를 유출하지 않기 위해서 많은 노력을 기울일 수밖에 없다. 더 새롭고 강력한 정보보호시스템이 있다면 투자해야 한다. 고객 정보가 한번 유출됐을 때 회사가 입게 되는 엄청난 비난, 신뢰도의 하락으로 이어지는 기회 손실이 막대하기 때문이다.

기술유출방지설비는 안전설비에 대한 투자세액공제 항목(현행 세법에는 '특정 시설 투자 등에 대한 세액공제'로 명칭이 바뀌었지만 실질적인 세부 내용은 큰 차이가 없다)에서 열거하는 대상 설비중 하나다. 실무자의 입장에서는 회사의 정보보호시스템이 과연 기술유출방지설비에 해당할까에 대해 처음에는 의문을 가졌을 것이다. 정보보호시스템이 기술유출방지설비와는 조금 다르지 않을까라는 생각이 들지 않을까? 하지만 좀 더 보니 상위 카테고리가 안전설비에 대한 투자세액공제다. 고객의 정보 등 각종 정보를 보호하는 시스템은 큰 범주에서 분명히 '안전설비'라고 볼 수 있다. 추가로 시행령에는 기술유출방지설비를 다음과 같이 표현하고 있다.

"정보보호시스템시설 등 기술유출을 방지하기 위한 시설로서 기획재정부령으로 정하는 시설"

정보보호시스템이라는 문구를 확인하면서 실무담당자는 더 이상의 고민 없이 시원하게 세액공제를 반영했을 것으로 추정한다.

(세액공제 검토시 법조문의 확장, 유추해석 금지)

시행령에 있는 '정보보호시스템시설 등 기술유출을 방지하기 위한 시설'을 납세자는 어떻게 해석해야 할까? 모든 정보보호시스템설비도 세액공제가 되고, 기술유출 방지 설비도 세액공제가 된다는 의미일까? 아니면 기술유출방지목적의 정보보호시스템설비가 세액공제 된다는 의미일까? 정답은 후자다. 시행령을 계속 읽다보면 왠지 정보보호시스템도 적용이 가능하지 않을까라는 생

각이 들 수도 있지만, 이렇게 만약 문구를 바꿔보면 그 차이를 느낄 수도 있을 것이다.

'정보보호시스템시설 또는 기술유출을 방지하기 위한 시설'

'등'을 '또는'으로 바꿨을 때 분위기 차이가 많이 다르다. '또는'은 'or'의 의미로 충분히 해석되지만 '등'은 그렇지 않다.

(세액공제는 최대한 보수적으로)

어떤 실무자는 법인세 신고할 때 아예 아무런 세액공제 감면도 반영하지 않기도 한다. 이런 사람은 세무조사 때 조사관들로부터 세액공제 때문에 엄청 고생한 경험이 있는 경우가 많다. 세액공제는 세금을 줄이는 효과가 있기 때문에 실무자는 최대한 보수적으로 접근하는 것이 바람직하다. 법조문을 여러 번 읽어도 해석이 모호해서 세액공제가 될 것 같다는 생각이 계속 날 때가 있다. 그때는 우선 세액공제는 빼고 법인세를 신고 납부한 후에 세무 대리인과 구체적인 검토를 거친 후 경정청구 제도를 이용해서 환급받는 것이 세무 리스크를 줄일 수 있는 방법이다.

쟁점 사례 같은 경우 사건은 2012년 발생하였고, 법인세 추징은 2018년에, 심판례 결정은 2019년 초에 났지만, 이미 2016년 유사한 사례로 납세자가 패소한 심판례가 존재했다. 그 심판례를 참고했다면 이렇게 굳이 많은 시간과 돈을 들여서 소송까지 오지 않았을 텐데 하는 생각이 든다.

체크 포인트

세액공제 관련 법 조문의 유추, 확장해석은 금물!

동종업체에서 퇴직한 직원의 재고용을 고용증대세액공제 대상으로 인정해준 사례

(조심2014서5648, 2015.03.04)

(현황)

A법인은 2009년 설립하여 전자제품 제조회사의 직영매장 운영을 대행하는 서비스를 영위하여 왔다. 회사에 고용된 직원은 주로 직영 매장에 투입되어 고객응대 및 불편사항 처리 등의 업무를 수행하는 일을 한다. 특별한 전문적인 지식을 요하지 않지만, 소비자를 직접 상대하는 일이 힘들기 때문에 동종업계의 이직률은 월평균 6%정도로 높은 편이다.

한편, 회사설립과 함께 경쟁업체가 수주하던 일감을 회사가 따내는 상황이 벌어졌다. 일감이 줄어든 경쟁업체는 사업을 정리하기에 이르렀고 직원이 모두 퇴사할 수밖에 없었다. 반대로 인력이 부족한 회사는 경쟁업체에서 퇴사한 직원 대부분을 채용해서 인력난을 해소하였다.

시간이 흘러 회사는 2009년 설립당시 임직원이 급증했었는데도 불구하고 고용증대와 관련된 세액공제를 신청하지 않은 것을 발견했다. 그래서 2014년 처분청에 법인세의 환급을 구하는 경정청구를 하였으나 처분청은 이를 거부하였다.

(쟁점)

회사가 경쟁업체의 퇴직 인력을 신규 채용한 것에 대하여 고용증대세액공제를 적용할 수 없는 것일까?

(실질적인 고용)

고용증대 세액공제의 법 취지는 회사의 고용을 장려하여 실업난을 해소하고자 회사가 새롭게 채용한 인원수에 정해진 금액만큼의 법인세를 줄여주는 제도다. 취지대로라면 고용증대는 '실질적'인 효과가 있어야 한다. 만약 포괄적 사업양수도, 합병 등을 원인으로 해서 신설법인의 인원이 이전법인에서 승계되면서 증가한 경우라면 어떨까? 이런 경우는 실질적인 고용증대로 보지 않는다. 따라서 법인이 신설되었고, 외형상 신규 채용인원이 증가한 것으로 보여도 세액공제는 신청할 수 없다.
처분청은 회사가 새로 설립되기는 했지만, 경쟁업체의 직원 대부분이 신설법인으로 승계되어 사실상 포괄적사업양수도나 마찬가지 효과를 얻었다고 본 것이다. 즉 고용이 '실질적'으로 증가한 것이 아니라는 입장이다.

(포괄양수도, 적격합병으로 인한 인력승계)

포괄적사업양수도나 적격합병을 할 때 인력의 승계는 필수다. 고용승계가 이루어지지 않으면 해당 요건 자체가 성립할 수 없다. 이에 따라 인력승계가 의무적으로 이루어지는 것이다. 이런 승계방식에 굳이 세액공제까지 추가로 혜택을 줄 이유는 없다. 하지만 회사의 상황은 어떨까? 회사는 경쟁업체와 아무런 특수관계가 없다. 법인을 새롭게 신설해서 경쟁업체의 기존사업을 인수한 형태가 되었지만 부가가치세법상 포괄양수도와는 관련이 없다. 이 회사가 경쟁업체의 퇴직 인력을 고용하는 것은 의무가 아닌 선택사항이다. 어떻게 보면 대량의 실직사태가 벌어질 수 있었는데도 회사 입장에서 이를 막은 것이나 마찬가지다. 이런 상황의 회사라면 고용증대세액공제는 충분히 적용받을 자격이 있는 것 아닌가?

(비교해볼 사례)

이 사례에서 심판원은 납세자의 손을 들어주었다. 비교차원에서 요양병원을 운영하는 개인사업자 B씨의 사례(조심2018부 부2726, 2018.09.05)도 동일한 조세특례제한법상의 고용증대세액공제 관련 분쟁이기에 소개하기로 한다. 2015년 아버지께서 운영하던 요양병원이 있는데, 아버지가 돌연 돌아가시는 바람에 사업장을 승계할 수밖에 없었다. 그러나 의료법상 망자로부터 사업장의 양수도가 법적으로 불가능해지자 어쩔 수 없이 기존사업장을 폐업하고, 새로이 사업장을 개업하는 방식을 취했다. 이 과정에서 직원을 모두 퇴직시켰다가, 새로운 사업장에서 다시 채용하였다. 병원의 간판, 외형, 전화번호 모두 변동이 없었다. B씨도 지금 사례와 동일하게 몇 년이 흘러 고용증대 관련 세액공제를 누락한 사실을 발견하고 세무서에 경정청구를 신청하였으나, 거부당했다. 그래서 이에 불복하고 심판원에 심판청구를 제기하였으나 패소하였다. 그 사유는 실질적인 사업의 양수도와 다를 바 없다는 것이다.

쟁점사례와 비교사례의 사실관계가 정확히 일치하지는 않다. 하지만 많은 부분에서 유사하다고 볼 수 있다. 그럼에도 심판원의 판단은 정반대였다. 왜 그럴까? 사업장의 외관, 상호에서부터 기존업체와 신설업체의 특수관계 여부까지 미묘한 몇 가지 차이가 서로 다른 결론을 이끌어내는 원인이 된 것이다.

체크 포인트

고용증대세액공제 검토시에는 인원수(상시근로자 수라고 표현함)에 대한 정확한 집계가 필요하다. 특히 승계, 고용한 인력의 인원수 산정방식은 따로 법에서 정하고 있으므로 충분히 검토한 후 세액공제 금액을 산출하는 것이 필요하다.

국민연금보험료의 사용자부담분이 연구및인력개발비 세액공제 대상인가?

(조심2016광1337, 2016.12.16)

(현황)

A법인은 자동자부품을 생산하여 자동차 제조사에 공급하는 사업을 영위한다. 회사 내부에는 부품개발과 관련한 기업부설연구소가 있고 정상적으로 등록되어 운영 중에 있다. 회사는 연구소 전담인력의 인건비에 대해 매년 연구및인력개발비세액공제(이하 "R&D세액공제"라 함)를 신청해왔다. 인건비에는 회사가 지급하는 급여 외에 4대 보험에 대한 사용자부담분이 포함되어 있다.

2013년 소득세법이 개정되면서 4대 보험의 사용자부담분 중에서 국민연금 사용자부담분이 비과세 대상에서 과세대상으로 전환되었다. 회사는 이러한 개정사항에도 불구하고 계속하여 4대 보험의 사용자부담분 전체를 세액공제 대상 인건비로 보고 법인세를 신고납부했다. 처분청은 이에 대해 법인세를 추징했다.

(쟁점)

소득세법의 개정으로 인해 과세 전환된 국민연금보험료 사용자부담분은 여전히 R&D 세액공제 대상일까?

(소득세법 개정당시의 상황)

2013년 소득세법이 개정되고 처음 적용되는 2014년 법인세 신고 때 한동안 필자도 이 부분에 대한 검토를 했던 기억이 있다. 그리고 당시 영향이 있는 회사들에게 세법 개정내용을 충분히 설명하고 세액공제 대상 인건비에서 국민연금 사용자부담분을 제외시켰다. 왜냐하면 이 당시에는 회사처럼 공격적으로 세액공제 대상에 포함시켰다가는 납세자에게 매우 불리한 상황이었기 때문이다. 지금 다시 그때로 돌아간다고 하더라도 동일하게 처리할 것이다. 실무담당자라면 세무 리스크를 최소화 하는 것이 현명하다. 그러면 그 당시 상황이 어땠는지 차근차근 짚어나가 보자.

우선 그 전에 R&D 세액공제대상의 인건비에 뭐가 해당되는지 보자. 가장 기본적으로 월정 급여를 생각할 수 있다. 급여는 당연히 공제 대상에 포함된다. 두 번째로 상여가 떠오른다. 상여도 공제대상이다. 퇴직급여는 어떨까? 퇴직급여충당금 설정액을 포함한 퇴직금성격의 비용은 모두 공제대상에서 제외된다. 법조문에는 여기까지에 대한 내용을 확인할 수 있다.

그런데 실무자는 또다시 의문이 든다. 회사가 지급하는 인건비의 범위에는 순수한 급여성 비용도 있지만, 4대 보험의 사용자부담분도 엄연한 인건비성 비용이기 때문이다. 그래서 법조문으로는 불분명한 이 부분에 대해 회사들이 국세청에 질의회신을 넣었고, 국세청의 입장은 과거부터 지금까지 변함없이 '4대 보험의 사용자부담분도 R&D 공제대상 인건비에 포함됨'이라는 답변을 내주었다. 이중의 몇 개 예규만 소개하면 다음과 같다.

> 법인-1956, 2008.08.11.
> 소득세법 제12조 제4호(필자주: 이후 제3호로 항번 개정됨)에서 규정하고 있는 비과세 근로소득은 연구요원의 인건비에 해당함
>
> 서면법규-752, 2014.7.17.
> 연구 인력개발비 세액공제 대상인 인건비는 근로의 제공으로 인하여 지급하는 비용으로 국민건강보험법에 따라 사용자인 법인이 부담하는 건강보험료 등 소득세법 제12조 제3호너목에 따른 비과세 근로소득은 세액공제의 대상이 되는 인건비에 포함하는 것임

당시의 예규를 읽어보면 소득세법에서 열거하고 있는 비과세 근로소득만 세액공제 대상이 된다고 명확하게 해석된다. 그리고 당시 소득세법 제12조 제3호는 다음과 같이 개정되면서 국민연금 사용자부담분이 빠져버렸다.

소득세법 제12조【비과세소득】
다음 각 호의 소득에 대해서는 소득세를 과세하지 아니한다.
3. 근로소득과 퇴직소득 중 다음 각 목의 어느 하나에 해당하는 소득

개정 전	개정 후	비고
너. 「국민건강보험법」, 「고용보험법」, 「국민연금법」, 「공무원연금법」, 「사립학교교직원 연금법」, 「군인연금법」, 「근로자퇴직급여 보장법」, 「과학기술인공제회법」 또는 「노인장기요양보험법」에 따라 국가·지방자치단체 또는 사용자가 부담하는 부담금	너. 「국민건강보험법」, 「고용보험법」 또는 「노인장기요양보험법」에 따라 국가·지방자치단체 또는 사용자가 부담하는 부담금	개정 조문에는 「국민연금법」이 삭제됨

세무담당자가 여기까지 법조문과 예규를 확인했다면 자신 있게 국민연금 사용자부담분을 공제대상에서 제외해도 뭐라 할 사람이 아무도 없다. 필자가 생각하기에 실무자로서의 최선은 여기까지라고 본다. 그러나 사례의 회사는 용감하게도 세법 개정내용과 예규를 무시하고 종전과 같은 방식으로 세액공제를 신청했다가 추징을 당했다. 결과는 어떻게 됐을까? 납세자가 웃었다.

(R&D공제 대상인 인건비)

국세청은 그동안 일관된 유권해석을 내서 공제대상 인건비를 소득세법상 비과세소득으로 한정해왔다. 그 점은 심판원에서도 충분히 인정하고 넘어갔다. 하지만 사용자(회사)입장에서 생각해보자. 국민연금사용자부담분이 소득세법상 비과세였다가 과세로 전환됐다고 해서 회사가 부담하는 금액이 1원이라도 줄어드는가? 전혀 아니다. 소득세법의 개정내용과는 무관하게 여전히 사용자가 부담하는 인건비의 범주에 들어오는 것은 맞다. 그러므로 R&D 공제대상 인건비에 포함되는 것이 타당하다는 결론을 내려주었다.

체크 포인트

이 사례가 나온 이후 새로운 유권해석이 나오고 기존의 예규들은 삭제되어 현재는 볼 수 없다. 따라서 소개한 사실관계는 지금의 실무담당자는 몰라도 아무 상관이 없다. 필자가 이야기하고 싶은 점은 세액공제가 있는 회사의 실무담당자라면 매년 세법 개정내용을 체크하는 것이 중요하다는 것이다. 개정사항 중에 우리 회사에 영향을 주는 항목이 어떤 것이 있고, 그래서 납부세액에 얼마나 영향을 받는지 예상하는 수준까지 간다면 주변으로부터 베테랑이라는 소리를 들을 것이다.

사례7 베트남외국인계약자세는 외국납부세액공제 대상인가?

(조심2018중5081, 2019.08.13)

* 본 사례의 분석은 아래 도서 및 문헌을 참고하였음
- 베트남세법, 김준석 외 공저, 삼일인포마인, 2019.07.23.
- 삼일아이닷컴 Opinion 기고문, 베트남 외국인계약자세 조세심판례 평석 (조심2018중5081, 2019.8.13.) (2019.11.04)

(현황)

A법인은 휴대폰 관련 부품 제조업을 영위하고 있다. 최근 들어 휴대폰 생산이 베트남에서 많이 이루어지기 때문에 납품업체인 A법인도 현지에 자회사를 설립하였다. 그리고 본사의 관리임직원 50여 명을 자회사에 파견하여 제조설비관리, 생산, 품질관리, 납품관리, 사후관리, 영업활동 등의 업무를 수행하였다. 완성된 부품은 외국인도수출방식으로 공급한다. 이 방식은 물품의 인도는 외국에서 이루어지지만(해외에서 해외로) 대금은 현지에서 한국의 본사로 직접 송금하는 거래다. 발주업체는 물품대금을 보낼 때 외국인계약자세 명목으로 결제금액의 1%를 원천징수하고 송금하였다.

회사는 우선 2011년~2013년까지 해당 세액을 손금처리하지 않고 법인세를 신고한 이후, 2015년 외국인계약자세가 외국납부세액공제 대상에 해당한다고 주장하며 기 신고한 법인세 경정청구를 신청하였지만, 처분청에서 거부하였다. 그러자 첫 번째 조세불복을 진행하였고 2018년 심판원에서는 베트남 내에 고정사업장이 있는지를 재조사하여 법인세를 경정해주라는 판단을 해주었다. 그런데 처분청에서는 A법인은 베트남에 고정사업장이 없다는 결론을 내리고 또다시 거부하였다. 그러자 회사는 고정사업장의 존재 여부에 대한 두 번째 조세불복을 진행하기에 이르렀다.

(쟁점)

베트남세법에 따라 원천징수된 외국인계약자세는 외국납부세액공제 대상인가?

(외국인계약자세(Foreign Contractor Withholding Tax))

최근 우리나라는 베트남에 많은 투자를 하고 있다. 제조업을 선두로 많은 기업도 현지에 자회사를 설립하거나 사무소를 설치하여 비즈니스를 하는 곳이 많다. 그 과정에서 직면하는 문제 중에 세무 이슈가 빠질 리 없다. 특히 현지 세법규정이나 과세환경이 우리나라와 다르기 때문에 생소한 세목이 많다. 그 중에서도 실무담당자가 가장 빈번하게 직면하는 세금이 바로 외국인계약자세(Foreign Contractor Withholding Tax)다.

외국인계약자세는 베트남 조세관리법에 근거규정을 두고 있다. 베트남 법인이나 사업자가 베트남 외의 법인 또는 사업자(통틀어서 '외국인'이라고 한다)와 거래를 할 때 부과되는 세금이다. 한국 법인은 베트남의 입장에서 볼 때 외국인에 해당하므로 외국인계약자세의 과세 대상이 된다.

이 세금은 원천징수의무도 있다. 즉 <u>베트남 사업자가 외국인에게 돈을 줄 때 외국인계약자세를 원천징수하고 순액을 송금</u>한다. 여기에서 많은 문제가 발생한다. 베트남에 있는 사업자가 원천징수할 때 충분히 검토해서 원천징수 대상인지 아닌지를 판단할까? 외국기업이라면 무조건 외국인계약자세를 원천징수해버리는 경우가 많다. 그 이유는 잘 모르더라도 원천징수를 해버리면 본인들에게 세무리스크가 없기 때문이다. 이 현상이 나중에 어떤 문제를 불러일으키는지는 후술하기로 한다.

외국인계약자세는 부가가치세, 법인세, 소득세에 일정 퍼센트(%)를 곱해서 산출된다. 따라서 국내에서 원천징수내역에 대한 자료를 받으면 외국인계약자세 계산내역이 2종류다. 법인이라면 법인세에 붙는 외국인계약자세 및 부가가치세에 붙는 외국인계약자세가, 개인이라면 소득세에 붙는 외국인계약자세 및 부가가치세에 붙는 외국인계약자세가 그것이다. 이 중에서 부가가치세는 외국납부세액공제 검토대상 자체가 아니므로 법인세에 붙은 외국인계약자세만 검토 대상이 된다.

(고정사업장이 중요한 이유)

결론을 이야기하면 이렇다. 현지에서 원천징수된 법인세분 외국인계약자세는 1차적으로 국내의 법인세법에 따른 외국납부세액공제의 대상은 된다. 법인세법에서 외국납부세액공제 대상은 다음과 같이 정의하고 있다.

> 법인세법 시행령 제94조 제1항 각호
> 1. 초과이윤세 및 기타 법인의 소득 등을 과세표준으로 하여 과세된 세액
> 2. 법인의 소득 등을 과세표준으로 하여 과세된 세의 부가세액
> 3. 법인의 소득 등을 과세표준으로 하여 과세된 세와 동일한 세목에 해당하는 것으로서 소득외의 수익금액 기타 이에 준하는 것을 과세표준으로 하여 과세된 세액

법인세분 외국인계약자세는 법인의 소득을 과세표준으로 하여 과세된 세의 부가세액에 해당한다. 그러므로 공제 대상이 맞다.
다음 문제는 현지에 고정사업장이 존재하는 것이 맞는지를 검토한다. 고정사업장의 개념은 조세조약에서 나온다. 조세조약은 각국의 세법에 우선하여 적용된다. 한국과 베트남 조세조약에 보면 현지에 고정사업장이 없는 경우에는 현지에서 과세하지 않는다는 내용이 있다. 이 의미는 만약 국내에만 사업장이 있고 단순 수출만 하는 회사라면 외국인계약자세가 원천징수되지 않아야 한다는 말이다. 만약 조세조약을 어겨서 외국인계약자세가 원천징수됐다면? 베트남 사업자가 조세 조약을 어긴 것이 되고 외국납부세액공제를 받을 수 없다는 것이 현재까지의 처분청의 입장이다. 앞서 이야기한 부분, 현지의 사업자가 외국인계약자세 원천징수 대상인지 여부를 검토하지 않고 무조건 원천

징수했을 때의 문제점이 바로 여기에서 생기는 것이다. 지금의 사례도 결론적으로 납세자는 현지에 고정사업장이 존재하고, 따라서 외국인계약자세는 적법하게 원천징수된 것이니 외국납부세액공제 대상이 맞다는 주장을 하고 있고, 처분청은 반대로 회사는 현지에 별도의 자회사만 존재할 뿐 본사의 고정사업장은 존재하지 않는다는 주장을 하고 있는 것이다. 양측의 입장을 요약하여 비교하면 다음과 같이 정리된다.

〈쟁점 외국인계약자세에 대한 양측의 주장〉

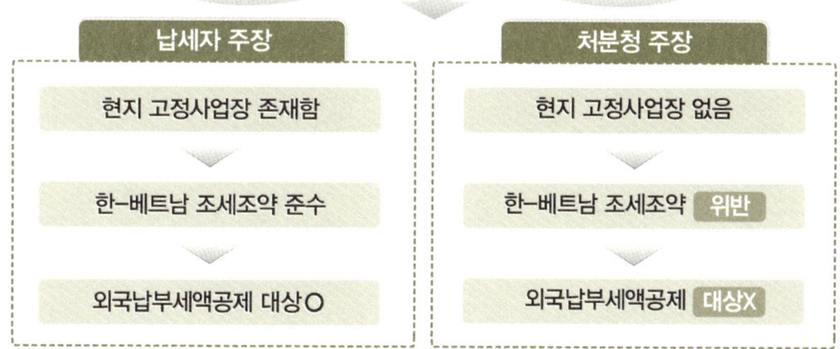

(심판원의 판단)

심판원은 이 회사는 현지에 고정사업장이 존재한다고 최종적으로 판단을 해주었다. 그 근거는 다음과 같이 요약된다.

- 50여 명에 달하는 다수의 직원이 현지에 파견되어 있는 점(급여 지급도 본사에서 수행)
- 파견 직원이 현지에서 제조설비 관리, 생산 및 품질관리, 납품, 사후관리, 영업활동을 수행하고 있고 그 장소로 자회사의 일부 공간을 사용하고 있는 점
- 베트남 과세당국에서 회사의 사업장이 한국-베트남 조세조약에 따른 고정사업장으로 간주한다는 유권해석을 내린 점

여기서 주목해야 할 것은 한국의 처분청에서는 현지 사업장은 고정사업장이 아니라는 주장을 계속했지만 현지 과세당국에서는 고정사업장이 맞다는 상충된 주장을 하고 있다는 점이다. 동일한 조약 문구에 대한 해석을 양측 과세당국이 다르게 내린 이유가 뭘까? 그만큼 조약의 내용이 애매하고 어느 한 쪽에 유리하게 해석될 여지가 얼마든지 있다는 점이다.

체크 포인트

베트남과 수출 거래가 있는 회사의 실무담당자는 외국인계약자세의 과세근거, 구성항목, 고정사업장의 존재여부를 확인해서 우리 회사가 외국인계약자세가 원천징수 되는 것이 맞는지, 맞다면 외국납부세액공제를 받을 수 있는지, 등을 검토하여 불필요한 세금이 낭비되는 것을 막도록 하자.

■ 정리

세액감면 및 공제 관련 법조문*

조세특례제한법 제6조【창업중소기업 등에 대한 세액감면】 사례2,3

① 2021년 12월 31일 이전에 제3항 각 호에 따른 업종으로 창업한 중소기업(이하 "창업중소기업"이라 한다)과 「중소기업창업 지원법」 제6조 제1항에 따라 창업보육센터사업자로 지정받은 내국인(이하 "창업보육센터사업자"라 한다)에 대해서는 해당 사업에서 최초로 소득이 발생한 과세연도(사업 개시일부터 5년이 되는 날이 속하는 과세연도까지 해당 사업에서 소득이 발생하지 아니하는 경우에는 5년이 되는 날이 속하는 과세연도를 말한다. 이하 제6항에서 같다)와 그 다음 과세연도의 개시일부터 4년 이내에 끝나는 과세연도까지 해당 사업에서 발생한 소득에 대한 소득세 또는 법인세에 다음 각 호의 구분에 따른 비율을 곱한 금액에 상당하는 세액을 감면한다.

1. 창업중소기업의 경우: 다음 각 목의 구분에 따른 비율
   가. 수도권과밀억제권역 외의 지역에서 창업한 대통령령으로 정하는 청년창업중소기업(이하 "청년창업중소기업"이라 한다)의 경우: 100분의 100
   나. 수도권과밀억제권역에서 창업한 청년창업중소기업 및 수도권과밀억제권역 외의 지역에서 창업한 창업중소기업의 경우: 100분의 50
2. 창업보육센터사업자의 경우: 100분의 50

② 「벤처기업육성에 관한 특별조치법」 제2조 제1항에 따른 벤처기업(이하 "벤처기업"이라 한다) 중 대통령령으로 정하는 기업으로서 창업 후 3년 이내에 같은 법 제25조에 따라 2021년 12월 31일까지 벤처기업으로 확인받은 기업(이하 "창업벤처중소기업"이라 한다)의 경우에는 그 확

* 2019년 12월 31일 시점에 적용중인 법조문임

인받은 날 이후 최초로 소득이 발생한 과세연도(벤처기업으로 확인받은 날부터 5년이 되는 날이 속하는 과세연도까지 해당 사업에서 소득이 발생하지 아니하는 경우에는 5년이 되는 날이 속하는 과세연도)와 그 다음 과세연도의 개시일부터 4년 이내에 끝나는 과세연도까지 해당 사업에서 발생한 소득에 대한 소득세 또는 법인세의 100분의 50에 상당하는 세액을 감면한다. 다만, 제1항을 적용받는 경우는 제외하며, 감면기간 중 다음 각 호의 사유가 있는 경우에는 다음 각 호의 구분에 따른 날이 속하는 과세연도부터 감면을 적용하지 아니한다.

1. 벤처기업의 확인이 취소된 경우: 취소일
2. 「벤처기업육성에 관한 특별조치법」 제25조 제2항에 따른 벤처기업 확인서의 유효기간이 만료된 경우(해당 과세연도 종료일 현재 벤처기업으로 재확인받은 경우는 제외한다): 유효기간 만료일

③ 이하 생략

조세특례제한법 제7조【중소기업에 대한 특별세액감면】 사례1

① 중소기업 중 다음 제1호의 감면 업종을 경영하는 기업에 대해서는 2020년 12월 31일 이전에 끝나는 과세연도까지 해당 사업장에서 발생한 소득에 대한 소득세 또는 법인세에 제2호의 감면 비율을 곱하여 계산한 세액상당액(제3호에 따라 계산한 금액을 한도로 한다)을 감면한다. 다만, 내국법인의 본점 또는 주사무소가 수도권에 있는 경우에는 모든 사업장이 수도권에 있는 것으로 보고 제2호에 따른 감면 비율을 적용한다.

1. 감면 업종: 가목~루목 기재 생략
2. 감면 비율
   가. 대통령령으로 정하는 소기업(이하 이 조에서 "소기업"이라 한다)이 도매 및 소매업, 의료업(이하 이 조에서 "도매업등"이라 한다)을 경영하는 사업장: 100분의 10
   나. 소기업이 수도권에서 제1호에 따른 감면 업종 중 도매업등을 제외한 업종을 경영하는 사업장: 100분의 20
   다. 소기업이 수도권 외의 지역에서 제1호에 따른 감면 업종 중 도매업등을 제외한 업종을 경영하는 사업장: 100분의 30

라. 소기업을 제외한 중소기업(이하 이 조에서 "중기업"이라 한다)이 수도권 외의 지역에서 도매업등을 경영하는 사업장: 100분의 5

마. 중기업의 사업장으로서 수도권에서 대통령령으로 정하는 지식기반산업을 경영하는 사업장: 100분의 10

바. 중기업이 수도권 외의 지역에서 제1호에 따른 감면 업종 중 도매업등을 제외한 업종을 경영하는 사업장: 100분의 15

3. 감면한도: 다음 각 목의 구분에 따른 금액

가. 해당 과세연도의 상시근로자 수가 직전 과세연도의 상시근로자 수보다 감소한 경우: 1억 원에서 감소한 상시근로자 1명당 5백 만 원씩을 뺀 금액(해당 금액이 음수인 경우에는 영으로 한다)

나. 그 밖의 경우: 1억 원

조세특례제한법 시행령 제22조의 5【안전시설의 범위】 사례4

⑥ 법 제25조 제1항 제5호바목에서 "대통령령으로 정하는 기술유출 방지시설"이란 정보보호시스템시설 등 기술유출을 방지하기 위한 시설로서 기획재정부령으로 정하는 시설을 말한다.

조세특례제한법 제29조의 7【고용을 증대시킨 기업에 대한 세액공제】 사례5

① 내국인(소비성서비스업 등 대통령령으로 정하는 업종을 경영하는 내국인은 제외한다. 이하 이 조에서 같다)의 2021년 12월 31일이 속하는 과세연도까지의 기간 중 해당 과세연도의 대통령령으로 정하는 상시근로자(이하 이 조에서 "상시근로자"라 한다)의 수가 직전 과세연도의 상시근로자의 수보다 증가한 경우에는 다음 각 호에 따른 금액을 더한 금액을 해당 과세연도와 해당 과세연도의 종료일부터 1년[중소기업 및 대통령령으로 정하는 중견기업(이하 이 조에서 "중견기업"이라 한다)의 경우에는 2년]이 되는 날이 속하는 과세연도까지의 소득세(사업소득에 대한 소득세만 해당한다) 또는 법인세에서 공제한다.

1. 청년 정규직 근로자와 장애인 근로자 등 대통령령으로 정하는 상시근로자(이하 이 조에서 "청년등 상시근로자"라 한다)의 증가한 인원 수에 400만 원[중견기업의 경우에는 800만 원, 중소기업의 경우에는

1,100만 원(중소기업으로서 수도권 밖의 지역에서 증가한 경우에는 1,200만 원)]을 곱한 금액

2. 청년등 상시근로자 외 상시근로자의 증가한 인원 수 × 0원(중견기업의 경우에는 450만 원, 중소기업의 경우에는 다음 각 목에 따른 금액)

   가. 수도권 내의 지역에서 증가한 경우: 700만 원

   나. 수도권 밖의 지역에서 증가한 경우: 770만 원

② 제1항에 따라 소득세 또는 법인세를 공제받은 내국인이 공제를 받은 과세연도의 종료일부터 2년이 되는 날이 속하는 과세연도의 종료일까지의 기간 중 전체 상시근로자의 수가 공제를 받은 직전 과세연도에 비하여 감소한 경우에는 감소한 과세연도부터 제1항을 적용하지 아니하고, 청년등 상시근로자의 수가 공제를 받은 직전 과세연도에 비하여 감소한 경우에는 감소한 과세연도부터 제1항 제1호를 적용하지 아니한다. 이 경우 대통령령으로 정하는 바에 따라 공제받은 세액에 상당하는 금액을 소득세 또는 법인세로 납부하여야 한다.

조세특례제한법 시행령 제23조【고용창출투자세액공제】제13항 사례5

→ 필자 주: 실질적인 고용의 증가만 세액공제가 적용되도록 상시근로자 수 산정방식을 규정

⑬ 제7항 및 제8항을 적용할 때 해당 과세연도에 창업 등을 한 내국인의 경우에는 다음 각 호의 구분에 따른 수를 직전 또는 해당 과세연도의 상시근로자 수로 본다.

1. 창업(법 제6조 제10항 제1호부터 제3호까지의 규정에 해당하는 경우는 제외한다)한 경우의 직전 과세연도의 상시근로자 수: 0
2. 법 제6조 제10항 제1호(합병·분할·현물출자 또는 사업의 양수 등을 통하여 종전의 사업을 승계하는 경우는 제외한다)부터 제3호까지의 어느 하나에 해당하는 경우의 직전 과세연도의 상시근로자 수: 종전 사업, 법인전환 전의 사업 또는 폐업 전의 사업의 직전 과세연도 상시근로자 수
3. 다음 각 목의 어느 하나에 해당하는 경우의 직전 또는 해당 과세연도의 상시근로자 수: 직전 과세연도의 상시근로자 수는 승계시킨 기업의 경우에는 직전 과세연도 상시근로자 수에 승계시킨 상시근로자

수를 뺀 수로 하고, 승계한 기업의 경우에는 직전 과세연도 상시근로자 수에 승계한 상시근로자 수를 더한 수로 하며, 해당 과세연도의 상시근로자 수는 해당 과세연도 개시일에 상시근로자를 승계시키거나 승계한 것으로 보아 계산한 상시근로자 수로 한다.

가. 해당 과세연도에 합병·분할·현물출자 또는 사업의 양수 등에 의하여 종전의 사업부문에서 종사하던 상시근로자를 승계하는 경우

나. 제11조 제1항에 따른 특수관계인으로부터 상시근로자를 승계하는 경우

조세특례제한법【별표 6】연구·인력개발비 세액공제를 적용받는 비용(제8조 제1항 관련) 사례6

1. 연구개발

가. 자체연구개발

1) 연구개발 또는 문화산업 진흥 등을 위한 기획재정부령으로 정하는 연구소 또는 전담부서(이하 "전담부서등"이라 한다)에서 근무하는 직원(다만, 연구개발과제를 직접 수행하거나 보조하지 않고 행정사무를 담당하는 자는 제외한다) 및 연구개발서비스업에 종사하는 전담요원으로서 기획재정부령으로 정하는 자의 인건비. 다만, 다음의 인건비를 제외한다.

가) 「소득세법」 제22조에 따른 퇴직소득에 해당하는 금액

나) 「소득세법」 제29조 및 「법인세법」 제33조에 따른 퇴직급여충당금

다) 「법인세법 시행령」 제44조의 2 제2항에 따른 퇴직연금등의 부담금 및 「소득세법 시행령」 제40조의 2 제1항 제2호에 따른 퇴직연금계좌에 납부한 부담금

이하 생략

법인세법 제57조【외국 납부 세액공제 등】 사례7

① 내국법인의 각 사업연도의 소득에 대한 과세표준에 국외원천소득이 포함되어 있는 경우로서 그 국외원천소득에 대하여 대통령령으로 정하는 외국법인세액(이하 이 조에서 "외국법인세액"이라 한다)을 납부하였

거나 납부할 것이 있는 경우에는 제21조 제1호에도 불구하고 다음 각 호의 방법 중 어느 하나를 선택하여 적용할 수 있다.

1. 외국납부세액의 세액공제방법: 다음 계산식에 따른 금액(이하 이 조에서 "공제한도금액"이라 한다) 내에서 외국법인세액을 해당 사업연도의 산출세액에서 공제하는 방법
2. 외국납부세액의 손금산입방법: 국외원천소득에 대하여 납부하였거나 납부할 외국법인세액을 각 사업연도의 손금에 산입하는 방법

법인세법 시행령 제94조【외국납부세액의 공제】

① 법 제57조 제1항 각 호 외의 부분에서 "대통령령으로 정하는 외국법인세액"이란 외국정부(지방자치단체를 포함한다. 이하 같다)에 납부하였거나 납부할 다음 각 호의 세액(가산세 및 가산금은 제외한다)을 말한다. 다만, 「국제조세조정에 관한 법률」 제10조 제1항에 따라 내국법인의 소득이 감액조정된 금액 중 국외특수관계인에게 반환되지 아니하고 내국법인에게 유보되는 금액에 대하여 외국정부가 과세한 금액과 해당 세액이 조세조약에 따른 비과세·면제·제한세율에 관한 규정에 따라 계산한 세액을 초과하는 경우에는 그 초과하는 세액은 제외한다.

1. 초과이윤세 및 기타 법인의 소득 등을 과세표준으로 하여 과세된 세액
2. 법인의 소득 등을 과세표준으로 하여 과세된 세의 부가세액 사례7
3. 법인의 소득 등을 과세표준으로 하여 과세된 세와 동일한 세목에 해당하는 것으로서 소득외의 수익금액 기타 이에 준하는 것을 과세표준으로 하여 과세된 세액

저자

김승걸

약력

동국대학교 회계학과 졸업

(전)삼일회계법인 매니저

(전)삼도회계법인 이사

(현)세화회계법인 이사

분당세무서 국선세무대리인

용산구청 전문가상담실 상담위원(세법분야)

주요저서

「퇴사여행」, 2017.12, 바른북스

email: sgkim@sacc.co.kr